Expositionsbasierte Therapie der Panikstörung mit Agoraphobie

Expositionsbasierte Therapie der Panikstörung mit Agoraphobie

Ein Behandlungsmanual

von

Thomas Lang, Sylvia Helbig-Lang, Dorte Westphal, Andrew T. Gloster und Hans-Ulrich Wittchen

HOGREFE

GÖTTINGEN · BERN · WIEN · PARIS · OXFORD · PRAG · TORONTO
CAMBRIDGE, MA · AMSTERDAM · KOPENHAGEN · STOCKHOLM

Dipl.-Psych. Thomas Lang, geb. 1972. 2003–2007 wissenschaftlicher Mitarbeiter an der TU Dresden und dort Leiter der Panikambulanz. Seit 2007 geschäftsführender Leiter des Christoph-Dornier-Institutes Bremen, der Psychotherapeutischen Ambulanz (ZKPR) der Universität Bremen und des Institutes für Psychologische Psychotherapieausbildung in Bremen.

Dr. Sylvia Helbig-Lang, geb. 1978. 2003–2007 wissenschaftliche Mitarbeiterin am Institut für Klinische Psychologie und Psychotherapie der TU Dresden. 2007–2011 wissenschaftliche Mitarbeiterin am Zentrum für Klinische Psychologie und Rehabilitation (ZKPR) und seit 2008 freie Mitarbeiterin der Psychotherapeutischen Ambulanz der Universität Bremen. 2009 Promotion. Seit 2011 wissenschaftliche Mitarbeiterin in der Arbeitsgruppe Klinische Psychologie und Psychotherapie der Universität Hamburg.

Dipl.-Psych. Dorte Westphal, geb. 1977. 2002–2005 Promotionsstipendiatin an der Christoph-Dornier-Stiftung für Klinische Psychologie (CDS) in Marburg und therapeutische Tätigkeit in der Ambulanz der CDS. Seit 2005 wissenschaftliche und therapeutische Mitarbeiterin der Institutsambulanz des Instituts für Klinische Psychologie und Psychotherapie der TU Dresden.

Dr. Andrew T. Gloster, geb. 1974. 2004–2006 Doktorand und Therapieausbildung an der Eastern Michigan University und am Health Science Center der University of Texas in Houston. 2006 Promotion. Seit 2006 Mitarbeiter am Institut für Klinische Psychologie der Technischen Universität Dresden.

Prof. Dr. Hans-Ulrich Wittchen, geb. 1951. 1974–1990 Wissenschaftliche Tätigkeit in Wien, Mannheim und München. 1975 Promotion. 1984 Habilitation. 1990–2000 Leiter der Arbeitsgruppe Klinische Psychologie und Epidemiologie am Max-Planck-Institut für Psychiatrie in München. Seit 2000 Direktor des Instituts für Klinische Psychologie und Psychotherapie der TU Dresden.

Wichtiger Hinweis: Der Verlag hat für die Wiedergabe aller in diesem Buch enthaltenen Informationen (Programme, Verfahren, Mengen, Dosierungen, Applikationen etc.) mit Autoren bzw. Herausgebern große Mühe darauf verwandt, diese Angaben genau entsprechend dem Wissensstand bei Fertigstellung des Werkes abzudrucken. Trotz sorgfältiger Manuskriptherstellung und Korrektur des Satzes können Fehler nicht ganz ausgeschlossen werden. Autoren bzw. Herausgeber und Verlag übernehmen infolgedessen keine Verantwortung und keine daraus folgende oder sonstige Haftung, die auf irgendeine Art aus der Benutzung der in dem Werk enthaltenen Informationen oder Teilen davon entsteht. Geschützte Warennamen (Warenzeichen) werden nicht besonders kenntlich gemacht. Aus dem Fehlen eines solchen Hinweises kann also nicht geschlossen werden, dass es sich um einen freien Warennamen handele.

Bibliografische Information der Deutschen Nationalbibliothek

Die Deutsche Nationalbibliothek verzeichnet diese Publikation in der Deutschen Nationalbibliografie; detaillierte bibliografische Daten sind im Internet über http://dnb.d-nb.de abrufbar.

© 2012 Hogrefe Verlag GmbH & Co. KG
Göttingen · Bern · Wien · Paris · Oxford · Prag · Toronto
Cambridge, MA · Amsterdam · Kopenhagen · Stockholm
Merkelstraße 3, 37085 Göttingen

http://www.hogrefe.de
Aktuelle Informationen · Weitere Titel zum Thema · Ergänzende Materialien

Das Werk einschließlich aller seiner Teile ist urheberrechtlich geschützt. Jede Verwertung außerhalb der engen Grenzen des Urheberrechtsgesetzes ist ohne Zustimmung des Verlags unzulässig und strafbar. Das gilt insbesondere für Vervielfältigungen, Übersetzungen, Mikroverfilmungen und die Einspeicherung und Verarbeitung in elektronischen Systemen.

Satz: ARThür Grafik-Design & Kunst, Weimar
Gesamtherstellung: Hubert & Co, Göttingen
Printed in Germany
Auf säurefreiem Papier gedruckt

ISBN 978-3-8017-2341-5

Inhaltsverzeichnis

Vorwort 9

Teil 1: Grundlagen

Kapitel 1: Beschreibung des Störungsbildes 13
1.1 Störungsbild und diagnostische Kriterien 13
1.2 Agoraphobie: Diagnostische Kriterien und Beziehungen zur Panikstörung 16
1.3 Prävalenzen 18
1.4 Ersterkrankungsalter und Verlauf 20
1.5 Komorbidität 20

Kapitel 2: Störungsmodelle 21
2.1 Biologische Modelle 21
2.2 Das kognitive Modell 21
2.3 Das psychophysiologische Modell 23
2.4 Störungsmodelle der Agoraphobie 23
2.4.1 Das Zwei-Faktoren-Modell 23
2.4.2 Das Stufenmodell der Agoraphobie 24
2.5 Ein integratives Vulnerabilitäts-Stress-Modell 24
2.5.1 Prädisponierende Vulnerabilitäten 25
2.5.2 Auslösende und moderierende Faktoren 27

Kapitel 3: Stand der Psychotherapieforschung 29
3.1 Effektivität verschiedener Therapieansätze bei Panikstörung und Agoraphobie 29
3.1.1 Kognitive Verhaltenstherapie (KVT) 29
3.1.2 Psychodynamische Therapie 29
3.1.3 Gesprächspsychotherapie 29
3.2 Empfehlungen zur Durchführung von Expositionsverfahren 30
3.3 Kombinationsbehandlung mit Pharmakotherapie 31

Teil 2: Behandlung

Kapitel 4: Diagnostik 35
4.1 Erstgespräch und Erhebung der Symptomatik 35
4.2 Diagnosestellung und Differenzialdiagnostik 36
4.2.1 Verfahren der klassifikatorischen Diagnostik 36
4.2.2 Differenzialdiagnosen 36
4.2.3 Berücksichtigung komorbider Diagnosen 37
4.3 Verfahren zur Therapieplanung und Verlaufsdiagnostik 38
4.4 Funktionale Bedingungsanalyse 39

Kapitel 5: Aufbau des Manuals und Behandlungslogik 40

5.1	Kernkomponente Psychoedukation	41
5.1.1	Informationen über Angst	41
5.1.2	Einführung des Teufelskreises der Angst	41
5.1.3	Entstehungsmodell und Verhaltensanalyse	42
5.1.4	Wirkung von Vermeidungsverhaltensweisen und Therapieziele	42
5.2	Kernkomponente interozeptive Exposition	43
5.3	Kernkomponente In-vivo-Exposition	44
5.3.1	Rational der In-vivo-Exposition	44
5.3.2	Ableitung des Behandlungsrationals für die In-vivo-Exposition	44
5.3.3	In-vivo-Exposition	45
5.3.4	Motivationskomponente	46
5.3.5	Kernkomponente Lernerfahrungen und Erwartungsangst	46
5.4	Kernkomponente Rückfallprophylaxe	47
5.5	Modifikationen des Behandlungsvorgehens	47

Kapitel 6: Evaluation 49

6.1	Manualentwicklung	49
6.2	Design und Ablauf der Behandlungsstudie	49
6.3	Stichprobe	49
6.4	Ergebnisse der Evaluation	50

Teil 3: Beschreibung der Sitzungen

Sitzung 1 55

Sitzung 2 71

Sitzung 3 79

Sitzung 4 93

Sitzung 5 105

Expositionssitzungen (Sitzung 6 bis 8 sowie 10 und 11) 119

Beispielsitzung 6 – unbegleitete Exposition 129

Beispielsitzung 10 – begleitete Exposition 133

Sitzung 9 135

Sitzung 12 142

Auffrischungssitzungen 151

Literatur 155

Anhang 159
Übersicht über die Materialien auf der CD-ROM 159

CD-ROM

Die CD-ROM enthält PDF-Dateien aller Info- und Arbeitsblätter, die zur Durchführung des Therapieprogrammes verwendet werden können.

Die PDF-Dateien können mit dem Programm Acrobat® Reader (eine kostenlose Version ist unter www.adobe.com/products/acrobat erhältlich) gelesen und ausgedruckt werden.

Vorwort

Mit dem vorliegenden Behandlungsmanual liegt erstmalig im deutschen Sprachraum ein hoch strukturiertes, verhaltenstherapeutisches Konzept für die Einzelbehandlung von Patienten mit Panikstörung und Agoraphobie vor. Das Manual wurde ursprünglich für eine der größten kontrollierten Therapiestudien zu Wirkmechanismen der Therapie der Panikstörung mit Agoraphobie entwickelt, die 369 Patienten mit dieser Symptomatik untersuchte (MAC-Studie; „Mechanisms of Action in CBT"). Die Studie wurde von 2007 bis 2009 an 8 Universitätsambulanzen[1] in Deutschland durchgeführt und vom Bundesministerium für Bildung und Forschung finanziell gefördert[2].

Als Autoren dieses Manuals und als Wissenschaftler haben wir lange die Frage diskutiert, ob wir das für eine Studie entwickelte, hoch strukturierte Behandlungsmanual der Fachöffentlichkeit zugänglich machen sollten. Folgende Überlegungen haben uns darin bestärkt, dieses Wagnis zu unternehmen:

1. Das Behandlungsmanual wurde im Rahmen unserer Studie erfolgreich bei schwer bis sehr schwer erkrankten Patienten eingesetzt, die in der Regel seit vielen Jahren unter der Symptomatik litten und mehrere komorbide Störungen aufwiesen. Bei diesen Patienten führte das vergleichsweise kurze, expositionsfokussierte Behandlungsprogramm zu deutlichen Verbesserungen der Symptomatik und zu vergleichbar guten Ergebnissen, wie sie aus der Wirksamkeitsforschung bekannt sind. Gleichzeitig war dieses Vorgehen nicht mit höheren Dropout-Raten verbunden, wie diese üblicherweise in Therapiestudien beobachtet werden. Insofern gehen wir davon aus, dass der Einsatz des Behandlungsprogramms unter weniger formalisierten Bedingungen von den Patienten gut akzeptiert wird und zu guten Behandlungsergebnissen führt.
2. Die im Manual enthaltenen Behandlungsvarianten „Exposition mit Therapeutenbegleitung" und „Expositionsvorbereitung ohne Begleitung in den Situationen" erlauben – jenseits der Vorgaben einer Therapiestudie – eine flexible Auswahl einer jeweils angemessenen Behandlungsvariante. Beide Behandlungsmodalitäten erbrachten überzeugende, langfristig stabile Effekte, wenngleich die Bedingung mit Therapeutenbegleitung in einzelnen Dimensionen eine leichte Überlegenheit aufwies.
3. Der Einsatz des Manuals im Rahmen der Studie, aber auch im Rahmen unserer Lehr- und Ausbildungstherapien bestätigt, dass das Behandlungsprogramm von Patienten und Behandlern gut angenommen wird. Durch die Fokussierung auf eine Wirkkomponente der Therapie – die Exposition – ist das Behandlungsprogramm vereinfacht und gibt mit den aufeinander aufbauenden Arbeitsmaterialien eine nachvollziehbare Behandlungsstruktur vor. Unsere Erfahrungen zeigen, dass das Manual sowohl dem Therapeuten als auch den Patienten eine hinreichende Klarheit bezüglich des Behandlungsablaufes bietet, ohne dabei die Individualität des Patienten zu vernachlässigen.
4. Neben den Studienergebnissen unseres Verbundes und unseren positiven Erfahrungen haben uns die Befunde zur Übertragbarkeit klinischer Studien in die therapeutische Praxis dazu bewogen, eine Veröffentlichung vorzunehmen. Hier waren vor allem Befunde ausschlaggebend, die aufzeigten, dass die Effektivität der Behandlung in der Routinepraxis dann leidet, wenn der Therapie kein Behandlungsmanual zugrunde liegt.

Wir möchten mit der Veröffentlichung des Manuals ein praktisch anwendbares und in seiner Wirksamkeit überprüftes Behandlungsprogramm vorlegen und hoffen, dadurch zu einer Verbesserung der Behandlungsqualität der Panik- und Agoraphobiebehandlung in der Praxis beizutragen. Damit dieses Anliegen gelingen kann, sind eine intensive Auseinandersetzung mit dem Ablauf des gesamten Behandlungsprogramms, das Verständnis der Interventionslogik und die genaue Kenntnis der Übergänge zwischen den einzelnen Behandlungsschritten notwendig. Entsprechend enthält das Manual neben den genauen Sitzungsbeschreibungen ausführliche Erläuterungen zur Manuallogik, den zugrunde liegenden empirischen Befunden und Hinweise zum Umgang mit Problemen. Nichtsdestotrotz erscheint uns ein Therapeutentraining im Umgang mit den Arbeitsmaterialien unumgänglich. Ferner ist zu berücksichtigen, dass das

---

[1] Aachen (T. Kircher), Bremen (T. Lang), Berlin Charité (A. Ströhle), Berlin Adlershof (T. Fydrich, L. Fehm), Dresden (H.-U. Wittchen), Greifswald (A. Hamm), Münster (A. Gerlach), Würzburg (G. W. Alpers).
[2] Förderkennzeichen 01GV0615. Verbundkoordinator V. Arolt (Münster).

Behandlungsprogramm selbst keine spezifischen Informationen und Empfehlungen zum Beziehungsaufbau mit dem Patienten enthält. Das Programm unterstützt den Beziehungsaufbau zwar durch seine Struktur, setzt die Grundkenntnisse und Grundfertigkeiten zum Aufbau einer tragfähigen therapeutischen Beziehung jedoch voraus. Nach entsprechender Beschäftigung und erfolgtem Training ist das Behandlungsprogramm sowohl für Berufsanfänger als auch für erfahrene Therapeuten gut geeignet.

Zuletzt möchten wir uns an dieser Stelle herzlich bei all jenen bedanken, ohne die das Manual in der vorliegenden Form nicht hätte entstehen können. Hier sind vor allem diejenigen Kolleginnen und Kollegen zu nennen, die in der Entstehungsphase durch ihre kritischen Hinweise und hilfreichen Anmerkungen das Behandlungsprogramm verbessert haben. Dank gilt vor allem Alexander Gerlach, Lydia Fehm, Werner Rebber, Peter Neudeck, Jürgen Hoyer und Georg W. Alpers. Dank gilt auch dem gesamten BMBF-Forschungsverbund, ohne den die Durchführung und die Evaluation des Manuals nicht hätte erfolgen können. Unser ausdrücklicher Dank geht dabei an alle im Rahmen der Behandlungsstudie tätigen Therapeuten, die neben der Umsetzung des Studienmanuals auch ein – in kontrollierten Studien übliches – striktes und strenges Studienprozedere einhalten mussten. Ohne ihren Einsatz hätte die Behandlungsstudie des Panik-Netzes nie durchgeführt und zu einem erfolgreichen Abschluss geführt werden können. Den in der Studie behandelten Patienten danken wir für ihre Bereitschaft, zusätzlich zur Therapie an der Vielzahl diagnostischer Untersuchungen teilzunehmen. Schließlich danken wir dem Bundesministerium für Bildung und Forschung, ohne dessen finanzielle Unterstützung die gesamte Studie nicht hätte durchgeführt werden können. Dem Hogrefe Verlag und insbesondere Frau Susanne Weidinger – die die Entstehung des Buches mit hilfreichen Anregungen und freundlicher Unterstützung begleitet hat – danken wir für die Möglichkeit, das Behandlungsprogramm in Buchform vorlegen zu können.

Was wir dem Manual nicht wünschen ist, dass es als Fundgrube für Arbeitsblätter dient oder nur als weiteres, nicht praxisrelevantes und in der Praxis nicht anwendbares Forschungsrelikt betrachtet wird. Wir wünschen uns, dass dem Vorgehen die Möglichkeit eröffnet wird, die Behandlung der Panikstörung mit Agoraphobie weiter zu optimieren und das für einen Gesunden vermutlich nicht zu 100 Prozent nachvollziehbare Leid der Betroffenen zu mildern.

Bremen und Dresden, im April 2011 *Thomas Lang, Sylvia Helbig-Lang, Dorte Westphal, Andrew T. Gloster* und *Hans-Ulrich Wittchen*

Teil 1: Grundlagen

Kapitel 1

Beschreibung des Störungsbildes

1.1 Störungsbild und diagnostische Kriterien

Panikstörungen mit und ohne Agoraphobie sind in der klinischen Praxis nicht nur weit verbreitet, sie verursachen für die Betroffenen auch in erheblichem Ausmaß soziale, berufliche oder persönliche Einschränkungen. Nicht selten müssen Arbeitstätigkeiten oder soziale Aktivitäten aufgegeben werden oder können nur noch sehr eingeschränkt ausgeführt werden. Darüber hinaus sind Panikstörungen mit erheblichen Kosten im Gesundheitssystem verbunden. Panikpatienten gehören zu den Patientengruppen mit der höchsten Inanspruchnahmerate ärztlicher Leistungen (z. B. Katon, 1996; Rees, Richards & Smiths, 1998) und haben im Vergleich zur Allgemeinbevölkerung signifikant mehr Fehltage auf Arbeit. Auch durch die häufig sekundär auftretenden komorbiden Störungen, wie Substanzmissbrauch und depressive Störungen, gehören Panikstörungen zu den am meisten beeinträchtigenden und kostenintensivsten psychischen Störungen.

Hauptkennzeichen der Panikstörung sind wiederkehrende unerwartete Panikattacken. Mit dem Begriff Panikattacke (oder auch Panikanfall, Angstanfall) wird eine diskrete Episode von Angsterleben bezeichnet, die mit einer Reihe körperlicher und kognitiver Symptome einhergeht, wie z. B. Herzrasen oder -stolpern, Kurzatmigkeit, Schwindel sowie Angst zu sterben, verrückt zu werden oder die Kontrolle zu verlieren. Dabei erreicht die Angst innerhalb kurzer Zeit (innerhalb von 10 Minuten) ihren Höhepunkt. Im Kasten sind die diagnostischen Kriterien der Panikattacke nach DSM-IV (vgl. Saß, Wittchen & Zaudig, 2003) zusammengefasst.

Das DSM-IV definiert Panikattacken syndromal, da sie im Rahmen verschiedener psychischer Störungen auftreten können und damit keine Spezifität für die Panikstörung aufweisen. Differenzialdiagnostisch relevant sind die Auftretensbedingungen der Panikattacken: Unerwartete Panikattacken, die ohne erkennbaren Auslöser, wie „aus heiterem Himmel" auftreten, sind das Leitkriterium der Panikstörung. Davon abzugrenzen sind situationsgebundene und situationsbegünstigte Panikattacken. Panikpatienten erleben insbesondere im weiteren Verlauf der Störung auch situationsbegünstigte Panikattacken, die mit einer erhöhten Wahrscheinlichkeit, aber nicht in jedem Fall, in Zusammenhang mit spezifischen Auslösern auftreten. Solche

---

Diagnostische Kriterien der Panikattacke nach DSM-IV-TR

Eine klar abgrenzbare Episode intensiver Angst und Unbehagens, bei der mindestens vier der nachfolgend genannten Symptome abrupt auftreten und innerhalb von 10 Minuten einen Höhepunkt erreichen:
1. Palpitationen, Herzklopfen oder beschleunigter Herzschlag
2. Schwitzen
3. Zittern oder Beben
4. Gefühl der Kurzatmigkeit oder Atemnot
5. Erstickungsgefühle
6. Schmerzen oder Beklemmungsgefühle in der Brust
7. Übelkeit oder Magen-Darm-Beschwerden
8. Schwindel, Unsicherheit, Benommenheit oder der Ohnmacht nahe sein
9. Derealisation oder Depersonalisation
10. Angst die Kontrolle zu verlieren oder verrückt zu werden
11. Angst zu sterben
12. Parästhesien (Taubheit oder Kribbelgefühle)
13. Hitzewallungen oder Kälteschauer

situationsbegünstigten Panikattacken können auch im Rahmen anderer Angststörungen (z. B. Soziale Phobie, Zwangsstörung) auftreten, wobei Auslöser sowohl externe (situative Reize) als auch interne (kognitive oder physiologische Trigger) Reize sein können. Situationsgebundene Panikattacken treten vorhersehbar bei Antizipation oder Konfrontation mit einem gefürchteten Reiz auf – sie sind damit typisch für Spezifische Phobien.

In der ICD-10 (vgl. Dilling, Mombour & Schmidt, 2004) werden ähnliche Kriterien für die Definition von Panikattacken verwendet wie im DSM. Auch hier wird das Auftreten von vier aus insgesamt 12 Symptomen gefordert, wobei mindestens ein Symptom aus dem psychovegetativen Bereich vorliegen muss. Anders als im DSM-IV erfolgt die Definition der Panikattacke im Rahmen der Kriterien der Panikstörung. Tabelle 1 stellt die aktuellen diagnostischen Kriterien der Panikstörung nach ICD und DSM gegenüber.

Im DSM-IV wird für die Diagnose der Panikstörung aktuell das wiederholte Auftreten von unerwarteten Panikattacken gefordert, wobei das Kriterium als erfüllt gilt, wenn mindestens zwei

Tabelle 1: Vergleich der diagnostischen Kriterien der Panikstörung

ICD-10-Kriterien	DSM-IV-TR-Kriterien

A. Wiederholte Panikanfälle, die oft spontan auftreten und nicht ausschließlich auf eine spezifische Situation, ein spezifisches Objekt, eine reale Gefahr oder besondere Anstrengung bezogen sind
 	
B. Eine *Panikattacke* ist eine einzelne Episode intensiver Angst oder Unbehagens. Sie beginnt abrupt und erreicht innerhalb weniger Minuten ein Maximum und dauert mind. einige Minuten. Es müssen mind. vier Symptome aus der folgenden Liste vorhanden sein. Ein Symptom muss dabei aus der Gruppe der ersten vier Symptome (a bis d) stammen:
a) Palpitationen, Herzklopfen oder erhöhte Herzfrequenz
b) Schweißausbrüche
c) Fein- oder grobschlägiger Tremor
d) Mundtrockenheit
e) Atembeschwerden
f) Beklemmungsgefühl
g) Thoraxschmerzen und -missempfindungen
h) Nausea oder abdominale Missempfindungen (Unruhegefühle im Magen)
i) Gefühl von Schwindel, Unsicherheit, Schwäche oder Benommenheit
j) Gefühl, die Objekte sind unwirklich (Derealisation) oder man selbst ist weit entfernt oder nicht wirklich hier (Depersonalisation)
k) Angst vor Kontrollverlust, verrückt zu werden oder „auszuflippen"
l) Angst zu sterben
 	
C. Panikattacken dürfen nicht Folge einer körperlichen, organischen psychischen Störung oder anderen psychischen Störung sein.
	A. Sowohl (1) als auch (2):
	1. Wiederkehrende unerwartete Panikanfälle
	2. Bei mindestens einer der Attacken folgte mindestens ein Monat mit mindestens einem der nachfolgend genannten Symptome:
	  a) anhaltende Besorgnis über das Auftreten weiterer Panikanfälle,
	  b) Sorgen über die Bedeutung der Anfälle oder ihrer Konsequenzen (z. B. die Kontrolle zu verlieren, einen Herzinfarkt zu erleiden, verrückt zu werden),
	  c) deutliche Verhaltensänderung infolge der Attacken.
	
	B. Es liegt keine Agoraphobie vor.
	
	C. Die Panikanfälle gehen nicht auf die direkte körperliche Wirkung einer Substanz (z. B. Droge, Medikament) oder eines medizinischen Krankheitsfaktors (z. B. Hyperthyreose) zurück.
	
	D. Die Panikanfälle werden nicht besser durch eine andere psychische Störung erklärt.

unerwartete Attacken aufgetreten sind. Darüber hinaus muss mindestens eine Attacke gefolgt sein von mindestens einem Monat mit Besorgnis über die Attacken. Damit besteht ein wesentlicher Unterschied in den diagnostischen Kriterien darin, dass im DSM-IV bestimmte Konsequenzen der Panikattacken gefordert werden, während in der ICD bereits das mehrfache Auftreten von unerwarteten Panikattacken die Diagnose rechtfertigt.

Die ICD-10 gibt darüber hinaus eine Schweregradeinteilung nach Häufigkeit der Panikattacken vor: bis zu vier Attacken im Rahmen von vier Wochen entspricht einer mittleren, vier Panikanfälle pro Woche über mindestens vier Wochen entspricht einer schweren Ausprägung der Panikstörung.

Panikattacken treten insgesamt deutlich häufiger auf als Panikstörungen. Für die Entwicklung einer Beeinträchtigung aufgrund von Panikattacken werden häufig katastrophisierende Befürchtungen über die Bedeutung der Attacken verantwortlich gemacht. Aufgrund der zunächst vorwiegend somatischen Symptompräsentation bzw. der fehlenden Erklärungen für die Symptome nehmen die Betroffenen häufig an, an einer Krankheit oder körperlichen Störung zu leiden. Je nach Ausprägung der auftretenden Symptome sind dabei häufige Befürchtungen (1) einen Herzinfarkt zu erleiden, (2) zu ersticken, (3) ohnmächtig zu werden oder umzufallen oder (4) die Kontrolle über sich zu verlieren oder verrückt zu werden. In Einzelfällen werden andere neurologische Erkrankungen vermutet oder keine klaren Befürchtungen geäußert. In Verbindung mit diesen katastrophisierenden Kognitionen entwickelt sich häufig eine ausgeprägte Erwartungsangst vor dem Wiederauftreten von Attacken. Diese Erwartungsangst kann sich einerseits als eher diffuses Angsterleben, erhöhte Wachsamkeit und Schreckhaftigkeit äußern, andererseits als konkretes Angsterleben vor bestimmten Ereignissen oder Situationen, in denen das Auftreten von Panik vermutet wird.

Patienten mit Panikstörung weisen darüber hinaus häufig eine Reihe von Verhaltensänderungen auf, die darauf ausgerichtet sind, die Wahrscheinlichkeit von Paniksymptomen oder die Wahrscheinlichkeit gefürchteter Konsequenzen zu reduzieren. Einige Patienten meiden Aktivitäten bzw. Substanzen, die Körpersymptome auslösen könnten, wie z.B. sportliche Aktivitäten oder koffeinhaltige Getränke. In Einzelfällen werden alle Situationen vermieden, die mit Stress oder emotionaler Erregung gleichgesetzt werden. Diese auf die Vermeidung von Körpersymptomen ausgerichteten Strategien werden häufig unter dem Begriff „interozeptive Vermeidung" zusammengefasst (vgl. Kasten). Interozeptive Vermeidung wird dem Konzept des Sicherheitsverhaltens zugeordnet, das in den letzten Jahren zunehmend als wesentlicher Faktor in der Aufrechterhaltung von Angststörungen diskutiert wird (vgl. Kasten zur Bedeutung von Sicherheitsverhalten).

Beispiele für interozeptive Vermeidungsverhaltensweisen bei Panikstörung:

- Kaffee trinken
- Schnell laufen oder rennen
- Alkohol trinken
- Sportliche Aktivitäten
- Saunabesuche
- Sexuelle Aktivitäten
- Bei sehr heißem Wetter draußen sein
- Karussell fahren
- Aufregende Filme sehen
- Sich streiten

Die Bedeutung von Sicherheitsverhalten:

Der Begriff Sicherheitsverhalten oder „safety seeking behaviour" geht auf Paul Salkovskis zurück (Salkovskis, 1991), wenngleich ähnliche Mechanismen z.B. im Bereich der Zwangsstörungen früher bereits beschrieben wurden (Rachman & Hodgson, 1980). Salkovskis sah in bestimmten Verhaltensweisen von Panikpatienten die Ursache dafür, dass katastrophisierende Bewertungen, wie „Ich werde einen Herzinfarkt bekommen", über lange Zeit aufrechterhalten werden, ohne dass die befürchtete Katastrophe jemals eintritt. Dieses Phänomen führte er auf eine Fehlinterpretation der Bedeutung des eigenen Verhaltens zurück: Die Person glaubt, aufgrund ihres eigenen Verhaltens (z.B. die Situation zu verlassen, sich hinzusetzen, etc.) gerade noch einmal der Katastrophe entkommen zu sein.

Salkovskis teilte Sicherheitsverhalten ursprünglich in drei Kategorien ein:
- *Situative Vermeidung:* Vermeidung von Situationen, in denen das Auftreten von Panik oder Angst befürchtet wird,

> - *Flucht* aus der Situation, sobald Angst auftritt und
> - *Subtile Vermeidung:* Verhaltensweisen, die während des Auftretens von Angst ausgeführt werden, um die befürchtete Katastrophe zu verhindern (z. B. sich hinsetzen, bei der Befürchtung, umzufallen).
>
> Im Laufe der Zeit wurde das Konzept des Sicherheitsverhaltens immer weiter ausdifferenziert und auf andere Angststörungen übertragen. So werden heutzutage auch kognitive Strategien, wie Ablenkung in den Situationen oder Rückversicherungsstrategien als Sicherheitsverhalten verstanden. Grundsätzlich kann man dabei zwischen Verhaltensweisen unterscheiden, die in Vorbereitung auf schwierige Situationen ausgeführt werden, um das Auftreten von Angst zu verhindern und Strategien, die eingesetzt werden, wenn Angst auftritt, um die Wahrscheinlichkeit befürchteter Konsequenzen zu verringern.

Es gibt immer wieder Versuche, Subtypen der Panikstörung zu identifizieren, um einerseits die teilweise widersprüchlichen Ätiologiemodelle der Panikstörung zu verbessern, andererseits auch um Behandlungsoptionen weiter zu optimieren (vgl. Andor, Glöckner-Rist, Gerlach & Rist, 2008). Clusteranalysen zur Identifikation verschiedener Symptomprofile ergaben Hinweise auf folgende Subtypen:

- *Respiratorischer Subtyp:* Der respiratorische Subtyp, bei dem Symptome wie Kurzatmigkeit, Atemnot oder Druck auf der Brust im Vordergrund stehen, konnte in den meisten Studien übereinstimmend nachgewiesen werden. Er wird ätiologisch mit der Hyperventilationstheorie bzw. der „False-suffocation alarm"-Theorie in Verbindung gebracht (vgl. Abschnitt Modelle). Patienten vom respiratorischen Subtypen werden in der Literatur charakterisiert durch einen späteren Erkrankungsbeginn, längere Krankheitsdauer und stärkere Ausprägungen komorbider Agoraphobie (Biber & Alkin, 1999; Nardi et al., 2004). Diese Patienten berichten darüber hinaus häufiger über Panikattacken und sind stärker eingeschränkt (Briggs, Strech & Brandon, 1993).
- *Vestibulärer Subtyp:* Einzelne Studien fanden Hinweise auf einen vestibulären Subtypen, bei dem Schwindel und Derealisation oder Depersonalisation im Vordergrund stehen (z. B. Andor et al., 2008; Segui, Salvador-Carulla, Canet, Ortiz & Farré, 1998). Es gibt dabei Hinweise, dass Patienten mit Schwindelsymptomatik schlechter auf KVT ansprechen als Patienten mit anderen Symptomprofilen (Heinrichs, Hahlweg, Moschner, Wessel & Fiegenbaum, 2003).
- *Gastrointestinaler Subtyp:* Auch für einen Subtypen mit vorwiegend abdominalen Beschwerden sprechen nur einzelne Befunde. Einige Autoren vermuten, dass dieser Subtyp eher spezifisch für Agoraphobiepatienten sein könnte und entsprechend in Studien bei Panikpatienten ohne Agoraphobie nicht nachgewiesen werden kann (Andor et al., 2008). Für diese Annahme liegt jedoch noch keine empirische Evidenz vor.
- *Kognitiver Subtyp:* Beim kognitiven Subtypen stehen kognitive Symptome, wie Angst vor Kontrollverlust oder Todesangst, im Vordergrund. Die empirische Evidenz für diesen Subtypen ist jedoch begrenzt und wird besonders kontrovers diskutiert (Schmid, Forsyth, Santiago & Trakowski, 2002).

Insgesamt ist die Befundlage hinsichtlich der Existenz differenzierbarer Subgruppen damit noch begrenzt. Mögliche Implikationen spezifischer Symptomprofile für die Behandlung werden im Teil 2 (Behandlung) diskutiert.

1.2 Agoraphobie: Diagnostische Kriterien und Beziehungen zur Panikstörung

Die meisten Panikpatienten weisen als Folge der Angst vor weiteren Attacken zumindest eine mild ausgeprägte Agoraphobie auf. Agoraphobie bezeichnet dabei die Angst vor oder die Vermeidung von Situationen, in denen das Auftreten von Panikattacken oder -symptomen antizipiert wird, und keine Hilfe erreichbar ist oder aus denen eine Flucht schwierig oder peinlich sein könnte. Häufig können die entsprechenden Situationen nicht mehr oder nur in Begleitung aufgesucht werden. Auch wenn die Vermeidung bestimmter Situationen das Leitsymptom der Agoraphobie darstellt, lassen sich auch hier Sicherheitsverhaltensweisen beobachten, die eingesetzt werden, wenn Situationen nicht vermieden werden können. Dabei besonders hervorzuheben sind die sogenannten „Sicherheitssignale", deren Anwesenheit dem Betroffenen Sicherheit suggerieren. Bereits 1984 formulierte Stanley Rachman, dass diese Sicherheitssignale die Angst aufrechterhalten, auch wenn die Betroffenen die Erfahrung machen, die Situation bewältigen zu können, da diese Erfahrung den Sicherheitssignalen zugeschrieben wird. Das typischste Sicherheitssignal bei Agoraphobie ist die Begleitung durch vertraute Personen in den gefürchteten Situationen; andere Sicherheitssignale sind Gehstöcke (bei Angst umzufallen) oder die Nähe eines Arztes oder eines Ausgangs. Die diagnostischen Kriterien der Agoraphobie sind in Tabelle 2 dargestellt.

Wie aus Tabelle 2 ersichtlich, definiert das DSM-IV in Abweichung von der ICD keine festen Situationen, sondern charakterisiert vielmehr die Befürchtungen, die Patienten mit Agoraphobie aufweisen: Relevant sind dabei unrealistische Befürchtungen über mögliche Konsequenzen körperlicher Symptome in Situationen, in denen sich der Betroffene ungeschützt oder hilflos fühlt. Im Hinblick auf differenzialdiagnostische Entscheidungen ist dies ein relevantes Kriterium, da Personen aus verschiedenen Gründen die in der ICD genannten Situationen vermeiden können.

In der Tradition der ICD wird Agoraphobie als die übergeordnete und damit eigenständige Störung betrachtet, währenddessen das DSM Agoraphobie als Syndrom definiert, das zusätzlich zur Panikstörung auftritt. Patienten, die eine Agoraphobie aufweisen, jedoch keine unerwarteten Panikattacken berichten, können im DSM-IV die Diagnose der „Agoraphobie ohne Panikstörung in der Vorgeschichte" erhalten. Dabei ist nicht ausgeschlossen, dass situationsbegünstigte Panikattacken in den gefürchteten Situationen auftreten.

Der Status der Agoraphobie als eigenständige Störung vs. Syndrom ist nach wie vor umstritten. Vor allem klinische Studien legen nahe, dass die Agoraphobie sich meist sekundär nach dem Auftreten initialer Panikattacken aufgrund von Erwartungs-

Tabelle 2: Diagnostische Kriterien der Agoraphobie

ICD-10-Kriterien	DSM-IV-TR-Kriterien
	ACHTUNG: Im DSM-IV ist die Agoraphobie keine codierbare Störung!
A. Eine deutliche und anhaltende Furcht vor oder Vermeidung von mindestens zwei der folgenden Situationen: – Menschenmengen – Öffentliche Plätze – Alleine Reisen – Reisen, mit weiter Entfernung von Zuhause B. Mindestens einmal nach Auftreten der Störung müssen in den gefürchteten Situationen mindestens zwei Angstsymptome aufgetreten sein (vgl. Liste Panikattacke, Tab. 1) C. Die Angst oder das phobische Vermeidungsverhalten werden nicht durch eine andere psychische Störung besser erklärt.	A. Angst, an Orten zu sein, von denen eine Flucht schwierig (oder peinlich) sein könnte oder wo im Falle einer unerwarteten oder durch die Situation begünstigten Panikattacke oder panikartiger Symptome Hilfe nicht erreichbar sein könnte. Agoraphobische Ängste beziehen sich typischerweise auf charakteristische Muster von Situationen: z. B. alleine außer Haus zu sein, in einer Menschenmenge zu sein, in einer Schlange zu stehen, auf einer Brücke zu sein, Reisen im Bus, Zug oder Auto. B. Die Situationen werden vermieden (z. B. das Reisen wird eingeschränkt) oder sie werden nur mit deutlichem Unbehagen oder mit Angst vor dem Auftreten einer Panikattacke oder panikähnlicher Symptome durchgestanden bzw. können nur in Begleitung aufgesucht werden. C. Die Angst oder das phobische Vermeidungsverhalten werden nicht durch eine andere psychische Störung besser erklärt, wie Soziale Phobie, Spezifische Phobie, Zwangsstörung, Posttraumatische Belastungsstörung oder Störung mit Trennungsangst.

angst vor dem Auftreten weiterer Attacken entwickelt (vgl. White & Barlow, 2002). Einige Studien schlagen entsprechend vor, agoraphobe Vermeidung dimensional zu konzipieren und zur näheren Charakterisierung der Panikstörung (z. B. Slade & Grisham, 2009) bzw. als Marker der Störungsschwere zu nutzen.

Im Gegensatz dazu zeigen epidemiologische Studien, dass Agoraphobie – wenn nach DSM-IV definiert – nicht nur als eigenständige Störung unabhängig von Panikstörung und Panikattacken auftritt; in prospektiven Analysen wies sie sogar ein früheres Erstmanifestationsalter als Panikattacken auf (Wittchen et al., 2007). Bienvenu et al. (2006) zeigten, dass Panikstörungen zwar ein Prädiktor für nachfolgende Agoraphobie waren; im gleichen Maß konnte jedoch auch der umgekehrte Zusammenhang nachgewiesen werden. Solche Studien legen nahe, dass die Agoraphobie mindestens genauso häufig der Panikstörung vorangeht wie sie ihr folgt. Diese Beobachtungen haben zur Annahme eines Panik-Agoraphobie-Spektrums geführt, nach dem sich die beiden Störungen gegenseitig beeinflussen (Shear et al., 2002).

Auch im Symptombild finden klinische Studien Unterschiede zwischen Patienten mit Agoraphobie und Panikstörung und Patienten mit reiner Agoraphobie. So scheinen sich bei Patienten ohne Panikattacken inhaltliche Befürchtungen häufig auf Annahmen der eigenen Unzulänglichkeit oder Peinlichkeit zu beziehen (z. B. ohnmächtig werden oder Einnässen/Einkoten), während Panikpatienten häufiger über Todesangst (z. B. Herzinfarkt) berichten (Wittchen et al., 2008). Darüber hinaus finden sich bei Patienten mit Agoraphobie ohne Panikattacken stärker ausgeprägte hypochondrische Ängste und stärkere kognitive Verzerrungen als bei Patienten mit Panikstörung.

Es lässt sich damit festhalten, dass Agoraphobie als eigenständige Störung zu existieren scheint; ihr genauer diagnostischer Status bedarf jedoch weiterer Untersuchungen.

1.3 Prävalenzen

Die eindeutige Angabe von Prävalenzen für die Panikstörung ist vergleichsweise schwierig, da viele Studien unterschiedliche Diagnosegruppen definieren. Dies ist zum Teil auch den unterschiedlichen diagnostischen Hierarchien in der ICD und dem DSM geschuldet. Da in der ICD-10 die Agoraphobie die hierarchisch höhere Diagnose ist, wird sie entsprechend häufiger diagnostiziert und auftretende Panikattacken werden untergeordnet. Im DSM-IV dagegen ist die Panikstörung übergeordnet, was zu höheren Prävalenzschätzungen für dieses Störungsbild führt. Nur selten werden in Studien distinkte Gruppen von Patienten mit vs. ohne Agoraphobie gebildet. Eine Ausnahme bildet eine Analyse der Daten der National Comorbidity Survey Replication (NCS-R). In dieser bevölkerungsrepräsentativen Stichprobe wurde eine Lebenszeitprävalenz für Panikattacken von 22,7 % ermittelt; die Diagnose einer reinen Panikstörung waren mit 3,7 % häufiger als die Diagnose Panikstörung mit Agoraphobie mit 1,1 % Prävalenz (Kessler, Chiu, Jin, Ruscio, Shear & Walters, 2006). Die Häufigkeit der Diagnosegruppe „Agoraphobie ohne Panikattacken in der Vorgeschichte" wurde in dieser Analyse jedoch nicht berücksichtigt. Eine genaue Subgruppenanalyse wurde kürzlich anhand der deutschen Early Developmental Stages of Psychopathology (EDSP)-Studie durchgeführt. Abbildung 1 verdeutlicht die komplexen Zusammenhänge zwischen Paniksymptomen, Panikattacken, Panikstörung und Agoraphobie.

Klinische Merkmale der Panikstörung mit Agoraphobie:

- Wiederholtes Auftreten unerwarteter, im weiteren Verlauf auch situationsbegünstiger Panikattacken.
- Erwartungsangst hinsichtlich des Wiederauftretens solcher Attacken und Sorge über die Bedeutung der Attacken.
- Vermeidung von Situationen, in denen das Auftreten von Paniksymptomen als wahrscheinlich angesehen wird.
- Subtile Vermeidungs- und Sicherheitsstrategien, die auf das Verhindern einer gefürchteten Katastrophe (z. B. Herzinfarkt, Umfallen) ausgerichtet sind.

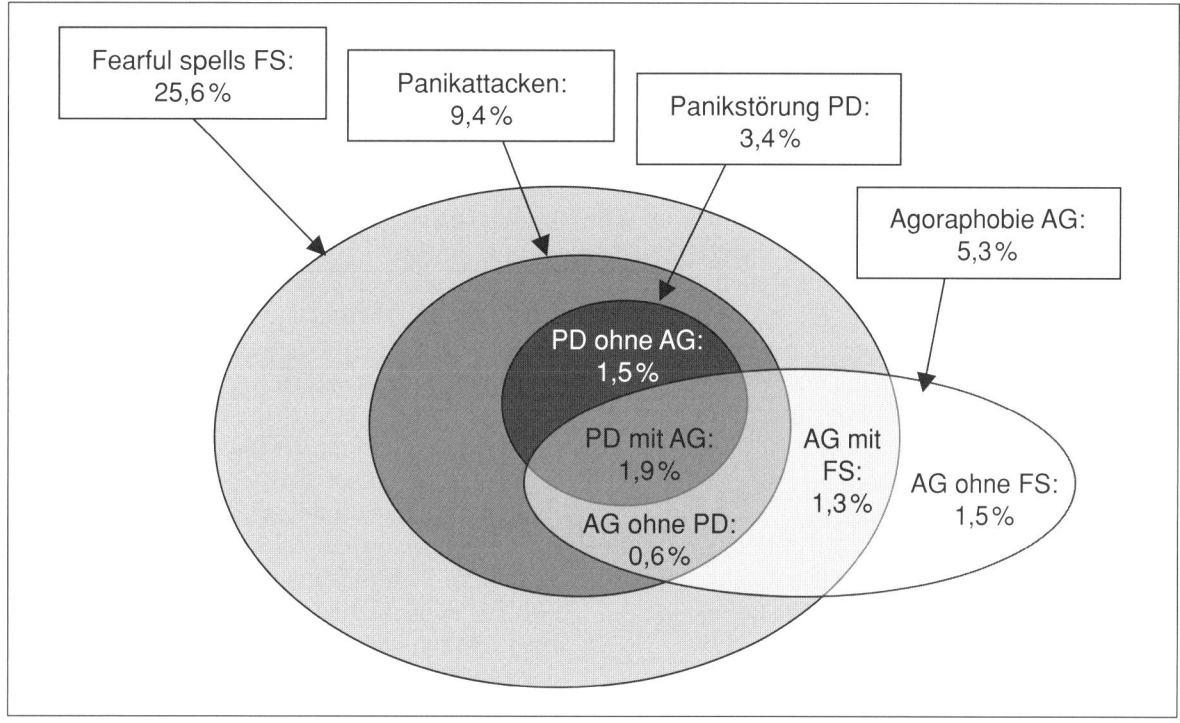

Abbildung 1: Prävalenz und Beziehungen zwischen Agoraphobie, Panikstörung und Panikattacken in einer bevölkerungsrepräsentativen Stichprobe (N = 3.021; modifiziert nach Wittchen et al., 2010). Fearful spells bezeichnet das Auftreten von Paniksymptomen, die nicht die vollen Kriterien einer Panikattacke erfüllen.

In einem zusammenfassenden Review über insgesamt 13 epidemiologische Studien wurde die 12-Monatsprävalenz der Panikstörung auf ca. 2 % geschätzt, wobei Frauen konsistent die höheren Prävalenzraten aufweisen (Goodwin et al., 2005). Für das Vorkommen von Agoraphobie wurden Raten zwischen 0,4 % bis 3,1 % ermittelt, wobei sowohl Studien eingingen, die Agoraphobie mit Panikstörung untersuchten, als auch Studien, die sich nur auf Agoraphobie ohne Panikattacken in der Vorgeschichte bezogen.

Im Bundesgesundheitssurvey, einer bevölkerungsrepräsentativen deutschen Befragung, wurden 12-Monatsprävalenzen für Panikstörung und Agoraphobie ohne Panikattacken getrennt nach Alter und Geschlecht ermittelt. Tabelle 3 zeigt die Ergebnisse.

Tabelle 3: 12-Monatsprävalenzen, getrennt nach Alter und Geschlecht (nach Wittchen & Jacobi, 2005)

Geschlecht	Alter	Panikstörung (%)	Agoraphobie (%)
Frauen	Insgesamt	3,0	3,1
	18–34 Jahre	3,4	2,0
	35–49 Jahre	3,4	2,9
	50–65 Jahre	2,4	4,4
Männer	Insgesamt	1,7	1,0
	18–34 Jahre	1,0	0,9
	35–49 Jahre	2,0	1,1
	50–65 Jahre	2,1	0,9

1.4 Ersterkrankungsalter und Verlauf

Es gibt nur wenig verlässliche Schätzungen des Alters bei Erstauftreten der Panikstörung. Daten aus Querschnittsuntersuchungen, die das Age of Onset retrospektiv einschätzen lassen, datieren dieses meist auf Anfang des 2. Lebensjahrzehnts (Kessler et al., 2006; Weissman et al., 1997). Prospektive Studien zeigen jedoch, dass auch ein früherer Beginn möglich ist (z. B. Reed & Wittchen, 1998). Eine detaillierte Analyse eines prospektiv-epidemiologischen Datensatzes legte nahe, dass es bei Frauen eine unimodale Verteilung des Ersterkrankungsalters gibt, die nach dem 10. Lebensjahr beginnt und bis zum 28. Lebensjahr stetig ansteigt (Isensee, Wittchen, Stein, Höfler & Lieb, 2003). Bei Männern gibt es darüber hinaus Hinweise auf eine zweigipflige Altersverteilung mit einem zweiten Erkrankungspeak Ende des 4. Lebensjahrzehnts (Burke, Burke, Rae & Regier, 1991).

Im Hinblick auf die Agoraphobie zeigte eine differenzierte Analyse, dass die Agoraphobie ohne Panikattacken meist früher auftritt als Panikstörungen. Das mittlere Ersterkrankungsalter lag dabei bei Mädchen mit 14, bei Jungen mit 16 Jahren (Wittchen et al., 2008). Auch andere Studien verweisen darauf, dass im Jugendalter höhere Inzidenzraten für Agoraphobie zu erwarten sind als in späteren Jahren (Bienvenu et al., 2006).

Ohne Behandlung scheint die Panikstörung häufig einen ungünstigen Verlauf zu nehmen. Batelaan und Kollegen untersuchten die 2-Jahres-Prognose von Panikstörung bzw. subdiagnostischer Panik in einer bevölkerungsrepräsentativen Studie (Batelaan, de Graaf, Penninx, van Balkom, Vollebergh & Beekman, 2010). 43,3 % der Befragten mit Panikstörung erreichten keine Remission im Follow-up-Zeitraum. Darüber hinaus berichteten 21,4 % derjenigen, bei denen die Panikstörung zunächst remittiert war, ein Wiederauftreten von Panikattacken. Prädiktoren einer Remission waren dabei weibliches Geschlecht und eine geringe Anzahl initialer Panikattacken.

Zu noch ungünstigeren Resultaten kam eine deutsche Studie. Lediglich bei 14,3 % der Personen mit Panikstörung und Agoraphobie konnte in einem Zeitraum von sieben Jahren eine Spontanremission beobachtet werden (Wittchen, 1991). Damit muss insgesamt davon ausgegangen werden, dass die Panikstörung (mit und ohne Agoraphobie) häufig einen chronischen bzw. einen chronisch rezidivierenden Verlauf nimmt.

1.5 Komorbidität

Epidemiologische Studien verweisen darauf, dass die Panikstörung kaum jemals isoliert auftritt – zumindest wenn man Lebenszeitdiagnosen mit berücksichtigt (Goodwin et al., 2005; Kessler et al., 2006). Insbesondere depressive Störungen und andere Angststörungen treten gehäuft komorbid zu Panikstörungen auf; ein erhöhtes Risiko für substanzbedingte Störungen, somatoforme Störungen sowie bipolare Störungen lässt sich ebenfalls nachweisen (Faravelli et al., 2004). Darüber hinaus gehen mit Panikstörungen häufig körperliche Erkrankungen, wie Herz-Kreislauferkrankungen, Kopfschmerzen und Reizdarm einher (vgl. Goodwin et al., 2005).

Hinsichtlich der Frage, ob Panikstörungen anderen Erkrankungen vorausgehen oder sekundär auftreten, zeigt sich eine eher heterogene Befundlage. Einige Studien verweisen darauf, dass mit Ausnahme von phobischem Vermeidungsverhalten fast alle komorbiden psychischen Störungen der Panikstörung voraus gehen (Katerndahl & Realini, 1997, 1999). Prospektive Analysen verweisen jedoch darauf, dass das Auftreten von Panikattacken das Risiko für eine ganze Reihe psychischer Störungen erhöht: So wiesen Personen mit Panikattacken in einer epidemiologischen Studie höhere Inzidenzraten für eine Reihe von Angststörungen, Substanzstörungen und somatoforme Störungen auf (Goodwin et al., 2004).

Legt man die Diagnose der Agoraphobie der Betrachtung zugrunde, ergibt sich ein ähnliches Bild; hier findet man jedoch deutlich weniger Studien, die systematisch Komorbiditätsraten erhoben haben.

Kapitel 2

Störungsmodelle

2.1 Biologische Modelle

Die Anerkennung der Panikstörung als eigenständiges Störungsbild geht auf Arbeiten von Donald F. Klein zurück. Er beobachtete, dass Angststörungen, die mit Panikattacken einhergehen, auf eine Behandlung mit Imipramin ansprechen, während das bei Angststörungen, die weniger mit Panik verbunden sind, nicht der Fall ist (Klein, 1964). Klein schloss daraus, dass Panikattacken und nicht panikbezogener Angst verschiedene pathogene Prozesse zugrunde liegen. Die Panikstörung wurde als genetisch vermittelte, neurochemische Störung konzipiert, die zu plötzlichen und episodisch auftretenden Erregungsanstiegen führt. Die von Klein postulierte Unterscheidung wurde in weiterführenden Arbeiten zur Differenzierung von „fear" und „anxiety" ausgebaut, die viel zum heutigen Verständnis von Angststörungen beigetragen hat (vgl. Barlow, 2002). Als Alternative zu biologisch determinierten respiratorischen Auffälligkeiten formulierten Goldstein und Chambless (1978) die Theorie der „interozeptiven Konditionierung", nach der Unregelmäßigkeiten in der Atmung durch klassische Konditionierungsprozesse mit Angst gekoppelt werden.

Klein erweiterte seine Überlegungen später zur sogenannten „False suffocation alarm"-Theorie (Klein, 1993). Diese Theorie geht davon aus, dass zumindest einige Panikattacken durch ein im Gehirn lokalisiertes Monitoring-System ausgelöst werden, das fälschlicherweise einen Mangel an Sauerstoff meldet und dadurch eine Reaktionskaskade auslöst, die zu Hyperventilation, Panik und einer Fluchtreaktion führt. Hyperventilation, die zumindest bei einigen Panikpatienten beobachtet werden kann, wird dabei als eine kompensatorische Reaktion auf den vermuteten Sauerstoffmangel angesehen. Die Ursache der Fehlalarme vermutete Klein dabei in einer Übersensitivität für einen ansteigenden Kohlendioxid-Gehalt im Blut.

Der Vorschlag von Klein regte eine Reihe von Forschungsarbeiten an, die jedoch die Annahmen der Theorie eher infrage stellten als sie stützten. Panikprovokationsstudien zeigten beispielsweise übereinstimmend, dass provozierte Panikattacken nicht spezifisch für Patienten mit Panikstörung waren, wie es die Annahme einer zugrunde liegenden biologischen Dysfunktion bei Panikstörung nahelegen würde. Auch die Annahme einer Fehlregulation des Atmungssystems wurde verschiedentlich infrage gestellt. Respiratorische Symptome treten bei Patienten mit Panikstörung zwar häufig und sehr intensiv auf, sie sind jedoch nicht spezifisch. Im Vergleich von Patienten mit Panikstörung zu Personen mit nicht klinischen Panikattacken trennten beispielsweise kognitive Symptome, wie Angst zu sterben, die Gruppen deutlich besser als respiratorische Symptome (Vickers & McNally, 2005).

Auch wenn die Annahmen der Theorie heute als weitgehend falsifiziert zu betrachten sind, sind die Arbeiten von Klein als wesentliche Forschungsimpulse zu würdigen. Klein begründete darüber hinaus die amerikanische Sichtweise der Agoraphobie als eine Folgeerscheinung der Panikstörung und bestimmte so erheblich die diagnostische Einordnung der Agoraphobie im DSM, die auch heute noch Gültigkeit hat. Er formulierte, dass Personen, die wiederholt unter plötzlichen Panikattacken leiden, Erwartungsangst vor den Attacken entwickeln, auf die wiederum mit Vermeidung reagiert wird.

2.2 Das kognitive Modell

Auf Basis der Beobachtung, dass sich große individuelle Unterschiede in der Reaktion auf Panikprovokationstests zeigten, schlug David Clark vor, dass nicht die reinen körperlichen Vorgänge und Veränderungen für die Auslösung von Panikattacken verantwortlich sein können, sondern dass kognitive Bewertungen die Reaktion auf die Körpersymptome vermitteln (Clark, 1986). Nach seinem kognitiven Modell der Panikstörung kommen Panikattacken durch katastrophisierende Bewertungen körperlicher Empfindungen zustande, wobei diese körperlichen Symptome sowohl Teil der normalen Angstreaktion sein oder auch von anderen Empfindungen herrühren können. Clark illustrierte seine Überlegungen anhand eines Teufelskreises, der in Abbildung 2 dargestellt wird.

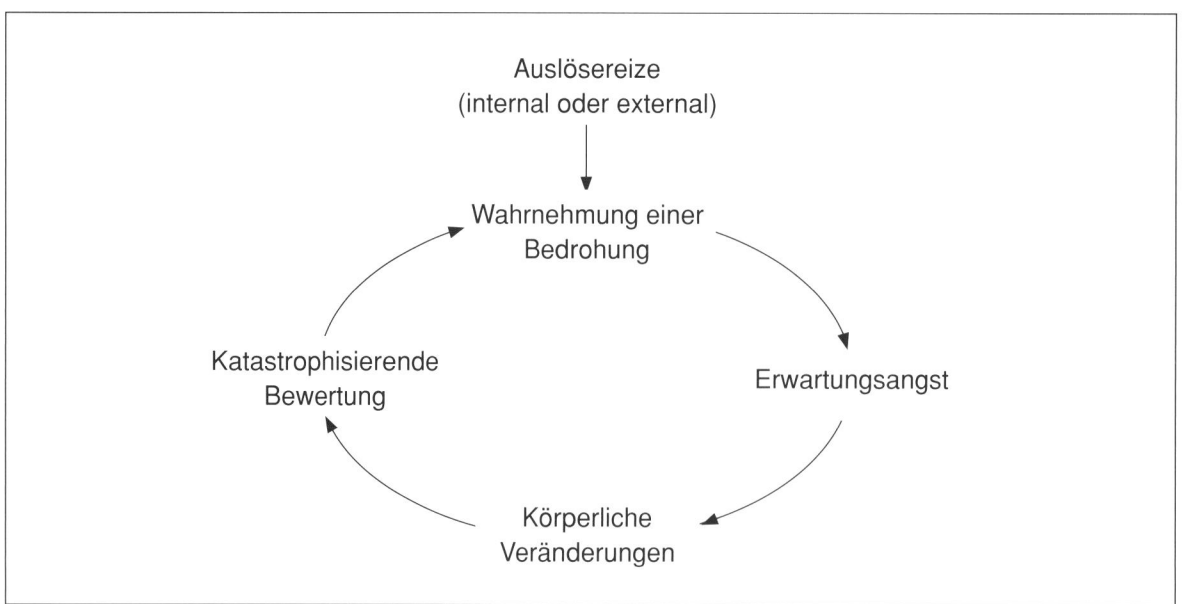

Abbildung 2: Das kognitive Modell der Panikattacke nach Clark (1986, S. 463)

Nach dem Modell können verschiedene Reize als Auslöser für eine Panikattacke fungieren. Externale Reize beinhalten situative Trigger, wie das Betreten eines engen, vollen Fahrstuhls. Häufiger werden jedoch internale Reize, wie Atemnot oder Herzrasen aufgrund körperlicher Anstrengung oder emotionaler Erregtheit als Auslöser fungieren. Werden diese Reize als gefährlich bewertet, wird eine ängstliche Erwartung ausgelöst, die von einer Reihe körperlicher Veränderungen begleitet wird. Werden diese Symptome dann wahrgenommen und ebenfalls als bedrohlich interpretiert, entsteht ein Aufschaukelungsprozess körperlicher Symptome, der schließlich in der Panikattacke mündet.

Das Modell erhebt dabei den Anspruch, sowohl unerwartete Panikattacken als auch situationsbegünstigte Attacken erklären zu können. Letzteren geht ein Anstieg der Erwartungsangst in Situationen voraus, in denen der Betroffene schon einmal Panik erlebt hat. Beim Aufsuchen der Situation sind daher körperliche Symptome wahrscheinlicher, die aufgrund der Tendenz zur Selbstbeobachtung dann auch schneller wahrgenommen und fehlinterpretiert werden. Bei unerwarteten Panikattacken liegt der Auslösereiz häufig in körperlichen Symptomen, die durch andere emotionale Zustände (Aufregung, Ärger), körperliche Anstrengung oder Substanzkonsum (z. B. Koffein) entstehen.

Das kognitive Modell hatte großen Einfluss auf die weitere Modellentwicklung und die Therapie der Panikstörung. Tatsächlich konnten einzelne Vorhersagen, die das Modell macht, empirisch bestätigt werden. So neigen Patienten mit Panikstörung stärker als andere Gruppen dazu, körperliche Empfindungen katastrophisierend zu bewerten (Khawaja & Oei, 1998). Entsprechend konnte auch nachgewiesen werden, dass wesentliche Befürchtungen mit der Art der erlebten Paniksymptome korrespondieren (Salkovskis, Clark & Gelder, 1996). In verschiedenen experimentellen Studien zur Panikprovokation mit biologischen Challenges konnte darüber hinaus gezeigt werden, dass die Auslösung von Panikattacken tatsächlich durch Bewertungsprozesse vermittelt wurde (vgl. Kasten).

> **Panikattacken werden durch Bewertungsprozesse vermittelt:**
>
> Sanderson, Rapee und Barlow (1989) ließen im Rahmen eines Panikprovokationstests 20 Patienten mit Panikstörung für 15 Minuten Luft mit 5,5% CO_2-Gehalt einatmen. Die Probanden wurden instruiert, dass sie über einen Knopf den Gehalt des CO_2 verringern könnten, sobald ein Licht während des Tests aufleuchte. Nur bei der Hälfte der Probanden wurde das Licht während des Tests eingeschaltet; in der anderen Gruppe leuchtete das Licht nie auf. Tatsächlich konnte in keiner Gruppe die Menge des CO_2 beeinflusst werden; der Knopf war inaktiv. Trotzdem erlebten Patienten, die glaubten, das CO_2

> regulieren zu können, weniger Paniksymptome, sie hatten weniger Angst während des Tests und erlebten seltener Panikattacken als Probanden ohne Kontrolle. Diese Befunde belegen die Bedeutsamkeit kognitiver Faktoren (hier: erlebte Kontrolle) bei der Auslösung von Panikattacken.

Einschränkend muss angemerkt werden, dass die meisten Befunde, die das Modell stützen, querschnittlich oder im Labor gewonnen wurden. Es gibt relativ wenig Evidenz für die beschriebenen Abläufe aus naturalistischen Studien.

Das kognitive Modell erklärt außerdem nicht, wieso manche Personen Körpersymptome katastrophisierend bewerten, andere Personen jedoch nicht. Hypothesen, dass Panikpatienten mehr körperliche Symptome erleben bzw. sensibler für die Wahrnehmung körperlicher Veränderungen sind, konnten nicht eindeutig belegt werden (Casey, Oei & Newcombe, 2004). Entsprechend muss das kognitive Modell der Panikstörung eher als Modell der Aufrechterhaltung gesehen werden, nicht jedoch als ätiologisches Modell.

2.3 Das psychophysiologische Modell

Eine Integration aus biologischen und kognitiven Modellen stellt das psychophysiologische Modell nach Ehlers und Margraf (1989) dar. Auch dieses Modell beschreibt den Panikanfall als Aufschaukelungsprozess, bei dem physiologische oder kognitive Veränderungen wahrgenommen und als bedrohlich fehlinterpretiert werden. Im Rahmen eines positiven Rückkoppelungsprozesses kommt es zu einem extrem schnellen Anstieg der Angst, der schließlich in einer Panikattacke kulminieren kann. Das Modell beschreibt in Abgrenzung zum kognitiven Modell jedoch auch einen negativen Rückkoppelungsprozess, der das Nachlassen von Angst und Panik moderiert. Dabei werden zwei Regelkreise unterschieden: Ein automatischer langsamer Rückkoppelungsprozess, der durch physiologische Prozesse, wie Habituation oder Ermüdung zum Nachlassen der Angstreaktion führt, und ein schnellerer, der durch das Verhalten der Person (subtiles Vermeidungsverhalten, Hilfesuchen etc.) einen Angstabfall begünstigt.

Darüber hinaus werden einige Faktoren postuliert, die die oben beschriebenen Prozesse beeinflussen können. Dazu zählen

- *interne oder externe Stressoren*, die die Wahrscheinlichkeit des Auftretens körperlicher oder kognitiver Veränderungen erhöhen,
- *prädisponierende Faktoren*, wie z. B. kognitive Stile oder Sensibilität für internale Reize,
- *situative Faktoren*, die beeinflussen, ob und wie körperliche oder kognitive Veränderungen wahrgenommen und interpretiert werden.

Verschiedene Studien konnten positive Rückkoppelungsprozesse zwischen Wahrnehmung von Körpersymptomen, Interpretation und Angst belegen. So löste beispielsweise eine falsche Rückmeldung von Herzfrequenzanstiegen bei Panikpatienten Angst und physiologische Erregung aus, nicht jedoch bei gesunden Kontrollprobanden (Ehlers, Margraf, Roth, Taylor & Birbaumer, 1988). Abbildung 3 auf der folgenden Seite illustriert das Modell.

Auch dieses Modell kann jedoch nur unzureichend erklären, wieso einige Personen eine Panikstörung entwickeln und andere nicht. Auch weitere Symptome, wie die Entwicklung von Erwartungsangst kann das Modell nicht abdecken.

2.4 Störungsmodelle der Agoraphobie

Aufgrund der amerikanischen Tradition, die Agoraphobie als Folgekomplikation der Panikstörung zu konzipieren, wurden kaum spezifische Störungsmodelle für die Agoraphobie vorgeschlagen. Das gängigste Modell der Agoraphobie stellte damit lange Zeit die Zwei-Faktoren-Theorie von Mowrer und Miller dar. Darüber hinaus existiert ein phänomenologisches Verlaufsmodell der Agoraphobie, das jedoch eher beschreibenden denn erklärenden Charakter hat. Beide Modelle werden hier kurz zusammengefasst.

2.4.1 Das Zwei-Faktoren-Modell

Die Zwei-Faktoren-Theorie von Mowrer (1960) war lange Zeit der einflussreichste Ansatz zur Erklärung phobischer Ängste. Mowrer ging davon aus, dass neutrale Reize durch klassische Konditionierung zunächst die Qualität eines aversiven Reizes erlangen; die folgende Angstreaktion wird durch operante Verstärkerprozesse (negative Verstärkung) aufrechterhalten. Im Fall der Agoraphobie könnte beispielsweise der ursprünglich neutrale Reiz „Kaufhaus" durch das Auftreten unangeneh-

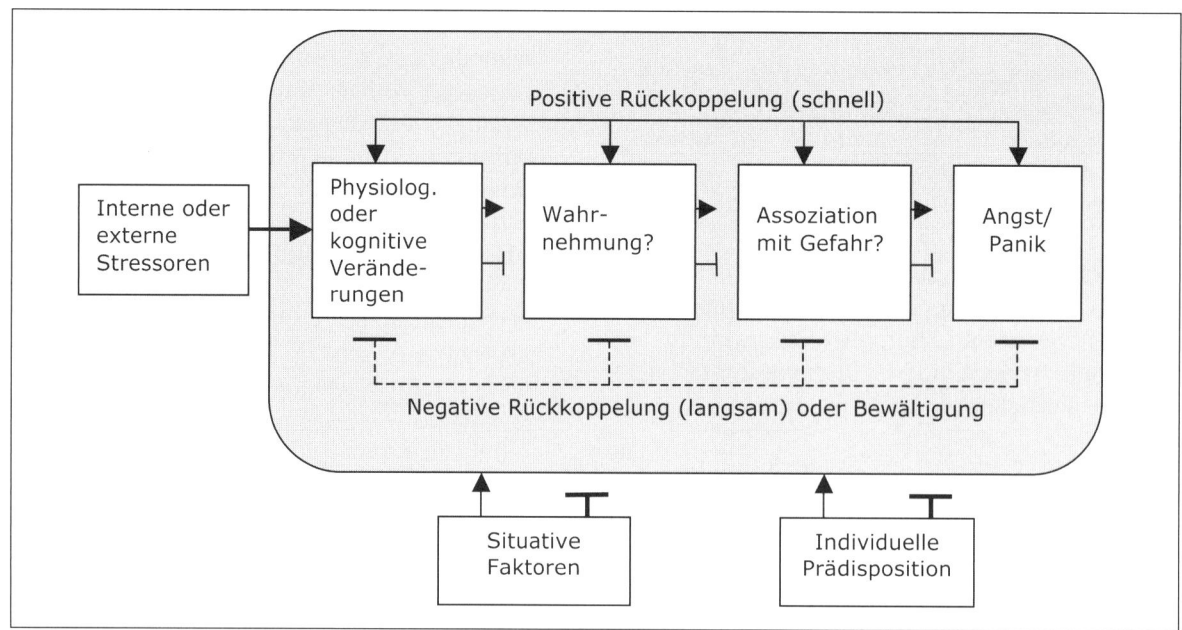

Abbildung 3: Das psychophysiologische Modell der Panikstörung
(nach Ehlers & Margraf, 1989; Pfeile repräsentieren verstärkende, durchgezogene Balken hemmende Einflüsse)

mer körperlicher Symptome (z. B. plötzliche Übelkeit, die mit der Angst vor Durchfall verbunden ist) zu einem konditionierten Stimulus werden, der ebenfalls Angst auslöst. Durch das Vermeiden des Kaufhauses kann die Angst ebenfalls vermieden werden; das Vermeidungsverhalten wird negativ verstärkt.

Die Zwei-Faktoren-Theorie wurde vielfach kritisiert, insbesondere da bei vielen Betroffenen keine traumatischen Erfahrungen nachgewiesen werden können. Trotzdem spielen insbesondere die Annahmen zu operanten Verstärkerprozessen in der Aufrechterhaltung agoraphobischer Ängste auch aufgrund ihrer hohen Plausibilität weiterhin eine große Rolle bei der Vermittlung von Störungswissen und bei der Ableitung therapeutischer Interventionen.

2.4.2 Das Stufenmodell der Agoraphobie

Ausgehend von der Beobachtung, dass agoraphobische Vermeidung oder andere Ängste dem Auftreten von Panikattacken häufig vorausgehen, stellten Fava und Kellner (1993) ein phänomenologisches Entwicklungsmodell der Agoraphobie vor, das den Krankheitsverlauf in verschiedenen Stufen beschreibt (vgl. Abb. 4). In der ersten Stufe werden vorbestehende Risikofaktoren beschrieben, die neben einer genetischen Vulnerabilität bestimmte kognitive Stile, hohe Angstsensitivität und Gesundheitsängste umfassen. Diese Risikofaktoren sind häufig mit subtilen Vermeidungsverhaltensweisen verbunden, die in der Entwicklung agoraphobischer Vermeidung münden können (Stufe 2). Bei einigen Patienten treten infolge der Einschränkungen und damit einhergehender Probleme bzw. durch stressreiche Ereignisse Panikattacken auf, die die Symptomatik komplizieren. Dabei sind verschiedene Verläufe denkbar; neben der Ausbildung einer Panikstörung kommen dabei auch die Entwicklung von Hypochondrien oder Generalisierten Angststörungen infrage (Stufe 3). In der letzten Stufe wird mit Andauern der Symptomatik die Entwicklung depressiver Störungen prognostiziert. Die Autoren selbst beschreiben das Modell als weitgehend heuristisch (Fava, Rafanelli, Tossani & Grandi, 2008), jedoch hilfreich für das Verständnis von Störungs- und Behandlungsverläufen. So trägt es Beobachtungen Rechnung, dass im Rahmen medikamentöser Behandlungen zunächst Panikattacken remittieren, agoraphobische Vermeidung jedoch häufig länger fortbesteht.

2.5 Ein integratives Vulnerabilitäts-Stress-Modell

Da keine der oben vorgestellten Theorien die Entwicklung und Aufrechterhaltung der Panikstörung völlig erklären kann, beschreiben moderne Stö-

> **1. Stufe: „Vor" Agoraphobie**
> – Vorbestehen von Ängsten, wie Gesundheitsangst oder Angstsensitivität und/oder
> – Spezifische Ängste und/oder
> – Persönlichkeitsfaktoren, wie Abhängigkeit oder Gefahrenvermeidung
>
> **2. Stufe: Agoraphobie**
> – DSM-IV-Kriterien der Agoraphobie sind erfüllt
> – Milde oder moderate Ausprägung der Symptome
>
> **3. Stufe: Panikstörung (akute Phase)**
> – Auftreten von Panikattacken und Entwicklung einer Panikstörung
> – Exazerbation der Agoraphobie
> – Ggfs. Entwicklung von Hypochondrie oder Todesangst
> – Demoralisation oder Auftreten einer depressiven Episode
>
> **4. Stufe: Panikstörung (chronische Phase)**
> – Schwere Agoraphobie
> – Starke hypochondrische Ängste und Annahmen
> – Chronische Panikstörung
> – Entwicklung einer Major Depression

Abbildung 4: Stufenmodell der Agoraphobie nach Fava und Kellner (1993)

rungskonzeptionen die Ätiologie im Rahmen eines Vulnerabilitäts-Stress-Modells, bei dem prädisponierende, auslösende und aufrechterhaltende Faktoren unterschieden werden. Ein Beispiel für ein sehr elaboriertes lerntheoretisch fundiertes Modell stammt von David Barlow. Er unterscheidet biologische und psychologische Faktoren, die eine zunächst unspezifische Prädisposition für Angststörungen bilden und die im Zusammenhang mit auslösenden Faktoren initiale Panikattacken begünstigen. Diese Panikattacken bezeichnet Barlow als Fehlalarme des Defensivsystems („false alarms"), da die Angst ohne äußeren Gefahrenreiz auftritt. Konditionierungsprozesse („interozeptive Konditionierung") führen im Folgenden dazu, dass weitere „gelernte" Fehlalarme beim Auftreten körperlicher Symptome ausgelöst werden.

Spezifisch psychologische Faktoren bestimmen in der Folge, wie diese Attacken verarbeitet werden und ob sich eine Panikstörung herausbildet oder nicht. Die Agoraphobie wird in diesem Modell ebenfalls als Folge der initialen Panikattacken und der daraus folgenden Verunsicherung erklärt. Abbildung 5 auf der folgenden Seite zeigt das theoretische Modell schematisch; anschließend werden das Modell stützende empirische Befunde zusammengefasst.

2.5.1 Prädisponierende Vulnerabilitäten

Im Hinblick auf mögliche Prädispositionen werden biologische und psychologische Faktoren unterschieden. Biologische Faktoren umfassen dabei
- genetische Faktoren,
- Temperamentsfaktoren und
- neuropsychologische Faktoren.

Der Einfluss genetischer Faktoren in der Ätiologie der Panikstörung konnte in verschiedenen Familien- und Zwillingsstudien belegt werden. Dabei wurde sowohl eine unspezifische familiäre Transmission von emotionalen Störungen als auch ein erhöhtes Auftreten von Panikstörungen in Familien nachgewiesen. Allerdings zeigten Studien an monozygoten Zwillingen in der Regel Konkor-

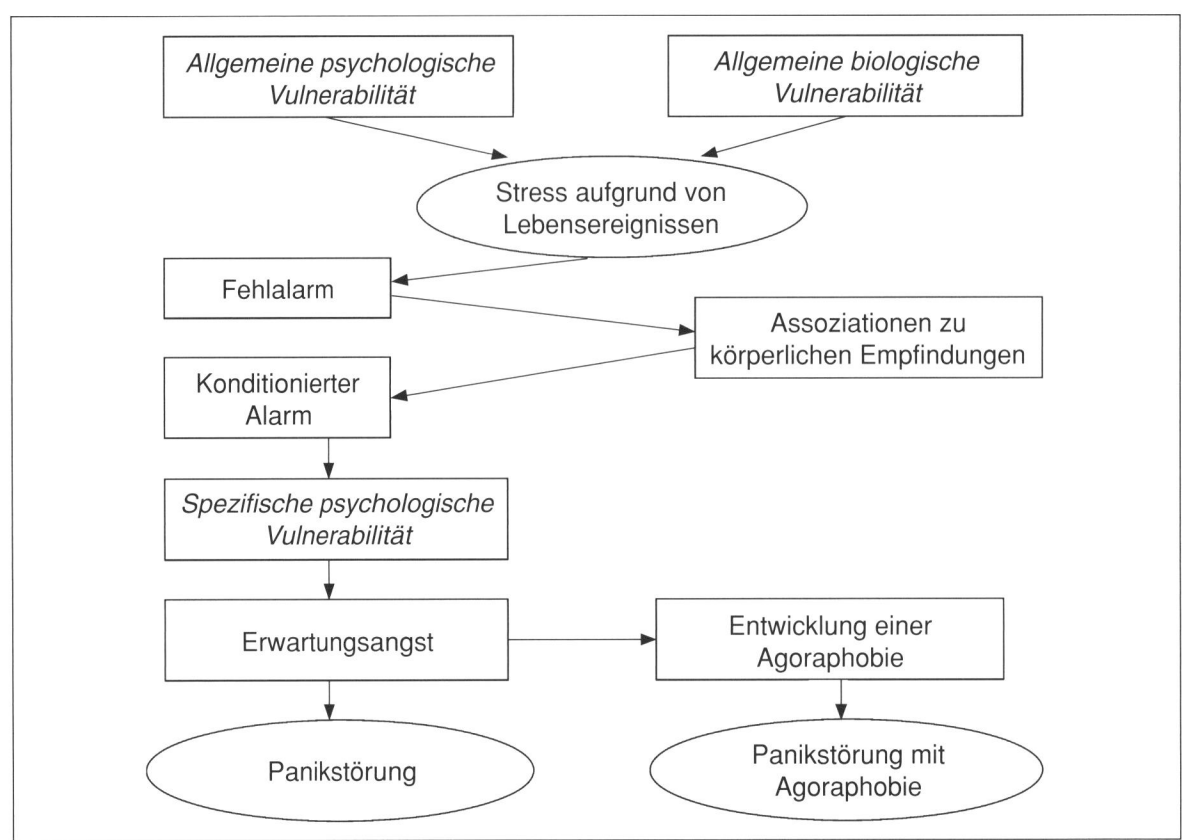

Abbildung 5: Lerntheoretisches Modell der Panikstörung und Agoraphobie (mod. nach White & Barlow, 2002, S. 340)

danzraten unter 50 %, so dass ein direkter genetischer Einfluss auf Panikstörungen eher unwahrscheinlich ist. Deshalb wird davon ausgegangen, dass eine unspezifische Vulnerabilität vererbt wird. Worin diese genau besteht, ist noch unklar. Untersuchungen an Kindern betroffener Eltern zeigen, dass eine biologische Responsivität für panikrelevante Reize nicht unmittelbar weitergegeben wird. Dafür existieren Hinweise auf die Relevanz eines spezifischen Verarbeitungsstils angstbezogener körperlicher Symptome, der als Angstsensitivität bezeichnet wird. Angstsensitivität konnte in mehreren Studien mit der Ätiologie der Panikstörung in Verbindung gebracht werden. Der folgende Kasten stellt wesentliche Informationen zu diesem Konzept zusammen.

„Angst vor der Angst" – Das Konzept der Angstsensitivität:

Angstsensitivität beschreibt eine kognitive Verarbeitungstendenz, auf angstbezogene Symptome (körperliche und kognitive) mit Furcht zu reagieren. Angstsensitivität wird dabei als ein dispositionelles Merkmal beschrieben, das zumindest in Teilen genetisch vermittelt wird und zusammen mit Lernerfahrungen zur Überzeugung führt, mit Angst assoziierte Symptome seien ein Anzeichen für eine Bedrohung.

Das Konzept „Angstsensitivität" wurde erstmals 1985 von Reiss und McNally beschrieben und wurde seitdem vielfach in verschiedenen Zusammenhängen untersucht. Dabei konnte wiederholt die Stabilität und die Konsistenz des Konstrukts bestätigt werden.

Im Bereich der Panikstörung konnte in prospektiven Studien nachgewiesen werden, dass hohe Werte von Angstsensitivität zu späteren Zeitpunkten die Häufigkeit und Intensität von Panikattacken voraussagten (Maller & Reiss, 1992). Personen mit hoher Angstsensitivität scheinen darüber hinaus ein höheres Risiko zu haben, Angststörungen zu entwickeln (Schmidt, Zvolensky & Manner, 2006). Außerdem trägt eine hohe Angstsensitivität bei unbehandelten Patienten zur Aufrechterhaltung der Paniksymptomatik bei.

Neuroanatomische Theorien postulieren bei Panikpatienten eine genetisch vermittelte Übersensitivität des sogenannten „Furcht-Netzwerkes" (fear circuit), das aus dem präfrontalen Kortex, Insula, Thalamus, Hypothalamus, der Amygdala und ihren Projektionsbahnen zum Hirnstamm aufgebaut ist (Gorman, Kent, Sullivan & Coplan, 2000). Bei angstrelevanten Reizen wird das gesamte Netzwerk aktiviert und entsprechende physiologische, endokrinologische und motorische Reaktionen ausgelöst (körperliche Aktivierung).

Bei Panikpatienten werden Defizite in der Informationsverarbeitung kortikaler und basaler Informationen angenommen, die zu einer Fehlaktivierung der Amygdala führen: Es kommt zu einem falschen Alarm; nachfolgende Prozesse sensibilisieren das System weiter und tragen zur Generalisierung der Auslösereize bei.

Neuere Theorien gehen davon aus, dass nicht alle relevanten Reize in gleicher Stärke Reaktionen auslösen, so dass auch Angst erlebt werden kann, ohne dass eine spezifische autonome oder endokrinologische Erregung folgt. Dies erklärt Befunde, dass Panikerleben auch ohne die entsprechenden psychophysiologischen Veränderungen stattfinden kann.

Darüber hinaus wird häufig eine Beteiligung des noradrenergen und serotonergen Systems in der Entwicklung von Panikstörungen diskutiert. Insbesondere die Wirksamkeit Selektiver Serotonin-Wiederaufnahme-Hemmer (SSRI) auf die Reduktion von Paniksymptomen gilt als Beleg dieser Hypothese (z.B. Goddard & Charney, 1998).

Neben diesen biologischen Faktoren können psychosoziale und psychologische Einflüsse prädisponierend wirken. Zu diesen Faktoren, die insgesamt als eher unspezifische Risikofaktoren für die Entwicklung von Angststörungen allgemein gewertet werden müssen, zählen:
- traumatische Erfahrungen,
- elterliches Erziehungsverhalten,
- kognitive Stile sowie
- Vorläuferstörungen (emotionale Störungen des Kindesalters).

Traumatische Erfahrungen zählen bekanntermaßen zu den unspezifischen Risikofaktoren in der Entwicklung von Psychopathologie, d.h. sie erhöhen allgemein die Wahrscheinlichkeit, psychische Störungen zu entwickeln. Im Bereich der Panikstörung konnten verschiedene Studien zeigen, dass frühe Störungen der Bindung zu den Eltern, z.B. durch den frühen Tod eines Elternteils oder durch Trennung oder Scheidung der Eltern, mit einem erhöhten Risiko einhergeht, später Panikattacken und Panikstörungen zu entwickeln (Tweed, Schoenbach, George & Blazer, 1989). Auch Missbrauchserfahrungen finden sich bei Panikpatienten mit höherer Wahrscheinlichkeit im Vergleich zu gesunden Personen (Goodwin, Fergusson & Horwood, 2005; Stein et al., 1996). Dabei wird angenommen, dass solche traumatischen Erfahrungen zu andauernden Veränderungen in neuroendokrinologischen und psychophysiologischen Systemen führen, die wiederum im Zusammenspiel mit genetischen Prädispositionen das Auftreten von Paniksymptomen begünstigen.

Auch das elterliche Verhalten scheint die Entwicklung späterer Angststörungen zu beeinflussen, insbesondere durch seinen Einfluss auf die Entwicklung kognitiver Stile. Studien verweisen dabei vor allem auf die Bedeutung der Konzepte „Kontrollerleben" sowie „Attributionsstile" in der Entwicklung emotionaler Störungen (vgl. Barlow, 2002). Auch hier existieren prospektive Studien, die einen Zusammenhang zwischen geringem Kontrollerleben und der Entwicklung von Angst- und Depressionssymptomen nahelegen.

Für die Panikstörung wurde darüber hinaus häufig die emotionale Störung mit Trennungsangst als Vorläuferstörung diskutiert, wobei neuere prospektive Studien in Zweifel ziehen, ob tatsächlich von einem spezifischen Zusammenhang zwischen Trennungsangst und Panikstörung ausgegangen werden kann (z.B. Brückl, Wittchen, Höfler, Pfister, Schneider & Lieb, 2007). Retrospektiv berichten jedoch viele Patienten mit Panikstörung und Agoraphobie über Episoden von Trennungsangst oder andere kindheitsspezifische Ängste, was auch als Ausdruck einer allgemeinen Vulnerabilität verstanden werden kann, mit Angst zu reagieren.

2.5.2 Auslösende und moderierende Faktoren

Vor dem Hintergrund einer gegebenen Prädisposition scheinen Stress durch negative Lebensereignisse oder gesundheitliche Faktoren die wahrscheinlichsten Auslöser der ersten Panikattacke zu sein. In retrospektiven Befragungen unter Panikpatienten konnten 80% der Betroffenen vor dem

Auftreten der ersten Attacke negative Lebensereignisse benennen; häufig fielen darunter Trennungen oder Verlusterlebnisse, Beziehungsprobleme oder die Übernahme von neuen Verantwortlichkeiten (Doctor, 1982; Uhde et al., 1985). In einer weiteren Studie kam als zweite Gruppe auslösender Faktoren physiologische Veränderungen durch Drogenkonsum, Schwangerschaft und Geburt oder Krankheiten hinzu (Last, Barlow & O'Brien, 1984). Inwieweit tatsächlich eine Häufung von Lebensereignissen zum Auftreten von initialen Panikattacken beiträgt, ist unklar: Während einige Studien bei Patienten mit Panikstörung im Vergleich zu gesunden Kontrollen tatsächlich eine höhere Rate an Lebensereignissen fanden, verwiesen andere Studien darauf, dass Lebensereignisse zwar nicht häufiger waren, jedoch stärker als aversiv oder unkontrollierbar wahrgenommen wurden (Rapee, Litwin & Barlow, 1990).

Es wird angenommen, dass neben den Faktoren, die zum Auftreten von Panikattacken beitragen, spezifische Einflüsse existieren, die die Wahrscheinlichkeit erhöhen, dass nachfolgend eine Panikstörung entwickelt wird. Barlow bezeichnet diese Faktoren als *„spezifische psychologische Vulnerabilität"*, die darüber entscheidet, in Bezug auf welche Situationen oder Reize sich die Ängste manifestieren. Diese spezifische Vulnerabilität wird als weitgehend erlernt angesehen. Patienten mit Panikstörung berichten beispielsweise im Vergleich zu gesunden Kontrollpersonen, aber auch im Vergleich zu Patienten mit anderen Angststörungen, häufiger, während ihrer Kindheit und Jugend Personen mit chronischen Erkrankungen im Haushalt erlebt zu haben (Ehlers, 1993). Entsprechend scheint die Erfahrung körperlichen Leidens bzw. körperlicher Symptome die Einstellung zu begünstigen, dass diese Symptome gefährlich sind und besonderer Aufmerksamkeit bedürfen. Interessanterweise verweisen einzelne Befunde auch darauf, dass differenzielle Verstärkung der Krankenrolle beim Auftreten panikartiger Symptome eine Rolle spielen kann: So berichten Panikpatienten von ihren Eltern für entsprechende Symptome stärker beachtet worden zu sein und stärker zu Schonverhalten aufgefordert worden zu sein als bei anderen Krankheitssymptomen, wie beispielsweise Erkältungen. Diese differenzielle Hinwendung zu bestimmten Symptomen konnte auch bei Kindern und Jugendlichen mit Atemwegserkrankungen beobachtet werden, die in späteren Jahren häufiger Panikstörungen in Verbindung mit Angst vor respiratorischen Symptomen entwickeln (Craske, Polton, Tsao & Plotkin, 2001). Diese Befunde sprechen dafür, dass zumindest bei einem Teil der Panikpatienten die Angst vor bestimmten Körpersymptomen früh erworben wurde und die Wahrscheinlichkeit erhöht, auf initiale Panikattacken katastrophisierend und mit Erwartungsangst zu reagieren. Hinweise auf Modelllernen lieferte auch eine Studie, die zeigte, dass die Kinder von Eltern mit Panikstörung uneindeutige Reize eher panikbezogen interpretieren als Kinder von Eltern mit anderen Angststörungen (Schneider, Unnewehr, Florin & Margraf, 2002), wenngleich weitere Studien keine Hinweise auf Aufmerksamkeits- oder Interpretationsverzerrungen bei Kindern betroffener Eltern fanden (Schneider, Unnewehr, In-Albon & Margraf, 2008). Hier fehlt es insgesamt noch an differenzierten Befunden, um die spezifische Vulnerabilität besser beschreiben zu können.

Kapitel 3

Stand der Psychotherapieforschung

Konkrete Therapieansätze zur Behandlung der Panikstörung und Agoraphobie liegen aus der Kognitiven Verhaltenstherapie, der psychodynamischen Therapie sowie der Gesprächspsychotherapie vor. Im Folgenden wird zunächst die Evidenzbasierung dieser Ansätze kurz diskutiert, bevor auf besondere Empfehlungen hinsichtlich der Durchführung konkreter Interventionen eingegangen wird.

3.1 Effektivität verschiedener Therapieansätze bei Panikstörung und Agoraphobie

3.1.1 Kognitive Verhaltenstherapie (KVT)

Die meisten Effektivitätsstudien im Bereich der Panikstörung und Agoraphobie liegen für die Kognitive Verhaltenstherapie vor (vgl. Heinrichs, Alpers & Gerlach, 2009). Dabei ist zu berücksichtigen, dass unter dem Label „Kognitive Verhaltenstherapie" verschiedene Interventionen zusammengefasst werden, die häufig auch in verschiedenen Kombinationen untersucht wurden. Wesentliche Elemente sind dabei Psychoedukation über Angst und Panik, Kognitive Therapie zur Umstrukturierung der Bedeutung von Körpersymptomen sowie Expositionsverfahren (Konfrontation mit internalen und externalen Reizen). Bei allen drei Störungsbildern (Panikstörung, Panikstörung mit Agoraphobie, Agoraphobie ohne Panikattacken in der Vorgeschichte) liegen ausreichende Wirksamkeitsnachweise vor, so dass die KVT aktuell als der Goldstandard für die Behandlung betroffener Patienten angesehen wird.

Ein Review zur Identifikation der wirksamen Behandlungsbausteine ergab, dass man von einer unterschiedlichen Wirksamkeit einzelner Interventionen ausgehen kann (vgl. Lang, Helbig-Lang & Petermann, 2009; Sánchez-Meca, Rosa-Alcázar, Marín-Martínez & Gómez-Conesa, 2010). Beim Vorliegen agoraphober Vermeidung scheint die In-vivo-Exposition die erfolgversprechendste Methode, während bei Patienten mit hauptsächlicher Paniksymptomatik auch andere Interventionen (z. B. Angewandte Entspannung) wirksam sein können. Tabelle 4 auf der folgenden Seite fasst die zentralen Ergebnisse zusammen.

Aufgrund der vorliegenden Evidenz kommt die aktuelle Leitlinie zur psychotherapeutischen Behandlung der Panikstörung und Agoraphobie zum Schluss, dass die KVT als wirksam für alle drei Störungsbilder anzusehen ist. Im Bereich der Panikstörung ohne Agoraphobie stellt sie das bislang einzige als wirksam nachgewiesene Verfahren dar. Bei Vorliegen einer Agoraphobie sollte der Fokus der Behandlung auf In-vivo-Exposition liegen (vgl. Heinrichs et al., 2009).

3.1.2 Psychodynamische Therapie

Zur Behandlung der Panikstörung existiert eine manualisierte psychodynamische Kurzzeittherapie (Milrod, Busch, Cooper & Shapiro, 1997). Inhalte beziehen sich auf die Herausarbeitung der unbewussten Bedeutung der Paniksymptome und der zugrunde liegenden Konflikte, die Identifikation von psychodynamischen Mechanismen, die die Vulnerabilität für die Panikstörung mit bestimmen sowie die Bearbeitung von Problemen mit Trennung. Interventionen beinhalten dabei freie Assoziationstechniken, die Analyse von Übertragung und Gegenübertragung sowie die Arbeit in der therapeutischen Beziehung.

Die psychodynamische Therapie wurde bislang in einer randomisierten kontrollierten Studie untersucht. Milrod et al. (2007) verglichen die panikfokussierte psychodynamische Kurzzeittherapie mit Angewandter Entspannung und fanden eine deutliche Überlegenheit der psychodynamischen Therapie. Damit liegt eine vorläufige Evidenz für die Wirksamkeit dieses Verfahrens in der Therapie der Panikstörung mit Agoraphobie vor (Heinrichs et al., 2009).

3.1.3 Gesprächspsychotherapie

Im Rahmen der Gesprächspsychotherapie wurde in den 1990er Jahren ein strukturiertes Vorgehen zur Behandlung der Panikstörung und Agoraphobo-

Tabelle 4: Evidenz für einzelne KVT-Behandlungselemente (mod. nach Lang et al., 2009)

Intervention	Evidenzlage
Psychoedukation/ Bibliotherapie	– Als alleinige Intervention nicht hinreichend wirksam – Hohe Dropout-Raten
Kognitive Therapie	– Wirksamkeit in Vielzahl von Studien belegt – Schlechteres Ansprechen bei ausgeprägter agoraphobischer Vermeidung – Effektivität steigt in Kombination mit Expositionsverfahren
Interozeptive Exposition	– In Einzelstudien als wirksam nachgewiesen (im Vergleich zu Kognitiver Therapie) – Besser wirksam als Atemtraining – Wirksamkeit wird in Kombination mit anderen Verfahren noch gesteigert – Vergleichsweise hohe Dropout-Raten
In-vivo-Exposition	– Bei Patienten mit Panikstörung und Agoraphobie als Einzelverfahren anderen Interventionen gleichwertig oder überlegen – Allein Kombination aus Kognitiver Therapie und In-vivo-Exposition noch wirksamer als Exposition allein
Atemtraining	– Positive Wirkung auf Paniksymptomatik nachgewiesen – In Kombination mit anderen Verfahren allerdings negative Effekte
Entspannungsverfahren	– PMR ohne ausreichende Wirksamkeit als Einzelverfahren, keine additiven Effekte bei Kombination mit anderen Interventionen – AE in Einzelstudien als wirksam nachgewiesen; Hinweise auf geringere Wirksamkeit im Vergleich zu anderen Interventionen

Anmerkungen: PMR = Progressive Muskelrelaxation; AE = Angewandte Entspannung.

bie vorgestellt (Teusch & Finke, 1995). Neben der Verwirklichung der drei allgemeinen Therapieprinzipien der Gesprächspsychotherapie „Akzeptanz", „Empathie" und „Echtheit" kommen störungsspezifische Inhalte in drei Therapiephasen zum Einsatz: In Phase 1, der „Symptomphase", werden zunächst auftretende Angstsymptome entkastastrophisiert und in Zusammenhang mit Belastungen gesetzt. Darüber hinaus werden Strategien der Angstbewältigung vermittelt. In der zweiten „Beziehungs- oder Konfliktphase" soll die Autonomie des Patienten gefördert werden. In der dritten Phase erfolgt der Abschied von Therapie und Therapeuten (vgl. Heinrichs et al., 2009).

Es liegen drei kontrollierte Behandlungsstudien zur Wirksamkeit der Gesprächspsychotherapie bei Panikstörung mit Agoraphobie vor. Dabei verwies eine Studie auf eine insgesamt gute Wirksamkeit der Gesprächspsychotherapie (Teusch, Böhme & Gastpar, 1997); die beiden anderen Studien untersuchten eine Kurzintervention von vier Sitzungen und konnten keine befriedigenden Resultate erbringen. Die aktuelle Leitlinie kommt daher zum Schluss, dass die Gesprächspsychotherapie möglicherweise wirksam zur Behandlung der Panikstörung mit Agoraphobie ist (Heinrichs et al., 2009). Es existieren keine Studien zur gesprächspsychotherapeutischen Behandlung bei Panikstörung ohne Agoraphobie bzw. Agoraphobie ohne Panikstörung in der Vorgeschichte.

3.2 Empfehlungen zur Durchführung von Expositionsverfahren

Wie oben beschrieben stellen Expositionsverfahren ein wesentliches Element der KVT bei Panikstörung und Agoraphobie dar. Dabei ist noch unklar, wie genau Exposition wirkt. Dem modernen Verständnis von Exposition liegt die sogenannte „Emotional Processing Theory" (Foa & Kozak, 1986) zugrunde. Diese Theorie postuliert zwei notwendige Bedingungen für die langfristige Veränderung gelernten Angsterlebens: Zum einen muss das sogenannte Furchtsystem aktiviert sein, in dem alle für die Situation relevanten Informationen gespeichert und miteinander vernetzt sind.

Zum Zweiten müssen korrektive Informationen verfügbar sein, die mit den im Furchtsystem gespeicherten Informationen inkompatibel sind – und diese müssen verarbeitet werden. Korrektive Informationen werden dabei vor allem durch das Nachlassen der Angstreaktion über die Zeit geliefert (Within- und Inbetween-session-Habituation). Die Erfahrung, in einer einstmals ängstigenden Situation zu sein und keine Angst zu empfinden, führt demnach zu einem Umlernen der vormals gebildeten Assoziationen.

Die Theorie impliziert, dass die Wirksamkeit von Exposition in hohem Maße davon abhängig ist, dass es gelingt, zunächst das Furchtsystem zu aktivieren (also eine initiale Angstreaktion zu erzeugen) und anschließende Habituationsprozesse zu ermöglichen (Craske, Kircanski, Zelikowsky, Mystkowski, Chowdhury & Baker, 2008). Diese Annahmen wurden in verschiedenen Studien geprüft.

Tatsächlich zeigen einige Studien, dass die Aktivierung einer Angstreaktion prädiktiv für den Behandlungserfolg bei Expositionsverfahren ist, wobei die Befundlage zu dieser Annahme insgesamt noch wenig aussagekräftig ist (vgl. Craske et al., 2008). Mehr Forschung existiert zur Frage der Bedeutung von Habituationsprozessen. Habituationsprozesse erfordern zum einen ausreichend Zeit, um einen Angstabfall zu ermöglichen, zum anderen kommen Informationsverarbeitungsprozessen während des Angsterlebens Bedeutung zu. Besonders häufig diskutiert in diesem Zusammenhang ist die Rolle von Sicherheitsverhaltensweisen. Eine Vielzahl von Studien konnte zeigen, dass die Nutzung von Sicherheitsverhaltensweisen während der Exposition zu weniger günstigen Ergebnissen führte im Vergleich zu Behandlungen, bei denen alle Sicherheitsverhaltensweisen unterbunden wurden (z. B. Salkovskis, Clark, Hackmann, Wells & Gelder, 1999; Salkovskis, Hackmann, Wells, Gelder & Clark, 2006). Von besonderer Bedeutung ist hier auch eine Studie, die zeigen konnte, dass bereits die Möglichkeit, Sicherheitsverhalten zu nutzen, negative Effekte auf das Behandlungs-Outcome haben kann (vgl. Kasten).

Die Studie von Powers, Smits und Telch (2004):

Powers et al. (2004) untersuchten die Effekte von Sicherheitsverhalten auf die Wirksamkeit einer expositionsbasierten Behandlung bei Personen mit klaustrophoben Ängsten. Dazu verglichen sie eine Wartekontrollgruppe bzw. eine Placebo-Kontrollgruppe mit drei Expositionsbedingungen: (a) Exposition ohne Möglichkeit zu Sicherheitsverhalten, (b) Exposition mit Anleitung zur Nutzung von Sicherheitsverhalten sowie (c) Exposition mit der Möglichkeit, Sicherheitsverhalten zu nutzen, wenn nötig. Sicherheitsverhalten beinhaltete in der Studie z. B. das Öffnen einer Luke in der klaustrophoben Situation oder die Möglichkeit, mit dem Experimentator zu sprechen.

Alle Expositionsbedingungen waren den Vergleichsbedingungen überlegen. Die Bedingung (a) schnitt im Vergleich zu den anderen beiden Expositionsbedingungen jedoch noch einmal signifikant besser ab. Sowohl der tatsächliche Einsatz von Sicherheitsverhalten als auch die Möglichkeit, Sicherheitsverhalten zu nutzen, führten zu einer geringeren Effektivität der Behandlung. Entsprechend folgerten die Autoren, dass für eine erfolgreiche Exposition nicht allein die tatsächliche Nutzung von Sicherheitsverhalten unterbunden werden sollte, sondern auch die reine Verfügbarkeit solcher Verhaltensweisen kritisch betrachtet werden muss.

3.3 Kombinationsbehandlung mit Pharmakotherapie

Pharmakotherapeutisch werden Panikstörung und Agoraphobie zumeist mit Antidepressiva behandelt. Wirksamkeitsnachweise liegen dabei für Trizyklische Antidepressiva (TCA) sowie für Selektive Serotonin-Wiederaufnahmehemmer (SSRI) vor. Aufgrund des geringeren Nebenwirkungsprofils und höherer Compliance-Raten sind dabei die SSRI vor den älteren TCA zu bevorzugen.

Obwohl kurzfristig zur Angstlösung äußerst wirksam, sollte auf Benzodiazepine in der Behandlung aufgrund des hohen Abhängigkeitspotenzials grundsätzlich verzichtet werden.

Ein umfassendes Review zur Wirksamkeit der Kombinationsbehandlung untersuchte 21 klinische Studien, die Kombinationstherapien pharmakologischer und psychotherapeutischer Monotherapie gegenüber stellten (Furukawa, Watanabe &

Churchill, 2009). Mit zwei Ausnahmen wurde als psychotherapeutische Behandlung dabei KVT untersucht. Im Vergleich zu einer alleinigen Pharmakotherapie erbrachte die Kombinationsbehandlung in der Akutphase bessere Response-Raten und zeigte sich insbesondere nach Behandlungsende effektiver als die Monotherapie. Im Vergleich zu alleiniger Psychotherapie konnten ebenfalls in der Akutbehandlungsphase zunächst bessere Ergebnisse hinsichtlich Response und Remission beobachtet werden, allerdings führte die Kombinationsbehandlung häufiger zu Behandlungsabbrüchen aufgrund von Nebenwirkungen. Im Langzeitverlauf verlor sich die Überlegenheit der Kombinationsbehandlung jedoch. Unterschiede hinsichtlich der Art des eingesetzten Medikaments (SSRI vs. TCA) oder hinsichtlich der behandelten Patientengruppe (Panikstörung mit oder ohne Agoraphobie) konnten nicht nachgewiesen werden.

Einzelne Studien verweisen darüber hinaus auf höhere Rückfallraten in Kombinationsbehandlungen im Vergleich zur alleinigen Psychotherapie (Barlow, Gorman, Shear & Woods, 2000). Klinisch werden Rückfalle dabei häufig im Zusammenhang mit dem Absetzen der antidepressiven Medikation beobachtet. Dabei sind neben physiologischen Effekten auch psychologische Aspekte relevant, wie jüngst eine Studie zeigte (vgl. Kasten).

Die Bedeutung von Attributionseffekten in der medikamentösen Begleitbehandlung bei Exposition:

Powers und Kollegen (2008) gingen der Frage nach, inwieweit die Attribution einer Medikamentenwirkung Einfluss auf die langfristige Wirksamkeit von Exposition hat. Sie untersuchten Probanden mit klaustrophoben Ängsten, die eine Expositionsbehandlung in Kombination mit einem angeblich psychoaktiven Medikament erhielten. Eine Gruppe wurde informiert, das Medikament würde beruhigend wirken und die Exposition erleichtern; der zweiten Gruppe wurde gesagt, das Medikament wirke stimulierend und erschwere daher die Expositionsübungen und die dritte Gruppe wurde informiert, das Medikament habe keinen Einfluss auf die Angst. Obwohl alle drei Gruppen in Wahrheit ein inaktives Placebo erhielten, traten in der ersten Gruppe signifikant häufiger Rückfälle auf. Besonders Probanden mit einer niedrigeren Selbstwirksamkeitserwartung waren davon betroffen. Die Autoren folgerten, dass bei medikamentöser Begleitbehandlung die Zuschreibung des Behandlungseffekts für die Aufrechterhaltung der Angstreduktion von entscheidender Bedeutung ist. Entsprechend sollte bei medikamentöser Begleitbehandlung die individuelle Attribution erreichter Veränderungen immer mit erfasst und ggfs. bearbeitet werden.

Teil 2: Behandlung

Kapitel 4

Diagnostik

Obwohl wirksame Behandlungen zur Verfügung stehen, muss die Versorgungssituation für Patienten mit Panikstörung und Agoraphobie nach wie vor als unzureichend angesehen werden. Durchschnittlich vergehen sieben Jahre, bis ein Panikpatient in eine geeignete psychotherapeutische Behandlung überwiesen wird. Eine Ursache besteht dabei sicherlich darin, dass die erlebten Symptome von den Patienten zunächst körperlichen Erkrankungen zugeordnet werden und dadurch zunächst auf eine (durchaus auch wichtige) organmedizinische Abklärung gedrängt wird. Eine zutreffende Diagnosestellung wird darüber hinaus durch eine Reihe möglicher Differenzialdiagnosen erschwert. Entsprechend wichtig ist eine sorgfältige und gründliche diagnostische Abklärung. Wichtige Schritte dieser diagnostischen Abklärung aufseiten des Psychotherapeuten sind im Folgenden beschrieben.

4.1 Erstgespräch und Erhebung der Symptomatik

Das Erstgespräch dient einer ersten diagnostischen Einschätzung der Symptomatik; vorrangig sollte es jedoch zum Beziehungsaufbau genutzt werden. Einige Patienten haben trotz Initiierung einer psychotherapeutischen Behandlung weiterhin ein stark medizinisch geprägtes Krankheitsmodell. Dies sollte zunächst akzeptiert und als nachvollziehbar dargestellt werden.

Inhaltlich sollte das Erstgespräch genutzt werden, um vor allem aktuelle Symptome und Beeinträchtigungen zu erheben. Dazu zählen aktuell vermiedene bzw. angstbesetzte Situationen und Aktivitäten, Häufigkeit und Art von Panikattacken, körperliche Symptome und weitere Problembereiche bzw. Belastungsfaktoren. Hierzu zählen auch die Reaktionen wichtiger Bezugspersonen auf die Symptomatik, die durchaus auch zu einem gesonderten Problembereich werden können.

Diagnostisch bedeutsam kann die Frage nach der ersten Panikattacke sein. Panikpatienten erinnern sich in der Regel sehr gut an ihre erste Panikattacke und können diese detailliert schildern. Ist dies nicht der Fall, kann es ein Hinweis darauf sein, dass möglicherweise eine andere Angststörung vorliegt oder der Patient etwas anderes unter Panikattacke versteht als der Therapeut.

Hilfreich für eine erste Einschätzung der Symptomatik ist auch die Exploration von Therapiezielen. Meist wird hieran deutlich, wo im Alltag die Beeinträchtigungen des Patienten liegen. Möglich ist dazu auch die sogenannte „Wunder"-Frage: Der Patient wird gebeten, sich vorzustellen, über Nacht würde ein Wunder geschehen und sein Problem wäre verschwunden – was wäre dann konkret anders in seinem Leben? In welchen Situationen würde er sich anders verhalten?

Techniken des Beziehungsaufbaus:

- *Genaue Nachfragen:* „Treten bei den Attacken erst körperliche Symptome auf oder beginnt die Attacke mit einem Gedanken?"
- *Verbalisieren:* „Das ist extrem belastend, wenn man diese massiven Körpersymptome erlebt und gleichzeitig alle sagen, da wäre nichts."
- *Entpathologisieren:* „Wenn Sie so massive Körpersymptome erleben, ist es sehr verständlich, dass Sie denken, Sie könnten daran sterben oder verrückt werden."
- *Probleme und Symptome vorwegnehmen:* „Dann ist es sicher auch schwierig für Sie, allein zu Hause zu bleiben" (bei Befürchtung keine Hilfe zu bekommen) oder „Fällt es Ihnen dann auch schwer, über die Autobahn zu fahren?"
- *Informationen vermitteln/Kompetenz vermitteln:* „Panikattacken treten bei ca. 30 % der Allgemeinbevölkerung auf und lassen sich psychotherapeutisch gut behandeln."

4.2 Diagnosestellung und Differenzialdiagnostik

4.2.1 Verfahren der klassifikatorischen Diagnostik

Die Überprüfung der diagnostischen Kriterien erfolgt am zuverlässigsten über ein strukturiertes diagnostisches Interview. Im Bereich der Angststörungen bieten sich dafür insbesondere das Strukturierte Klinische Interview für DSM-IV (SKID; Wittchen, Zaudig & Fydrich, 1997) oder das Diagnostische Interview für Psychische Störungen an (DIPS; Margraf, Schneider & Ehlers, 2005). Beide Interviews erfordern klinische Erfahrungen vom Durchführenden und ein Training, erlauben jedoch in gewissem Umfang auch die Erhebung von therapierelevanten Zusatzinformationen. Ein weiterer Vorteil der strukturierten Interviews besteht in der vollständigen Erfassung komorbider Diagnosen.

Eine weitere Möglichkeit, mit geringerem Aufwand die Diagnose zu sichern, stellen die Internationalen Diagnose-Checklisten für ICD-10 und DSM-IV (IDCL; Hiller, Zaudig & Mombour, 1995) dar. Die Checklisten sind deutlich weniger strukturiert und erfragen gezielt nur die diagnostischen Kriterien.

4.2.2 Differenzialdiagnosen

Im Rahmen der diagnostischen Abklärung müssen sowohl psychische als auch körperliche Differenzialdiagnosen berücksichtigt werden, die mit Panikattacken oder panikähnlicher Symptomatik einhergehen können.

Hinsichtlich der Abgrenzung der Panikstörung von anderen Achse-I-Störungen ist zunächst zu beachten, dass Panikattacken an sich ein unspezifisches Syndrom darstellen, das bei vielen anderen Störungen, insbesondere auch bei anderen Angststörungen, auftreten kann. Charakteristisch für initiale Panikattacken im Rahmen der Panikstörung ist das plötzliche und unerwartete Auftreten von Angst, die sich innerhalb weniger Minuten zu einem Höhepunkt aufschaukelt. Im Gegensatz dazu gehen Angstattacken bei Generalisierter Angststörung oder Zwangsstörungen häufig mit einem deutlich langsameren Angstanstieg einher; typischerweise lässt sich explorieren, dass der Attacke bestimmte Gedanken oder Grübeleien vorangegangen sind.

Angstattacken bei Spezifischen Phobien oder Sozialen Phobien können sich ebenfalls schnell aufschaukeln; allerdings können hier die Betroffenen in der Regel einen klaren Auslöser benennen. Etwas schwieriger ist allerdings die Differenzialdiagnostik zur Agoraphobie: Insbesondere die Soziale Phobie teilt eine Reihe von Merkmalen mit agoraphobischer Symptomatik. Leitfrage zur Abgrenzung sollte dabei sein, ob das Auftreten der Symptome und deren Bedeutung im Mittelpunkt der Befürchtung steht oder die Peinlichkeit der Symptome, wenn sie von anderen bemerkt werden. Agoraphobiker haben typischerweise auch Angst vor den Symptomen, wenn keine anderen Personen in der Nähe sind, die die Symptome bemerken könnten. Trotzdem kann es manchmal durchaus schwierig sein, beide Störungen voneinander abzugrenzen.

In einigen Fällen können auch bei schweren depressiven Erkrankungen Angstzustände auftreten, die panikartig oder agoraphobisch anmuten. Häufig werden diese Ängste jedoch als diffuser erlebt; sie sind zwar unter Umständen auch mit Vermeidungsverhalten verbunden; die Patienten geben als Grund für das Vermeidungsverhalten aber häufiger ein allgemeines Überforderungserleben ohne spezifische Befürchtungen an (z. B. „Es wird mir zu viel, ich kann das nicht aushalten"). In der Regel remittiert die Angstsymptomatik mit erfolgreicher Behandlung der Depression.

Auch einige organmedizinische Differenzialdiagnosen sind zu berücksichtigen, die gegebenenfalls eine gründliche somatische Abklärung erfordern. Zu den häufigsten körperlichen Erkrankungen, die mit Panikattacken oder panikartiger Symptomatik einhergehen, gehören:
- Schilddrüsenerkrankungen (Hyperthyreose),
- Tumore des Nebennierenmarks (Phäochromozytome),
- Morbus Cushing,
- Angina Pectoris,
- Substanzinduzierte Störungen: Intoxikation oder Entzug von Alkohol, Stimulantien, Koffein bzw. im Zusammenhang mit der Einnahme bestimmter Medikamente (z. B. Perazin, Xalatan).

Entsprechend wichtig ist es, bei der diagnostischen Abklärung Vorerkrankungen sowie Substanz- und Medikamentenkonsum mit zu erfragen. Liegen entsprechende Ursachen vor, kann die Diagnose „Angststörung aufgrund eines medizinischen Krankheitsfaktors" bzw. „Angststörung aufgrund Substanzwirkung" gestellt werden.

Zumeist geht in diesen Fällen mit der somatischen Therapie auch eine Besserung der Paniksymptomatik einher.

Hinweis auf eine organische Mitbedingung der Paniksymptomatik kann ein untypisch später Beginn der Störung sein (Ersterkrankungsalter >40 Jahre). Hier sollte eine besonders gründliche medizinische Abklärung erfolgen. Ebenfalls kritisch ist das Auftreten einer Schwindelsymptomatik im Rahmen von Panikattacken. Schwindel im Rahmen der Panikstörung wird zumeist als Schwankschwindel beschrieben, der mit Gangunsicherheit und dem Gefühl, zu stürzen oder ohnmächtig zu werden, einhergeht (Phobischer Schwankschwindel). Der Schwindel tritt häufig in gefürchteten Situationen auf und fluktuiert in seiner Stärke.

Ausgeprägter Drehschwindel bzw. sehr kurze heftige Schwindelattacken sprechen dagegen eher für eine organische Ursache des Schwindels. Als Diagnosen kommen dabei infrage
- Morbus Meniére,
- HWS-Syndrom,
- Störungen des Gleichgewichtsorgans,
- Multiple Sklerose,
- Kleinhirnbrückenwinkeltumore.

Nicht in allen Fällen muss eine bestehende organische Erkrankung die Diagnose Panikstörung ausschließen. Einige körperliche Erkrankungen begünstigen die Entstehung von Panikstörungen, verursachen sie aber nicht direkt. Hervorzuheben sind hierbei folgende kardiologische Störungen:
- *Atrioventrikuläre (AV)-Reentry-Tachykardie:* Mit dem Begriff wird eine Herzrhythmusstörung bezeichnet, die durch eine Fehlentwicklung am Herzen entsteht (zusätzliche Leitungsbahn). Dabei kommt es plötzlich zur Beschleunigung des Herzschlags auf bis zu 220 Schläge pro Minute. Die Störung tritt ebenso wie die Panikstörung typischerweise erstmals im jungen Erwachsenenalter auf. Bei sonst herzgesunden Patienten ist die Tachykardie ungefährlich und kann durch starke Reize (z. B. kaltes Wasser) unterbrochen werden. Tritt die Störung wiederholt auf, ist eine Ablation der zusätzlichen Leitungsbahn eine Behandlungsmöglichkeit.
- *Mitralklappenprolaps:* Hierbei handelt es sich um eine angeborene Herzklappenanomalie, die normalerweise asymptomatisch bleibt, jedoch bei kardiologischen Untersuchungen (Echokardiogramm) durch eine Spätsystole erkannt werden kann.
- Auch nach *Herzinfarkten* und im Zusammenhang mit anderen Herzrhythmusstörungen treten Panikattacken auf.

In der Regel können die Patienten gut zwischen kardiologisch verursachten Symptomen und Paniksymptomen unterscheiden. Ist dies nicht der Fall, sollte in der Therapie zunächst an einer Differenzierung der Symptome gearbeitet werden.

4.2.3 Berücksichtigung komorbider Diagnosen

Panikstörung und Agoraphobie treten bei ca. 50 bis 80 % der Patienten komorbid mit anderen psychischen Störungen auf. Für die Behandlungsplanung ist dabei zunächst von Bedeutung, ob komorbide Erkrankungen bereits vor der Panikstörung bestanden haben oder ob sich diese sekundär zur Panikstörung entwickelt haben. Dies ist insbesondere bei einer komorbiden Depressionsdiagnose relevant. Bei nach der Panikstörung aufgetretenen Depressionen reicht in der Regel die Behandlung der Panikstörung aus. Insgesamt zeigen die meisten Studien, dass sich durch eine Behandlung der Panikstörung mit Agoraphobie auch die komorbiden Störungen verbessern, ohne dass diese gezielt behandelt wurden (Craske, Farchione, Allen, Barrios, Stoyanova & Rose, 2007, Tsao, Mytkowski, Zucker & Craske, 2004). Ferner konnte gezeigt werden, dass sich das Vorhandensein, insbesondere von sekundär entstandenen komorbiden Störungen, nicht nachteilig auf die Effekte der Angstbehandlung auswirken muss (Craske & Zucker, 2001). Eine Ausnahme bilden schwere depressive Episoden, die eine vorrangige Behandlung der Angst nicht zulassen (beispielsweise weil der Patient zu sehr antriebsgehemmt ist).

Treten Panikstörungen erst nach depressiven Episoden auf, ist der genaue zeitliche Verlauf zu explorieren. Sind Panikattacken und agoraphobe Vermeidung nur im Rahmen depressiver Episoden aufgetreten, sollte keine zusätzliche Diagnose gestellt werden und die Behandlung der depressiven Störung in den Vordergrund gerückt werden. Bei unabhängigem Auftreten von Panikstörung und Depression muss mit dem Patienten geklärt werden, welche Störung vorrangig zu behandeln ist.

4.3 Verfahren zur Therapieplanung und Verlaufsdiagnostik

Zur Diagnostik der Panikstörung und Agorapobie stehen eine Reihe standardisierter Fragebogenverfahren zur Verfügung, die neben dem Ziel der Therapieevaluation insbesondere auch für die Therapieplanung hilfreiche Hinweise geben können. Das bekannteste Verfahren ist dabei der Fragebogen zu körperbezogenen Ängsten, Kognitionen und Vermeidung (AKV; Ehlers, Margraf & Chambless, 2001), der die Einzelfragebögen „Agoraphobic Cognitions Questionnaire", „Body Sensations Questionnaire" sowie das „Mobility Inventory" umfasst. Mit diesen Verfahren können die wichtigsten Symptombereiche „Befürchtungen", „Körpersymptome" und „Vermeidungsverhalten" abgedeckt werden. Eine Alternative zu ACQ und BSQ ist der Angstsensitivitätsindex (Alpers & Pauli, 2002), der die Tendenz erfasst, auf kognitive oder körperliche Symptome mit Angst zu reagieren. Dieser ist für die konkrete Therapieplanung jedoch nicht ganz so aussagekräftig, da eher Symptomkomplexe als einzelne Körpersymptome und Gedanken erfasst werden.

Zur Einschätzung der Schwere der Erkrankung eignet sich die Panik- und Agoraphobieskala von Bandelow (1997). Sie umfasst alle Aspekte der Paniksymptomatik und erlaubt die Bildung eines Summenscores als Maß der Gesamtbeeinträchtigung. Specifisch für die Diagnostik individuellen Sicherheitsverhaltens liegt mit der Texas Safety Maneuver Scale (TSMS; Kamphuis & Telch, 1999) ein vergleichsweise neues Verfahren vor, das jüngst ins Deutsche übersetzt wurde. Die TSMS ist als Therapiematerial im Manual enthalten (vgl. „Fragebogen zum Sicherheits- und Vermeidungsverhalten" in Sitzung 3, S. 90). Tabelle 5 gibt einen Überblick über die bewährten diagnostischen Verfahren.

Darüber hinaus liefern Panik- und Aktivitätentagebücher oftmals wichtige Informationen über das Auftreten von Panikattacken und den Bewegungsspielraum der Patienten. Ein Beispiel für ein Angst-Aktivitätentagebuch ist als Arbeitsblatt bei den Therapiematerialien für Sitzung 1 enthalten (vgl. S. 69 f.). Es gibt sowohl über die Häufigkeit

Tabelle 5: Standardisierte Verfahren zur Therapieplanung und Verlaufsdiagnostik

Inhalt	Verfahren	Itemzahl	Unterskalen
Paniksymptomatik allgemein	Panik- und Agoraphobieskala PAS	13	Panikattacken Agoraphobische Vermeidung Antizipatorische Angst Einschränkung Angst vor organischer Erkrankung
Angst vor Körpersymptomen	Body Sensations Questionnaire BSQ	17	
	Angstsensitivitätsindex ASI	16	
Typische Befürchtungen	Agoraphobic Cognitions Questionnaire ACQ	15	Körperliche Krisen Angst vor Kontrollverlust
Situative Vermeidung	Mobilitätsinventar MI	27	Vermeidung allein Vermeidung begleitet
Sicherheitsverhalten	Texas Safety Maneuver Scale TSMS	50	Agoraphobische Vermeidung Entspannungstechniken Stressvermeidung Interozeptive Vermeidung Ablenkung Flucht

von Panikattacken Auskunft als auch über situationale Bedingungen, unter denen die Attacken statt gefunden haben, und über das allgemeine Aktivitätsniveau des Patienten.

4.4 Funktionale Bedingungsanalyse

Das funktionale Bedingungsmodell bildet die Grundlage der individuellen Fallkonzeption, die wiederum die Vermittlung eines Erklärungsmodells zur Entstehung und Aufrechterhaltung der Symptomatik erlaubt. Es besteht aus einer situativen Verhaltensanalyse einer typischen Angstsituation (Mikroanalyse), die vor allem auf die Identifikation von Auslösern und aufrechterhaltenden Faktoren zielt, sowie einer Plananalyse (Makroanalyse) zur Identifikation relevanter Grundannahmen und Pläne.

Situative Verhaltensanalysen bilden einen wichtigen Bestandteil des vorliegenden Manuals, das für diesen Zweck Therapiematerialien enthält (vgl. Arbeitsblatt 3; Sitzung 2).

Die Makroanalyse erlaubt ein Verständnis, warum auftretende Körpersymptome und initiale Panikattacken katastrophisierend verarbeitet werden und warum bestimmte Verhaltensweisen im Umgang mit der Symptomatik eingesetzt werden. Die relevanten Informationen können indirekt über die biografische Anamnese gewonnen werden (wichtige Erfahrungen und Bezugspersonen in Kindheit und Jugend, Erziehungsstile, vermittelte Werte und Normen) sowie zusätzlich direkt erfragt werden (z. B. über Identifikation von Grundannahmen über Pfeil-abwärts-Technik).

Wesentliche Bestimmungsstücke des funktionalen Bedingungsmodells:

- *Informationen zum Erkrankungsbeginn:* Wie sah die erste Panikattacke aus? Unter welchen Umständen trat die Attacke auf? Wie sah der Tag bis dahin aus? Wie sah die Lebenssituation in der Zeit vor der ersten Attacke aus? Wie interpretierte der Patient die Symptome?
- *Informationen zum weiteren Verlauf:* Wann und unter welchen Umständen traten weitere unerwartete Attacken auf? Welche Verhaltensänderungen traten in Folge ein?
- *Aktuelle Symptomatik:* Wie häufig treten aktuell erwartete und unerwartete Panikattacken auf? Was sind zentrale Befürchtungen des Patienten? Für wie wahrscheinlich hält er das Eintreten der befürchteten Konsequenzen? Welche Situationen oder Aktivitäten werden komplett bzw. ohne Begleitung vermieden? Vor welchen Situationen oder Aktivitäten wird Erwartungsangst erlebt? Welche Sicherheitsverhaltensweisen werden zur Bewältigung der Angst eingesetzt? Wie reagieren wichtige Bezugspersonen auf die Symptomatik?
- *Störungsverständnis des Patienten:* Welche Erklärungen hat der Patient für seine Symptome? Hat er Vorstellungen zur Behandlung der Symptome? Was hat der Patient bisher in Bezug auf die Symptome unternommen (Behandlungsversuche)?

Kapitel 5

Aufbau des Manuals und Behandlungslogik

Verhaltenstherapeutische Behandlungsprogramme bestehen in der Regel aus verschiedenen Behandlungskomponenten (z. B. Psychoedukation, Exposition, kognitive Umstrukturierung, Entspannungsverfahren). Aufgrund der in den Kapiteln 3.1 und 3.2 dargestellten Überlegungen wird davon ausgegangen, dass eine der spezifischen Hauptwirkkomponenten der Behandlung bei Panikstörung und Agoraphobie die Exposition darstellt. Das vorliegende Behandlungsmanual ist auf die Durchführung der Expositionskomponente hin optimiert und stellt diese optimierte Expositionsdurchführung in den Mittelpunkt der Behandlung.

Tabelle 6 zeigt die in den einzelnen Behandlungssitzungen enthaltenen Kernkomponenten, die entweder der Vor- und Nachbereitung von Expositionsübungen dienen oder selbst Expositionsübungen sind. Dabei dienen die Sitzungen 1 bis 3 und Teile der Sitzung 5 der Vorbereitung auf die Durchführung von Expositionsübungen, die Sitzungen 4 und 5 der Durchführung von interozeptiven Expositionen, die Sitzungen 6 bis 8 und 10 bis 11 der Durchführung von In-vivo-Expositionsübungen und die Sitzungen 9, 12 und die Auffrischungssitzungen der Nachbereitung von Expositionsübungen und der Rückfallprophylaxe.

Die in den verschiedenen Sitzungen enthaltenen Interventionen sind aufeinander aufgebaut – daher kann die Reihenfolge der Sitzungen bzw. der entsprechenden Sitzungsinhalte nicht variiert werden. Zur Strukturierung der Sitzung dienen Arbeitsblätter, die für jede Sitzung bereit gestellt werden. Die Sitzungen dauern in der Regel um die 100 Minuten. Die Expositionssitzungen selbst sind in ihrer Zeitdauer nicht begrenzt, da für eine optimale Umsetzung der Exposition lediglich der Angstverlauf als Kriterium zur Beendigung einer Sitzung herangezogen werden kann. In der Regel kann von einer Dauer von ca. 240 Minuten für die ersten Expositionsübungen ausgegangen werden.

Tabelle 6: Kernkomponenten der Behandlung

Kernkomponente	Sitzung	Konkreter Inhalt
Psychoedukation	1	Informationen über Angst, Teufelskreis
	2	Entstehungsmodell und Verhaltensanalyse
	3	Wirkung von Vermeidungsverhalten, Ableitung der Therapieziele
Interozeptive Exposition	4	Durchführung der interozeptiven Expositionsübungen
	5	Wiederholung der interozeptiven Expositionsübungen
In-vivo-Exposition	5	Ableitung des Behandlungsrationals für die In-vivo-Exposition
	6–8	Durchführung bzw. Vor- und Nachbesprechung von Standard-Expositionsübungen
	9	Veränderungen der Erwartungsangst und Probleme der Exposition
	10–11	Durchführung bzw. Vor- und Nachbesprechung von individuellen Expositionsübungen
Rückfallprophylaxe	12	Lernerfahrung, Übungspläne
	Auffrischungssitzungen 1 und 2	Lernerfahrung

Die Therapiesitzungen beinhalten eine Vielzahl von Interventionen, können jedoch ein bis zwei Kernkomponenten zugeordnet werden. Diese Kernkomponenten und deren Bedeutung im Behandlungsverlauf werden im Folgenden dargestellt. Bei der Beschreibung der Kernkomponenten wird auf den zugeordneten Behandlungsschritt in der jeweiligen Sitzung sowie auf einzelne Arbeitsblätter verwiesen. Diese Verweise sollen die Nachvollziehbarkeit der einzelnen Kernkomponenten und deren Einbettung in den Behandlungsablauf erleichtern. Die Darstellung der Kernkomponenten dient auch der Vermittlung der Behandlungslogik, deren Verständnis den Umgang mit unvorhergesehenen Schwierigkeiten im Rahmen der Behandlung ermöglicht.

5.1 Kernkomponente Psychoedukation

Die *Psychoedukation* ist Teil der Vorbereitung des Patienten auf die Expositionsdurchführung. Das übergeordnete Ziel der Informationsvermittlung ist es, die erlebte Angstreaktion zu entpathologisieren, als normalen körperlichen Ablauf zu charakterisieren und eine Verschiebung der Problemdefinition auf die Verhaltenskonsequenzen (Vermeidung, Sicherheitsverhalten) hin vorzunehmen. Auf diesem Hintergrund wird die spätere Arbeit an den Verhaltenskonsequenzen begründet.

5.1.1 Informationen über Angst

Die Psychoedukation in Sitzung 1 (Behandlungsschritt 3: Psychoedukation zu Angst und pathologischer Angst, vgl. S. 56) informiert den Patienten über Angst, Panikattacken, die Entstehung von pathologischer Angst, die Entwicklung einer Panikstörung und die Entwicklung einer Agoraphobie. Die Psychoedukation beginnt mit Informationen über Angst und stellt die Schutzfunktion der Angst sowie die drei Komponenten (physiologische Komponente, kognitiv-emotionale Komponente und Verhaltenskomponente) in den Mittelpunkt (vgl. Informationsblatt 1 und 2). Ziel ist es, dass der Patient die Angst in ihrer Funktion als Kampf- und Fluchtreaktion, die der Energiebereitstellung dient, verstehen lernt. Panik wird dabei als schnelle Bereitstellungsreaktion und starke Defensivreaktion eingeführt, die vom Angstzentrum im Gehirn gesteuert wird. Das Angstzentrum soll vor Gefahren warnen und schützen, kann aber unter bestimmten Bedingungen Fehlalarme auslösen. Die Zunahme von Fehlalarmen des Angstzentrums wird dabei als Sensibilisierungsprozess beschrieben. Diese Erklärungen sind an das in Kapitel 2.5 dargestellte Vulnerabilitäts-Stress-Modell der Entstehung der Panikstörung angelehnt (Behandlungsschritt 4: Psychoedukation zur Entstehung pathologischer Ängste, vgl. S. 57).

5.1.2 Einführung des Teufelskreises der Angst

Im Anschluss an das Diathese-Stress-Modell werden in der ersten Sitzung auch die Komponenten des Teufelskreises (Behandlungsschritt 5: Einführung in den Teufelskreis der Panik, vgl. S. 58; Arbeitsblatt 1a und 1b, modifiziert nach Clark 1999) erläutert. Der *Teufelskreis* dient dabei in erster Linie dazu, dem Patienten den Ablauf der Angstreaktion verständlich zu machen und dem Patienten zu zeigen, dass die Angstattacke einem festen Ablaufschema folgt. Entsprechend steht die Reihenfolge der Komponenten und deren Beziehung im Vordergrund: Plötzliche Körperwahrnehmungen führen zu Sorgen über deren Bedeutung, diese beunruhigen und lösen Angst aus. Angst dient der Energiebereitstellung und aktiviert den Körper, was zu zusätzlichen Körperveränderungen führt, die die Sorgen vergrößern etc. Die Befürchtungen (Angstkognitionen) werden dabei als normale Folge bzw. als eine Komponente der Angst angesehen; entsprechend sind die Kognitionen kein Ansatzpunkt in der Intervention. Der Teufelskreis dient nicht der Infragestellung der Befürchtungen des Patienten. In Sitzung 1 wird der Teufelskreis für Angstanfälle zu Beginn der Angstproblematik erarbeitet. Auf die Wirkung von Sicherheits- und Vermeidungsverhaltensweisen kann hier bereits hingewiesen werden. In den folgenden Sitzungen dient der Teufelskreis als ein Art Sitzungsleitfaden. Dazu wird er mit den in den entsprechenden Sitzungen neu erhobenen Informationen fortlaufend ergänzt. Im Anschluss an die Besprechung der Komponenten des Teufelskreises wird die Entstehung der Panikstörung erklärt. Es wird zunächst allgemein darauf hingewiesen, dass wiederholte Panikanfälle zu einer starken Verunsicherung bezüglich des eigenen Körpers führen, auf die mit Selbstbeobachtung und Vermeidungsversuchen reagiert wird. Auf Basis dieser Argumentation erfolgt ebenfalls die

Erläuterung der anschließenden Agoraphobieentwicklung (Behandlungsschritt 6: Entstehung der Panikstörung und Agoraphobie, vgl. S. 59).

5.1.3 Entstehungsmodell und Verhaltensanalyse

In Sitzung 2 wird das bereits allgemein erläuterte Diathese-Stress-Modell individualisiert (Behandlungsschritt 3: Ableitung eines individuellen Entstehungsmodells des ersten Panikanfalls, vgl. S. 72; Arbeitsblatt 2: Bedeutung der Anspannung). Dazu werden die langfristigen Belastungsfaktoren des Patienten, die zur Auslösung der ersten Panikattacken beigetragen haben, herausgearbeitet (Hausaufgabe aus Sitzung 1: Lebenslinie) und in das Diathese-Stress-Modell übernommen. Ziel ist, dass der Patient den Grund für die Auslösung der ersten Panikattacken versteht und damit die Chance erhält, die Auslösung der Angstattacken auf die damalige Belastung zu attribuieren.

Die anschließende *Verhaltensanalyse* (Behandlungsschritt 4: Problemanalyse, vgl. S. 72; Arbeitsblatt 3: Problemanalyse, Verhalten in Situationen) dient insbesondere dazu, die folgenden drei Informationen zu erheben: (1) Auslösebedingungen, (2) Befürchtungen und (3) Sicherheits- und Vermeidungsverhaltensweisen. Diese Informationen werden für die Planung und optimierte Durchführung der Expositionsübungen benötigt. So werden in den Expositionsübungen situative und internale Auslösebedingungen mit berücksichtigt und die Übungen sollen ohne Sicherheits- und Vermeidungsverhaltensweisen durchgeführt werden. Die Informationen über die Befürchtungen des Patienten können zur Motivierung des Patienten verwendet werden (vgl. Kapitel 5.3.4 Motivierung).

Die Verhaltensanalyse beginnt mit der Analyse einer typischen, gut erinnerbaren Angstsituation und exploriert die Umstände der Angstreaktion (= Auslösebedingungen), die Befürchtungen während der Angstreaktion und die Sicherheits- und Vermeidungsverhaltensweisen an diesem konkreten Beispiel (Hausaufgabe aus Sitzung 1: Angst- und Aktivitätentagebuch). Im Anschluss werden weitere Auslösebedingungen, weitere Befürchtungen und weitere Sicherheits- und Vermeidungsverhaltensweisen bei anderen Angstsituationen gesammelt (Behandlungsschritt 5: Allgemeine Angstsymptome ableiten, vgl. S. 73; Arbeitsblatt 4: Weitere Angstsituationen und Angstsymptome). Dies dient der Vervollständigung der Informationen. Zusammenfassend werden diese Informationen im Teufelskreis früher Angstanfälle integriert, um die Informationen für weitere Sitzungen zu strukturieren.

5.1.4 Wirkung von Vermeidungsverhaltensweisen und Therapieziele

In Sitzung 3 steht die *Wirkung von Vermeidungsverhaltensweisen* im Fokus. Bis zu dieser Sitzung wurden die vom Patienten eingesetzten Verhaltensweisen im Umgang mit der Angst zwar erhoben, deren aufrechterhaltende Wirkung wurde jedoch noch nicht explizit erarbeitet. Die Wirkung von Vermeidungsverhaltensweisen wird mithilfe von drei Angstverlaufskurven erarbeitet (Arbeitsblatt 6: Die Rolle des Vermeidungsverhaltens). Es werden Angstverlaufskurven für die Vermeidung oder den Abbruch von Situationen; für den Einsatz einer kognitiven Ablenkungsstrategie und den Einsatz von Sicherheitssignalen (z. B. Tabletten) besprochen. Dazu werden die zu den Vermeidungsverhaltensweisen passenden Angstverläufe in die Angstverlaufskurven eingetragen. Als Beispiele sollten dabei die Vermeidungsverhaltensweisen des Patienten und für den Patienten relevante Situationen verwendet werden, in denen der Patient diese einsetzt. Im Anschluss an jede Kurve soll der Patient selbst die Lernerfahrung formulieren, zu der diese Verhaltensweisen kurz- und langfristig führen (Behandlungsschritte 5 und 6, vgl. S. 82 und S. 84). Ziel ist es, dass der Patient die ungünstige langfristige Wirkung des Vermeidungsverhaltens erkennt. Von besonderer Bedeutung ist dabei die Angstverlaufskurve für kognitive Vermeidung, da viele Patienten Ablenkung als adäquate Hilfsstrategie ansehen.

Neben dem Vermeidungsverhalten wird in Sitzung 3 ebenfalls die Wirkung von Gedanken und Befürchtungen thematisiert (Behandlungsschritt 4: Identifikation von aufrechterhaltenden Faktoren: Wirkung von Gedanken und Körperempfindungen, vgl. S. 81). Dabei werden die Angstgedanken und Angstbefürchtungen noch einmal als normales Phänomen bei Angst herausgestellt (Informationsblatt 3: Typische Denkweisen unter Angst). Abweichend vom Vorgehen bei einer gezielten kognitiven Umstrukturierung mittels Disputation, werden die Gedanken und Befürchtungen als Folge der Angst und hinsichtlich ihrer Rolle im Rahmen der Schutzfunktion der Angst besprochen (Arbeitsblatt 5: Die Rolle ängstigender Gedanken). Die Gedanken und Befürchtungen führen einerseits zur Verstärkung der vorhandenen Angst; andererseits steuert ihr Inhalt die Form des Vermeidungsversuches. So wird beispielsweise unter Angst ein Herzstolpern als Anzeichen für einen Herzinfarkt gesehen; dieser Gedanke verstärkt die Angstreaktion und führt dazu, dass der Notarzt gerufen wird. Im Falle einer tatsächlichen Gefahr ist diese Angstverstärkung durchaus auch sinnvoll. Im Rahmen der Manualbehandlung ist darauf zu achten, dass der Patient die bei ihm auftretenden Gedanken und Befürchtungen als zur Angst gehörig erlebt, da er diese Gedanken und Befürchtungen im Rahmen der Expositionsübungen genau so zulassen soll wie das Gefühl Angst selbst. Hier bergen Versuche, die Befürchtungen infrage zu stellen die Gefahr, dass der Patient während der Expositionsübungen eine Relativierung der Angst machenden Gedanken versucht und damit eine kognitive Vermeidungsstrategie einsetzt.

Anhand des Teufelskreises werden die Therapieziele in Sitzung 3 abgeleitet (Behandlungsschritt 7: Ableitung der Therapieziele, vgl. S. 84). Als Therapieziele werden im Rahmen der Manualbehandlung genannt: (1) Reduktion der Angst vor Körperempfindungen, (2) Reduktion der Angst in Situationen und (3) Reduktion der Erwartungsangst. Die Sitzungen 4 bis 5 dienen dabei der Erreichung des Zieles (1) mittels interozeptiver Exposition, Ziel (2) wird durch In-vivo-Expositionen in den Sitzungen 6 bis 8 und 10 bis 11 verfolgt. Die Reduktion der Erwartungsangst wird in Sitzung 9 über die Auswertung der Expositionsprotokolle der In-vivo-Expositionsübungen bearbeitet.

5.2 Kernkomponente interozeptive Exposition

In den Sitzungen 4 und 5 werden *interozeptive Expositionsübungen* durchgeführt. Ab jetzt dienen die Therapieziele zur Strukturierung der weiteren Schritte – daher wird in Sitzung 4 Bezug auf die Erarbeitung des Zieles „Reduktion der Angst vor Körperempfindungen" genommen. Nach dem Erstellen einer Angsthierarchie zu gefürchteten Körpersymptomen (Arbeitsblatt 7: Symptomhierarchie) wird der Patient kurz in die Logik der folgenden interozeptiven Exposition eingeführt (Behandlungsschritt 4: Interozeptive Exposition, vgl. S. 94) Es wird herausgestellt, dass durch den Versuch des Patienten, Körperveränderungen zu vermeiden oder zu beeinflussen, die Angst vor Körpersymptomen aufrechterhalten wird. In Konsequenz wird als Strategie zur Erreichung des ersten Therapiezieles die bewusste Provokation von Körperveränderungen unter Verhinderung entsprechender Vermeidungsreaktionen eingeführt. Dazu wird eine vorgegebene Liste von interozeptiven Übungen (Arbeitsblatt 8: Symptomprovokation) in kurzem, zeitlichem Abstand hintereinander durchgeführt. Der Patient wird dabei aufgefordert, möglichst starke körperliche Veränderungen auszulösen. Führen diese körperlichen Veränderungen zu einer Angstreaktion, soll der Patient diese Angstreaktion ohne den Einsatz von Vermeidungsverhaltensweisen aushalten. Im Rahmen der Übungen soll der Patient angeben, welche Körperveränderungen er erlebt hat, wie viel Angst die Übung ausgelöst hat und wie ähnlich die ausgelösten Körperveränderungen den Veränderungen bei Angst sind. Die Auswertung dient der Beobachtung von Veränderungen und der Auswahl der Hausaufgabe, nicht jedoch der Disputation von Befürchtungen.

Die Übungen der Liste werden von Patienten und Therapeuten im Rahmen der Manualbehandlung gemeinsam durchgeführt. Der Therapeut ermutigt den Patienten während der Übungen, diese so stark wie möglich durchzuführen, um auch starke Körperveränderungen auszulösen. Außerdem achtet der Therapeut auf die Einhaltung der angegebenen Übungsdauern. Die jeweilige Übungsdauer dient hauptsächlich dazu, eine hinreichende Aktivierung zu erreichen. Ziel ist es, dass der Patient die Übung nicht aus Angst vorzeitig abbricht und einen Richtwert für die Übungsdauer hat, dem er sich ggf. in den Wiederholungen der Übung annähern soll. Aus den angstauslösenden Übungen werden drei ausgewählt, die der Patient als Hausaufgabe unter Protokollierung des Angstverlaufs wiederholen soll (Hausaufgabe: Gewöhnung an Symptome). Alle Übungen werden in Sitzung 5 erneut durchgeführt. Die Hausaufgaben und die beiden Übungsdurchführungen der Sitzungen 4 und 5 werden ausgewertet (Arbeitsblatt 9: Veränderungsverläufe) und die Schlussfolgerungen des Patienten werden festgehalten.

5.3 Kernkomponente In-vivo-Exposition

5.3.1 Rational der In-vivo-Exposition

Nach den in Abschnitt 3.2 beschriebenen Modellvorstellungen ist zur Durchführung einer optimierten Exposition (1) eine hinreichende Angstaktivierung, (2) eine Angstreduktion in der Sitzung ohne den Einsatz von Sicherheits- und Vermeidungsverhaltensweisen, sowie (3) eine hinreichend häufige Wiederholung der Habituationserfahrung in verschiedenen Situationen notwendig. Dabei muss der Patient bereit sein, sich seiner Angst unter Berücksichtigung der genannten Punkte auszusetzen – d. h. der Patient muss zur Durchführung der Übungen (4) motiviert sein und (5) deren Sinn verstanden haben. Das Behandlungsmanual ist insofern auf die Expositionskomponente optimiert, dass es einerseits durch den Aufbau der Psychoedukation die Bedingungen aufseiten des Patienten schafft und andererseits über die in der Psychoedukation erhobenen Informationen sowie über ein strukturiertes Expositionsvorgehen in den einzelnen Expositionssitzungen auf die Voraussetzungen einer optimierten Expositionsdurchführung Rücksicht nimmt. So lernt der Patient in den Sitzungen 1 bis 3, dass seine bisherige Lösungsstrategie (die Vermeidung) langfristig zu einer Stabilisierung und ggf. zu einer Ausbreitung der Angst führt, während der Behandler notwendige Informationen darüber erhält, wie die Expositionssituation zu gestalten ist und auf welches Sicherheits- und Vermeidungsverhalten er beim betreffenden Patienten besonders achten muss. Darüber hinaus ist eine Motivationskomponente vorgesehen, sollten die vermittelten Informationen für den Patienten nicht ausreichen, sich der Angst auf die vorgeschlagene Art und Weise auszusetzen.

5.3.2 Ableitung des Behandlungsrationals für die In-vivo-Exposition

Neben der Auswertung der interozeptiven Exposition wird in Sitzung 5 das *Behandlungsrational* für die In-vivo-Expositionsübungen mit dem Patienten gemeinsam erarbeitet (Behandlungsschritt 5: Durchführung des Gedankenexperiments/Ableitung des Vorgehens zur Reduktion der Angst in Situationen, vgl. S. 106). Nach der Bezugnahme auf das zweite Behandlungsziel, die Reduktion der Angst in Situationen, und dem Rückbezug auf die Wirkung von Vermeidungsverhalten als Grund für die Aufrechterhaltung der Angst, wird die Frage nach Möglichkeiten einer langfristigen Angstreduktion gestellt. Das Behandlungsprinzip der Exposition wird mittels eines Gedankenexperimentes abgeleitet; dabei werden auch die wichtigsten Bestimmungsstücke einer optimalen Exposition betont: (1) Verbleiben in der Situation, bis sich die Angst von selbst reduziert, (2) Verzicht auf jegliches Vermeidungsverhalten, (3) häufige Wiederholung dieser Erfahrung.

Der Patient wird dabei gebeten, sich gedanklich einer gefürchteten Situation auszusetzen und seine Reaktionen zu beschreiben. Der Patient soll im Rahmen des Experiments angeben, welchen Angstverlauf er annimmt, wenn er nicht vermeiden kann, sondern seine Angst erleben muss. Hilfreich ist es dabei, wenn im Rahmen der Manualbehandlung eine Situation gewählt wird, die für den Patienten tatsächlich ängstigend ist (z. B. Flugzeug fliegen, Zug fahren). Der Angstverlauf wird dabei vom Patienten in eine Angstverlaufskurve eingetragen, der Therapeut beschriftet diese Kurve. Die Angstverlaufskurve hat dabei keine Begrenzungen im Sinne einer maximalen Angsthöhe oder einer maximalen Zeitdauer der Übung. Aufgabe des Therapeuten im Rahmen des Gedankenexperiments ist es, den Patienten nach seinen Körpersymptomen und Gedanken zu fragen, die zu diesem Zeitpunkt und diesem Angstniveau auftreten. Äußert der Patient den Einsatz von Vermeidungsverhaltensweisen oder Vermeidungsversuchen, wird dies kurz thematisiert und sollte ausgeschlossen werden. Ziel des Experiments ist es, dass der Patient entdeckt, dass sich die Angst irgendwann von selbst reduzieren wird. Um das zu erreichen werden alle Annahmen, die das Ende des Experiments implizieren würden (z. B. Tod des Patienten), ausgeschlossen.

Das Experiment ist letztlich die Vorwegnahme einer optimalen Expositionssituation. So bleibt die Situation im Gedankenexperiment unverändert (z. B. sitzt der Patient in einem leeren Flugzeug und weiß, dass dieser Flug ewig dauern wird); es wird die Veränderung des Erlebens des Patienten abgewartet, ohne dass Vermeidungsverhalten erlaubt wäre. Entsprechend wird nach Annahme eines Angstabfalls das Experiment wiederholt, um den Angstverlauf bei mehrfacher Wiederholung zu erarbeiten. Das Gedankenexperiment ist dabei keine Exposition in sensu – Ziel des

Experiments ist es nicht, dass die emotionale Erregung während des Experiments reduziert wird.

Hat der Patient im Rahmen des Experiments einen Angstabfall in und über die Situationen hinweg angenommen, wird diese Annahme durch den Therapeuten verstärkt. Im Anschluss an das Experiment wird der Patient gefragt, was die Ergebnisse des Experiments für die Behandlung bedeuten. Dabei werden die drei Bestimmungsstücke der optimierten Expositionsdurchführung explizit benannt. Dem Patienten wird mitgeteilt, dass – falls er sich für dieses Vorgehen entscheidet – in der nächsten Sitzung mit der Exposition in einer Situation begonnen wird. Er wird gebeten, seine Bedenken sowie die Vor- und Nachteile einer Expositionsdurchführung zwischen den Sitzungen zu sammeln. Dies dient dazu, dem Patienten eine Entscheidungsmöglichkeit zu eröffnen.

5.3.3 In-vivo-Exposition

Für die Durchführung der Expositionskomponente stehen im Manual zwei verschiedene Modi zur Verfügung. In Durchführungsmodus Th+ wird die Exposition in Begleitung des Therapeuten durchgeführt (Beispielsitzung 10 – begleitete Exposition, vgl. S. 133). Im Durchführungsmodus Th– wird die Exposition vom Therapeuten intensiv vor- und nachbesprochen (Beispielsitzung 6 – unbegleitete Exposition, vgl. S. 129). Die beiden Modi unterscheiden sich nur darin, dass im Modus Th+ der Therapeut sofort ins Geschehen der Situation eingreifen kann – während in Modus Th– eine zeitliche Lücke zwischen dem Expositionsgeschehen und der Eingriffsmöglichkeit des Therapeuten liegt. Inhaltlich bestehen darüber hinaus keine Unterschiede zwischen den beiden Modi. Die Untersuchung der Wirksamkeit (siehe Kapitel 6) des vorliegenden Manuals fand eine leichte Überlegenheit des Modus Th+ in der Reduktion der Angstsymptomatik.

Als Expositionssituationen werden zunächst drei Standardsituationen aufgesucht: (1) Bus (Sitzung 6), (2) Kaufhaus (Sitzung 7), (3) Wald (Sitzung 8). Die Durchführung von Standardsituationen, die für die meisten Patienten mit Panikstörung und Agoraphobie problematisch sind, erleichtern insbesondere im Modus Th– die Vor- und Nachbesprechung, da dem Therapeuten die Gegebenheiten in diesen Situationen vertraut sind. Im Anschluss an die Standardsituationen werden zwei individuelle Expositionssituationen (Sitzung 10 und 11) aus der Angsthierarchie des Patienten durchgeführt.

Im Rahmen der ersten Exposition wird das Expositionsprotokoll (Arbeitsblatt 12: Übungsprotokoll für Expositionssituationen) eingeführt, das zur Vor- und Nachbesprechung sowie zur Beobachtung der Übungsverläufe über die Zeit dient. Alle Schritte der Vor- und Nachbesprechung werden auf diesem Protokoll notiert. Jede Expositionsübung beginnt mit der Einschätzung der Bereitschaft des Patienten, die Situation aufzusuchen. Diese Einschätzung dient dazu, sicherzustellen, dass der Patient bereit ist, die Expositionssituation ohne Sicherheits- und Vermeidungsverhalten aufzusuchen und sich mit der dort auftretenden Angst auseinanderzusetzen. Der Patient soll dabei nicht angeben, ob er die Übung erfolgreich absolvieren wird. Liegt die Bereitschaft zur Expositionsdurchführung beim Patienten unter einem festgesetzten Wert, wird eine Motivationsschleife durchlaufen (siehe Kapitel 5.3.4). Ansonsten folgen Einschätzungen über Erwartungsangst und Befürchtungen sowie über den vom Patienten erwarteten Angstverlauf in der Situation. Im Modus Th+ werden die Einschätzungen kurz vor der Durchführung der Expositionsübung erhoben, im Modus Th– bilden diese Einschätzungen den Beginn der Vorbesprechung der Expositionssituation.

Während im Modus Th– nun mithilfe der abgegeben Einschätzungen besprochen wird, wie der Patient es schaffen kann, unter Angst die Situation aufzusuchen, in dieser zu verbleiben und wie er auf mögliches Vermeidungsverhalten reagieren kann, wird im Modus Th+ die Exposition durchgeführt. Dabei richtet sich der Therapeut nach folgendem Ablaufschema, das auch im Modus Th– Gültigkeit hat:

1. Aufsuchen der Situation unter Herstellung der für den Patienten schwierigsten Bedingungen.
2. Patient die Angst zwischen 0 und 10 einschätzen lassen.
3. Nachfragen, ob etwas die Angst steigern würde und dies ggf. herstellen.
4. Beschreiben lassen, was der Patient bemerkt.
5. Patient beobachten, ggf. Vermeidungsverhalten ansprechen.
6. Nach einiger Zeit nachfragen, wie hoch Angst ist.
   a. Bei Angst 8 oder darüber: Patient beschreiben lassen und abwarten (→ 5).

b. Bei Angst unter 8: Nachfragen, ob es etwas schlimmer machen würde und Umstände herstellen (Vermeidungsverhalten ansprechen, interozeptive Übung durchführen) (→ 5).

Die Expositionsübung ist dann abgeschlossen, wenn sich die Angst des Patienten deutlich reduziert hat und kein Fluchtimpuls mehr vorhanden ist. Nach jeder Übung wird das Expositionsprotokoll vervollständigt. Dabei werden beispielsweise der tatsächliche Angstverlauf, die maximale Angst und die Angst am Ende der Übung erfragt. Diese Angaben dienen in beiden Modi der Nachbesprechung. Jede Expositionsübung wird im Anschluss direkt wiederholt. Als Hausaufgabe erhält der Patient die Aufforderung, die Situation erneut zweimal aufzusuchen und diese Übungen im Expositionsprotokoll zu protokollieren.

In der nächsten Sitzung wird, falls der Patient die Hausaufgabe erfolgreich durchgeführt hat, zur nächsten Expositionssituation übergegangen. Konnte der Patient aus Angst die Übungen nicht durchführen oder nicht die gewünschte Lernerfahrung (Reduktion der Angst ohne Sicherheits- und Vermeidungsverhalten) machen, wird die Übung wiederholt. Übungswiederholungen führen dazu, dass die jeweils letzte Expositionsübung entfällt – so entfällt bei der Wiederholung der Busexposition in Sitzung 7 die zweite individuelle Expositionsübung in Sitzung 11.

Bei der Durchführung der Exposition ist unbedingt auf die Einhaltung und Umsetzung der Bestimmungsstücke einer optimalen Exposition zu achten. Der Therapeut thematisiert daher jedes Vermeidungsverhalten mit dem Patienten und sorgt dafür, dass der Patient eine hinreichende Angstreduktion erleben kann. Um eine hinreichende Angstaktivierung zu ermöglichen, wird die jeweilige Situation vom Therapeuten so angstauslösend wie möglich gestaltet. Dazu werden die Informationen aus der Verhaltensanalyse genutzt, auf mögliche Sicherheitssignale (z. B. das Mitführen von Tabletten) wird verzichtet und der Patient wird für das Erleben von Angst verstärkt. Darüber hinaus wird jede Expositionsübung, auch wenn der erste Durchlauf erfolgreich verlaufen ist, wiederholt. Gemeinsam wird, unabhängig vom Modus der Expositionsbehandlung, der Verlauf der Übung mittels Expositionsprotokoll besprochen und es wird festgestellt, ob es Vermeidungsversuche gab, wie diese unterbunden bzw. unterlassen werden können und ob eine hinreichende Angst-

aktivierung durch die Situation möglich war. Dabei geht es insbesondere darum, sicherzustellen, dass die Situation so gewählt wurde, dass der Patient eine Angstaktivierung erwarten musste. Falls eine Angstaktivierung auch durch Verzicht auf alle Vermeidungsverhaltensweisen und zusätzliche Symptomprovokation nicht stattfindet, wird der Patient für das Aufsuchen der potenziell angstauslösenden Situation verstärkt.

5.3.4 Motivationskomponente

Sollte die Bereitschaft des Patienten, an einer Expositionsübung teilzunehmen, einen festgelegten Wert unterschreiten, wird eine Motivationsschleife durchlaufen. Dabei werden zunächst die Bedenken des Patienten erfragt und seine Hauptbefürchtung herausgearbeitet (z. B. Sterben durch Angst). Als Alternative wird die Möglichkeit eingeführt, dass die Hauptbefürchtung nicht eintritt (z. B. Angst kann nicht zum Tod führen). Gemeinsam mit dem Patienten werden dann die Vor- und Nachteile seiner Handlungsalternativen (z. B. ich setze mich der Angst aus vs. ich vermeide die Angst) und deren positiven und negativen Folgen für sein Leben unter den Bedingungen „die Hauptbefürchtung trifft zu" und der Bedingung „die Alternative trifft zu" erarbeitet (vgl. Abb. 11: Beispiel eines ausgefüllten 4-Felderschemas zur Motivationsklärung). Dadurch werden die möglichen Kosten einer Fehlentscheidung für den Patienten salient gemacht. Nach der Erhebung der positiven und negativen Folgen wird der Patient gefragt, für welche Handlungsalternative er sich entscheidet. Die Motivationskomponente kann ggfs. mehrfach durchlaufen werden; der Patient wird auf keinen Fall zur Exposition gedrängt.

5.3.5 Kernkomponente Lernerfahrungen und Erwartungsangst

Sitzung 9 dient in beiden Modi der Besprechung der bisherigen Expositionsübungen, unabhängig vom Verlauf der Übungen. Dazu werden die bisherigen Expositionsprotokolle gemeinsam ausgewertet und es werden die bisherigen Erfahrungen aus der Expositionsbehandlung mit dem Patienten thematisiert (Behandlungsschritt 3: Analyse bisheriger Angstverläufe, vgl. S. 135). Der Patient wird gebeten, seine *Lernerfahrungen* (Arbeitsblatt 13: Therapieeinschätzung und Lernerfahrung) zu formulieren. Gleichzeitig werden auch die noch vorhandenen Symptome (Arbeitsblatt 14: Belastende Symptome) auf den drei Ebenen der Angst (Symptome, Verhalten, Befürchtungen) und Schwierigkeiten bei den Expositionsübungen thematisiert. Gemeinsam wird überlegt, wie mit diesen Problemen in den folgenden Übungen umgegangen werden kann. Neben den bisherigen Lernerfahrungen wird in dieser Sitzung auch die *Erwartungsangst* und deren Entwicklung anhand der vorliegenden Protokolle besprochen (Arbeitsblatt 15: Veränderungen in der Erwartungsangst). Ziel der Besprechung ist es, dass der Patient den Zusammenhang zwischen der Veränderung der Erwartungsangst und den von ihm durchgeführten Übungen erkennt. Optimalerweise fällt die Erwartungsangst über die korrekte Übungsdurchführung der Situationen ab – aber auch ausbleibende Veränderungen, etwa durch unzureichende Übungsdurchführung sind im Rahmen des Behandlungsrationals hier zu problematisieren.

5.4 Kernkomponente Rückfallprophylaxe

In Sitzung 12 wird der Patient über mögliche Risikosituationen (Informationsblatt 4: Rückschritte vermeiden), die zum Wiederauftreten der Angst führen könnten, informiert. Die vorhandenen Restsymptome werden ebenso erhoben wie die bisherigen Lernerfahrungen (Arbeitsblatt 16: Was nehme ich mit?) und die daraus resultierenden zukünftigen Umgangsmöglichkeiten mit Angstempfindungen (Arbeitsblatt 17: Hilfeplan). Die Restsymptome dienen auch der Erstellung von Übungsplänen (Arbeitsblatt 18: Übungsplan) bis zur ersten Auffrischungssitzung. Hier wird der Patient angeleitet, konkrete Übungsziele festzulegen und einzelne Schritte zur Erreichung dieser Ziele mit einem Ausführungstermin festzusetzen. Auch in den folgenden zwei Auffrischungssitzungen dient die Erhebung noch vorhandener Angstsymptome der Planung des weiteren Vorgehens. Ziel ist es, (1) dass der Patient weiterhin Übungen zur Reduktion von Angst- und Vermeidungsverhalten durchführt, (2) dass dem Patienten klar ist, dass ein Wiederauftreten von Angstanfällen möglich ist und (3) dass er darauf mit den in der Therapie erlernten Umgangsmöglichkeiten reagieren sollte. In der letzten Auffrischungssitzung werden entsprechend die endgültigen Lernerfahrungen des Patienten thematisiert und es wird ein Notfallplan für den Umgang mit auftretenden Angstsymptomen erstellt. Hier wird der Patient gebeten, seine bisherigen Lernerfahrungen aus der Therapie auf solche Rückfälle zu übertragen und konkrete Handlungsanweisungen zu formulieren. Der Therapeut achtet darauf, dass diese Pläne den der Therapie zugrunde liegenden Prinzipien entsprechen.

5.5 Modifikationen des Behandlungsvorgehens

Das im Teil 3 beschriebene Sitzungsvorgehen orientiert sich am Behandlungsablauf, der im Rahmen einer kontrollierten Studie zur Therapie der Panikstörung und Agoraphobie eingesetzt und erprobt wurde. Alle Behandler im Rahmen der Studie erhielten ein dreitägiges Intensivtraining bezüglich der Manualumsetzung. Die im Kapitel 6.4 dargestellten Evaluationsergebnisse gelten entsprechend für dieses Vorgehen; Auswirkungen von Abweichungen und Modifikationen des Vorgehens wurden nicht untersucht.

Nichtsdestotrotz kann es in der Praxis erforderlich sein, das Behandlungsvorgehen aus organisatorischen oder inhaltlichen Gründen anzupassen. Modifikationen des Vorgehens sind vor allem in folgenden Fällen sinnvoll:
- *Der Patient weist kein oder nur geringes agoraphobisches Vermeidungsverhalten auf.* Bei Patienten, die hauptsächlich unter Panikstörung leiden, empfiehlt es sich, das Behandlungsvorgehen insofern zu modifizieren, dass der Schwerpunkt der Behandlung auf die interozeptive Exposition gelegt wird (Sitzungen 4 und 5). Es erscheint jedoch auch bei diesen Patienten sinnvoll zu prüfen, ob in bestimmten Situationen Vermeidungsverhalten vorliegt (z. B. Autobahn nur in Begleitung fahren oder nur bei gutem Befinden ins Fitness-Studio gehen). Dies sollte besprochen werden und der Patient sollte angeleitet werden, die entsprechenden Situationen ohne Sicherheitsverhalten aufzusuchen.

Die im Manual vorgegebenen Standardsituationen sind an typisch agoraphobischen Situationen orientiert. Einige Patienten mit sehr geringem situativen Vermeidungsverhalten sind in der Lage, diese Situationen ohne Hilfsmittel zu bewältigen. Trotzdem kann es sinnvoll sein, zumindest eine Standardsituation mit dem Patienten durchzuführen, um das Prinzip der Behandlung zu verdeutlichen und auf verdecktes Sicherheitsverhalten zu achten. In Folge kann bei diesen Patienten jedoch auch schneller zu individuali-

sierten Expositionssituationen übergegangen werden.
- *Der Patient erlebt aktuell keine Panikattacken mehr.* Wie bereits dargestellt, kommt es im Störungsverlauf der Panikstörung häufig zu einer Verschiebung vom Auftreten von unerwarteten Panikattacken hin zu eher situationsbegünstigten Panikattacken oder einer scheinbar reinen Agoraphobie. Dies ist häufig darin begründet, dass die Patienten ein ausgeprägtes Sicherheits- und Vermeidungsverhalten entwickelt haben. Prinzipiell ist davon auszugehen, dass auch bei diesen Patienten die Angst vor körperlichen Symptomen fortbesteht. Entsprechend sollte auch hier interozeptive Exposition eingesetzt und dies bei der Besprechung der Therapieziele entsprechend begründet werden. Zweifelt der Patient daran, dass Angst vor Körpersymptomen für ihn ein relevantes Problem darstellt, können die interozeptiven Übungen auch als eine Form eines diagnostischen Tests angekündigt werden, um zu prüfen, inwieweit die Annahme des Patienten tatsächlich zutrifft.
- *Der Patient hat eine Agoraphobie ohne Panikattacken in der Vorgeschichte und berichtet unabhängig von Situationen keine Angst vor Körpersymptomen.* Das vorgestellte Behandlungsmanual ist nicht explizit für Patienten mit Agoraphobie ohne Panikattacken in der Vorgeschichte gedacht. Trotzdem kann das Vorgehen auch für solche Patienten adaptiert werden. Insbesondere die Psychoedukation muss hierfür angepasst werden; das Stressmodell und der Teufelskreis der Panikattacke müssen durch Überlegungen zur Entstehung der Agoraphobie ersetzt werden (vgl. Kapitel 2.4).

Zur Behandlungsplanung sollte zunächst diagnostisch überprüft werden, inwieweit der Patient auch unabhängig von Situationen auftretende Körpersymptome ängstigend verarbeitet. Ist dies der Fall, können interozeptive Übungen als Bestandteil der Therapie aufgenommen werden; ansonsten werden diese Übungen nur im Rahmen der In-vivo-Exposition zur Angststeigerung eingesetzt. Das Behandlungsvorgehen beinhaltet entsprechend (1) Psychoedukation über Angst und Vermeidungsverhalten, (2) Ableitung der Therapieziele „Reduktion der Angst in Situationen" und „Reduktion der Erwartungsangst" sowie Ableitung des Expositionsrationals durch ein Gedankenexperiment, (3) In-vivo-Exposition, (4) Rückfallprophylaxe.

Kapitel 6

Evaluation

6.1 Manualentwicklung

Das vorliegende Manual wurde im Rahmen der vom Bundesministerium für Bildung und Forschung geförderten Multicenterstudie „Improving CBT for Panic Disorder" entwickelt und evaluiert (Förderkennzeichen 01 GV 0615). Primäres Ziel der Studie war die Untersuchung der Wirkmechanismen therapeutischer Veränderung am Beispiel der KVT bei Panikstörung und Agoraphobie. Dafür wurden verschiedene psychophysiologische, genetische und bildgebende Untersuchungen an ein übergeordnetes Therapieprogramm angedockt, die störungsrelevante Prozesse vor, während und nach der Behandlung auf verschiedenen Ebenen erfassten. Die Umsetzung des hoch strukturierten Behandlungsmanuals stellte somit eine wichtige Grundbedingung für die Umsetzung der Gesamtstudie und eine inhaltsvalide Interpretation der Ergebnisse dar.

6.2 Design und Ablauf der Behandlungsstudie

Die Behandlungsstudie wurde als multizentrische randomisierte Kontrollgruppenstudie durchgeführt. Die Untersuchung umfasste neben einer Wartekontrollgruppe zwei aktive Behandlungsarme, die allein in der Form der Expositionsdurchführung variierten: In einer Bedingung wurde die Exposition unter Therapeutenbegleitung durchgeführt (Th+); in der zweiten Bedingung wurden Expositionsübungen in den Sitzungen konkret vor- und nachbesprochen, jedoch vom Patienten allein ausgeführt (Th–). Die Behandlungsdauer im Rahmen der Studie umfasste nach Protokoll sechs Wochen Behandlung mit je zwei Sitzungen pro Woche. Die Sitzungsdauer war – mit Ausnahme der Expositionssitzungen in der Th+ Bedingung – auf 100 Minuten festgelegt. Im Anschluss an Sitzung 12 wurden im Abstand von jeweils 8 Wochen zwei Auffrischungssitzungen durchgeführt. Psychologische, physiologische und bildgebende Untersuchungen wurden vor Beginn der Therapie (Baseline), im Verlauf der Therapie nach Sitzung 4 (Intermediate) sowie zu Behandlungsende (Post) und im 6-Monats-Follow-up durchgeführt.

Weitere Informationen zum Studiendesign können bei Gloster et al. (2009) nachgelesen werden.

Die Behandlung im Rahmen der Studie erfolgte an acht Universitätsambulanzen in Deutschland (HU Berlin, Charité Berlin, Universität Bremen, UK Aachen, Universität Würzburg, Universität Greifswald, Universität Münster, TU Dresden). Die Behandler wurden in einem dreitägigen intensiven Training in der Durchführung des Behandlungsprogramms trainiert. Über die Aufnahme als Studientherapeut wurde nach dem Training mittels einer vom Studientherapeuten eingereichten Videosequenz eines Manualinhalts entschieden. Während der Behandlungsdurchführung unterlagen die Behandler einer fortlaufenden Supervision; die Einhaltung des Behandlungsprogramms wurde mittels Videostichproben überwacht.

6.3 Stichprobe

Die Einschlusskriterien der Studie wurden bewusst weit gefasst, um eine möglichst repräsentative Stichprobe untersuchen zu können. So stellten komorbide Diagnosen kein Ausschlusskriterium dar. Gleichzeitig sollte berücksichtigt werden, Patienten mit einer hinreichend starken Ausprägung der Symptomatik in die Studie aufzunehmen. Die Einschlusskriterien waren entsprechend eine primäre Diagnose einer Panikstörung mit Agoraphobie, eine zumindest mittlere Störungsschwere (Clinical Global Impression Scale CGI ≥ 4; Hamilton Angstrating HAM-A ≥ 18) sowie die Möglichkeit, regelmäßig an der ambulant durchgeführten Behandlung teilzunehmen. Ausschlusskriterien umfassten akute medizinische Kontraindikationen, schwere Persönlichkeitsstörungen und psychotische Störungen sowie das Vorliegen einer medikamentösen Behandlung der Panikstörung. Die Ein- und Ausschlusskriterien wurden im Rahmen einer umfassenden Eingangsuntersuchung geprüft.

Von insgesamt über 2.300 gescreenten Patienten konnten 369 Patienten in die Studie eingeschlossen werden; davon wurden 301 Patienten einer der aktiven Behandlungsbedingungen zugeordnet. 70 % der Patienten waren weiblichen Geschlechts;

das Durchschnittsalter lag bei 35,5 Jahren. 90 % der behandelten Patienten hatten wenigsten eine komorbide Diagnose, fast 50 % der Patienten hatten mehr als drei komorbide Diagnosen. Zu den häufigsten komorbiden Störungen gehörten spezifische Phobien, kritischer Alkoholkonsum, soziale Phobie und Major Depression (vgl. Gloster et al., 2009).

6.4 Ergebnisse der Evaluation

Im Vergleich zur Wartekontrollgruppe verbesserten sich die Patienten in beiden aktiven Behandlungsbedingungen in allen primären Outcome-Maßen (HAMA, CGI, PAS, MI) sowohl im Vergleich Baseline zu Post als auch im Vergleich Post zu Follow-up (Gloster et al., 2011). Damit konnten neben einer unmittelbaren Wirksamkeit verzögerte Behandlungseffekte beobachtet werden, die für die langfristige Effektivität der Behandlung sprechen. Abbildung 6 zeigt Effektstärken für die verschiedenen Outcome-Maße im Vergleich Baseline zu Post für die beiden aktiven Behandlungsbedingungen. Effektstärken von >0.8 können dabei als große Effekte angesehen werden. Die negativen Vorzeichen ergeben sich aus der Bildung von Differenzwerten.

Wie der Abbildung zu entnehmen ist, erreichten beide Behandlungsbedingungen gute bis sehr gute Effekte in der Reduktion der Panik- und Agoraphobiesymptomatik. Ein systematischer Vergleich der aktiven Behandlungsbedingungen ergab in einzelnen Parametern signifikante Unterschiede zugunsten der begleiteten Expositionsbedingung Th+. So verbesserten sich die Patienten in der Th+ Bedingung zwischen Ende der Behandlung und Follow-up-Untersuchung stärker im Hinblick auf Panikfreiheit und allgemeine Angstsymptomatik gemessen im HAM-A. Darüber hinaus zeigte sich eine Überlegenheit hinsichtlich der Reduktion der agoraphobischen Vermeidung zu Behandlungsende. Damit kann insgesamt davon ausgegangen werden, dass beide Durchführungsmodalitäten des Manuals wirksam sind; therapeutenbegleitete Exposition jedoch in einzelnen Aspekten günstigere Effekte bewirken kann.

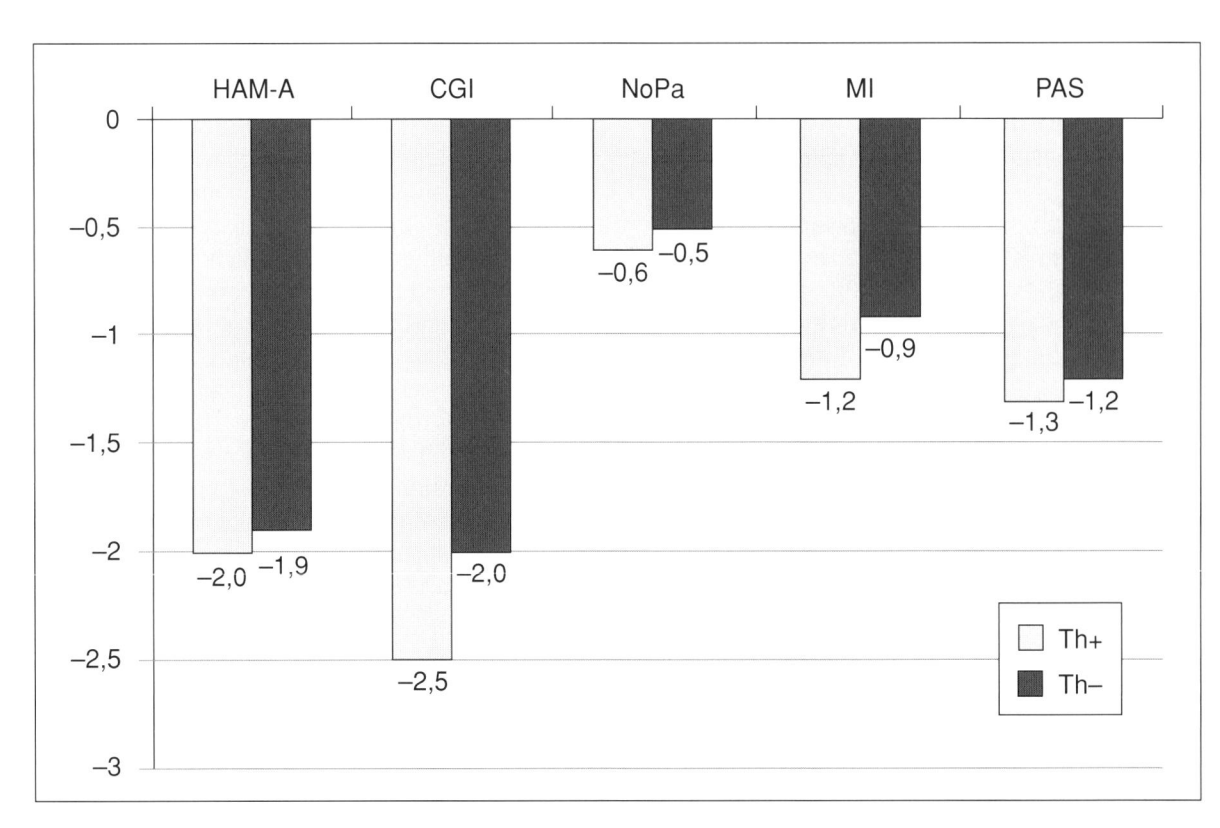

Abbildung 6: Effektstärken (Prä-Post-Vergleich) der aktiven Behandlungsbedingungen in verschiedenen Outcome-Maßen (HAM-A = Hamilton Angstrating; CGI = Clinical Global Impression Scale; NoPa = Anzahl der Panikattacken; MI = Mobilitätsinventar, Skala „allein"; PAS = Panik- und Agoraphobieskala)

Hinweis

Finanzierung/Unterstützung: Dieses Manual ist im Rahmen der deutschen Multicenter-Studie „Mechanismus of Action in CBT (MAC)" entstanden. Die MAC Studie wurde durch das Bundesministerium für Bildung und Forschung (BMBF, Förderkennzeichen 01GV0615) im Rahmen der BMBF Initiative zur Psychotherapieforschung gefördert.

Zentren: Studienleiter (PI) der MAC Studie sind V. Arolt (Münster: Koordination der Gesamtstudie), H.-U. Wittchen (Dresden: PI für die randomisierte Multicenter-Studie und die Manualentwicklung), A. Hamm (Greifswald: PI für Psychophysiologie), A.L. Gerlach (Münster: PI für Psychophysiologie und Subtypen der Panikstörung), A. Ströhle (Berlin: PI für experimentelle Psychopharmakologie), T. Kircher (Marburg: PI für funktionelle Bildgebung) und J. Deckert (Würzburg: PI für Genetik). Zusätzliche Studienleiter für die randomisierte Multicenter-Studie sind G.W. Alpers (Würzburg), T. Fydrich und L. Fehm (Berlin-Adlershof) sowie T. Lang (Bremen).

Datenzugang und Verantwortlichkeit: Alle PI tragen Verantwortung für die Integrität der entsprechenden Studiendaten. Alle Autoren und Co-Autoren haben vollen Datenzugang zu allen Studiendaten. Die Datenanalyse und Manuskripterstellung wurde durch die Autoren der vorliegenden Veröffentlichung vorgenommen, diese tragen die Verantwortung für deren Inhalte und deren Richtigkeit.

Danksagung und Mitarbeiter: Greifswald (Koordination Psychophysiologie): Christiane Melzig, Jan Richter, Susan Richter, Matthias von Rad; Berlin-Charité (Koordination experimentelle Psychopharmakologie): Harald Bruhn, Anja Siegmund, Meline Stoy, André Wittmann; Berlin-Adlershof: Irene Schulz; Münster (Koordination der MAC Gesamtstudie, Genetik und fMRT): Andreas Behnken, Katharina Domschke, Adrianna Ewert, Carsten Konrad, Bettina Pfleiderer, Peter Zwanzger; Münster (Koordination Psychophysiologie und Subtypen der Panikstörung): Judith Eidecker, Swantje Koller, Fred Rist, Anna Vossbeck-Elsebusch; Marburg/Aachen (Koordination fMRT): Barbara Drüke, Sonja Eskens, Thomas Forkmann, Siegfried Gauggel, Susan Gruber, Andreas Jansen, Thilo Kellermann, Isabelle Reinhardt, Nina Vercamer-Fabri; Dresden (Koordination, Datenanalyse und Multicenter Therapiestudie): Franziska Einsle, Christine Fröhlich, Andrew T. Gloster, Christina Hauke, Simone Heinze, Michael Höfler, Ulrike Lueken, Peter Neudeck, Stephanie Preiß, Dorte Westphal; Würzburg, Institut für Psychiatrie (Koordination Genetik): Andreas Reif; Würzburg, Institut für Psychologie: Julia Dürner, Hedwig Eisenbarth, Antje B.M. Gerdes, Harald Krebs, Paul Pauli, Silvia Schad, Nina Steinhäuser; Bremen: Veronica Bamann, Sylvia Helbig-Lang, Anne Kordt, Pia Ley, Franz Petermann, Eva-Maria Schröder. Unterstützt wurde die Studie vom Zentrum für Klinische Studien in Dresden (KKS Dresden): Xina Grählert und Marko Käppler.

Die Therapiestudie wurde von der Ethikkommission der medizinischen Fakultät der Technischen Universität Dresden (EK 164082006) geprüft. Die fMRT Untersuchungen wurden von der Ethikkommission der Medizinischen Fakultät der Rheinisch-Westfälischen Hochschule Aachen (EK 073/07) geprüft. Die Studie zur experimentellen Pharmakologie wurde von der Ethikkommission Berlin (EudraCT: 2006-00-4860-29 geprüft.

Die Studie ist registriert unter ISRCTN: ISRCTN80046034.

Teil 3: Beschreibung der Sitzungen

Sitzung 1

Ziele der Sitzung:
• Patienten mit der Therapie vertraut machen • Informationsvermittlung
Inhalte:
• Überblick über Behandlung geben • Psychoedukation: Was ist Angst und Panik? • Einführung in das Entstehungsmodell von Panikstörung und Agoraphobie • Einführung in den Teufelskreis der Angst
Materialien (vgl. CD-ROM):
• Informationsblatt 1: Was ist Angst? • Informationsblatt 2: Panikattacken, Panikstörung und Agoraphobie • Arbeitsblätter 1a/b: Teufelskreis der Angst • Hausaufgabe: Teufelskreis (vgl. Arbeitsblatt 1b) • Hausaufgabe: Lebenslinie • Hausaufgabe: Angst- und Aktivitätentagebuch

Schritt 1: Einführung in die Behandlung

Zu Beginn der Behandlung werden zunächst der allgemeine Ablauf der Therapiesitzungen sowie das Therapiekonzept dem Patienten vorgestellt. Dem Patienten wird vermittelt, dass jede Sitzung nach einem festgelegten Muster abläuft – nämlich Vorstellung der Tagesordnung, Besprechung von Hausaufgaben, Bearbeitung der jeweiligen Sitzungsinhalte sowie der Vergabe einer Hausaufgabe. Der Patient sollte an dieser Stelle explizit darauf hingewiesen werden, dass nach jeder Sitzung Hausaufgaben vergeben werden, die mit den Inhalten der jeweiligen Sitzung zusammenhängen und deren Erledigung für den Erfolg der Therapie sehr wichtig sind.

Im Anschluss an die einführenden Erläuterungen wird die Tagesordnung für Sitzung 1 vorgestellt. Diese sieht vor, einen Überblick über die Gesamtbehandlung zu geben und Informationen zu Angst und Angststörungen zu vermitteln. Dem Patienten soll darüber hinaus erläutert werden, wie es zu pathologischen Ängsten kommt und warum diese weiter bestehen.

Schritt 2: Überblick über die Gesamtbehandlung

Dem Patienten wird anschließend ein grober Überblick über die Inhalte der einzelnen Sitzungen gegeben. Dieser sollte noch nicht zu spezifisch auf einzelne Interventionen eingehen; der Patient sollte jedoch erkennen, wann welches Problem bearbeitet wird. Es kann hilfreich sein, einen Überblicksplan mit den Sitzungen und Sitzungsinhalten zu erstellen, um bei Fragen auf den jeweiligen Therapiebaustein zu verweisen.

Beispiel: „Ich möchte Ihnen jetzt einen Überblick über die einzelnen Sitzungen und Therapieschritte geben. In den ersten Sitzungen werde ich Ihnen erklären, was Angst ist; wir werden uns ansehen, wie sich diese Angst bei Ihnen entwickelt hat und welche Faktoren im Moment dazu beitragen, dass die Angst nicht wieder weg geht. Wenn wir diese Informationen zusammengetragen haben, werde ich Ihnen einen Vorschlag machen, welche Schritte für die Behandlung notwendig sind. Ihr Einverständnis vorausgesetzt, werden wir diese Schritte dann gemeinsam durchführen. Dabei werden wir uns zunächst genauer mit den körperlichen Symptomen bei Angst beschäftigen, um diese im Behandlungsverlauf zu reduzieren. Anschließend beschäftigen wir uns mit den Situationen, in denen Sie im Moment Angst erleben, und versuchen, diese Angst zu vermindern. Zum Abschluss treffen wir uns dann in größeren Abständen, um zu sehen, wie gut Sie im Alltag nach der Therapie zurechtkommen und was Sie gegebenenfalls weiter beachten sollten."

Falls der Patient darüber hinaus Fragen zum Ablauf der Therapie hat, kann auf den vorgestellten Ablaufplan bzw. die allgemeine Struktur der Sitzung verwiesen werden. Falls der Patient konkrete Fragen zu inhaltlichen Durchführung der Therapie hat, sollte darauf verwiesen werden, dass genaue Informationen zum Ablauf der Therapie erst dann gegeben werden können, wenn alle diagnostisch relevanten Informationen erhoben wurden.

Schritt 3: Psychoedukation zu Angst und pathologischer Angst

Nach Klärung der organisatorischen Fragen werden dem Patienten zunächst grundlegende Informationen zu Angst vermittelt. Folgende Inhalte sind dabei zunächst von Bedeutung:
- Angst ist eine überlebenswichtige Schutzreaktion des Körpers.
- Angst soll uns vor Gefahren warnen und im Ernstfall Energie für Kampf- oder Fluchtreaktionen bereitstellen.
- Dazu werden im Körper in drei Bereichen Veränderungen ausgelöst:
  a) körperliche Veränderungen, z. B. schneller Herzschlag, Schwitzen,
  b) gedankliche Veränderungen, z. B. Gedanken rasen, kreisen um Flucht,
  c) verhaltensbezogene Veränderungen, z. B. Impuls, die Situation zu verlassen.
- Diese Veränderungen laufen automatisch ab, es gibt zunächst keine direkte Einflussmöglichkeit auf den Ablauf dieser Reaktion.

Informationsblatt 1: Bei diesen Erläuterungen kann parallel das Informationsblatt 1: Was ist ...? eingesetzt werden, das weitere Erläuterungen den oben dargestellten Sachverhalten enthält. Der Patient erhält das Informationsblatt, um zu Hause die relevanten Informationen nachlesen zu können.

> **Merke:**
> Die Erläuterungen zum Thema Angst sollten möglichst interaktiv erfolgen, insbesondere bei Patienten, die bereits gut über ihre Störung informiert sind. In diesem Fall kann der Therapeut zunächst den Patienten auffordern, zu sagen, was dieser über Funktionen und Veränderungen unter Angst weiß, und ggfs. korrigierend und ergänzend eingreifen. Bei Patienten, die nicht über Vorwissen verfügen, sollte das Verständnis der Informationen geprüft werden, z. B. durch die Frage, inwieweit der Patient diese Veränderungen bei sich kennt. Entsprechende Aussagen des Patienten können im Informationsblatt ergänzt werden (z. B. typische körperliche Symptome oder Gedanken). Dabei muss klar zwischen Angst und Panik getrennt werden. Berichtet der Patient Erlebnisse aus Panikattacken, sollte dies explizit unterschieden und auf die nachfolgenden Erläuterungen verwiesen werden.

Im Anschluss daran werden Abläufe bei einer Panikattacke beschrieben. Dabei sollte deutlich gemacht werden, dass die Reaktion mit Panik eine sehr starke Defensivreaktion des Körpers ist, bei der es zu einer sehr schnellen und starken Aktivierung des Kampf-Fluchtsystems kommt. Weitere Informationen sind:
- viele Menschen (ca. 30 %) erleben im Laufe ihres Lebens einmal eine Panikattacke (das ist also nichts ungewöhnliches),
- prinzipiell treten die gleichen Veränderungen auf, wie bei „normaler" Angst auch, aber diese Veränderungen verlaufen extrem schnell und erreichen schnell einen Höhepunkt, bei dem man maximale Angst (bis hin zu Todesangst) und massive Körpersymptome erlebt,
- die Reaktion ist als Defensivreaktion des Körpers in akuten Gefahrensituationen gedacht (z. B. wenn man im Wald plötzlich einem wilden Raubtier gegenüber steht).

Hier sollte darauf verwiesen werden, dass alle Abläufe normal und unproblematisch sind. Problematisch für den Patienten werden diese Reaktionen erst, wenn sie in Situationen auftreten, in denen keine reale Gefahr besteht.

Merke:

Es sollte an dieser Stelle besonderer Wert darauf gelegt werden, dem Patienten zu vermitteln, dass die Veränderungen unter Angst trotzdem die gleichen sind, wie in tatsächlich gefährlichen Situationen. Die Angst allein wird dadurch nicht gefährlich oder einschränkend, sondern erst die Konsequenzen führen zu zunehmenden Beeinträchtigungen.

Beispiel: „Wenn Panikreaktionen in eigentlich ungefährlichen Situationen auftreten, können sie jedoch zum Problem werden. Dann können wir nämlich weder flüchten oder kämpfen (oder zumindest erscheint es nicht sinnvoll), aber die massiven körperlichen Veränderungen treten auf. Haben wir keine Erklärung dafür, fangen wir natürlich an, nach den Ursachen zu suchen. Dann liegt häufig die Vermutung nahe, man sei schwer körperlich krank, man stünde beispielsweise kurz vor einem Herzinfarkt oder würde verrückt. Wir gehen zum Arzt, der dann häufig jedoch nichts findet – dadurch steigt die Verunsicherung nur noch mehr. Entsprechend versucht man, sich vor dem Wiederauftreten so eines Anfalls zu schützen, z. B. indem man körperliche Aktivitäten nur noch vorsichtig ausführt, keinen Kaffee mehr trinkt oder bestimmten Situationen aus dem Weg geht. Dadurch schränkt sich das Leben immer weiter ein."

Schritt 4: Psychoedukation zur Entstehung pathologischer Ängste

Im nächsten Schritt soll der Patient verstehen, wie es zu pathologischen Ängsten kommt. Ein Schwerpunkt liegt dabei auf der Vermittlung des Diathese-Stress-Modells, das die Auslösung körperlicher Symptome als normale Reaktion auf erhöhte Anspannung beschreibt. Dazu werden zunächst noch einmal vertiefende Informationen zu psychophysiologischen und neurobiologischen Korrelaten von Angst beschrieben (vgl. Abb. 7).

Beispiel: „Wir hatten gesagt, Angst ist eine Schutzreaktion und Panik ist eine sehr schnell ablaufende Schutzreaktion. In unserem Gehirn gibt es ein Zentrum, das die Informationen aus der Umwelt und aus dem Körper ständig nach Hinweisen auf mögliche Gefahren durchsucht. Das macht dieses Zentrum normalerweise, ohne dass wir davon etwas bemerken. Wenn es eine mögliche Gefahr entdeckt, reagiert es mit der Ausschüttung von Hormonen, die die Angstreaktion auslösen. Dies geschieht innerhalb weniger Millisekunden – noch bevor wir genau wissen oder sagen können, wovor wir jetzt gerade Angst haben. Dabei ist das Zentrum so eingestellt, dass es uns lieber einmal zu häufig warnt – um uns auch wirklich zu schützen. Bestimmte Bedingungen führen nun dazu, dass dieses Zentrum häufigere „Fehlentscheidun-

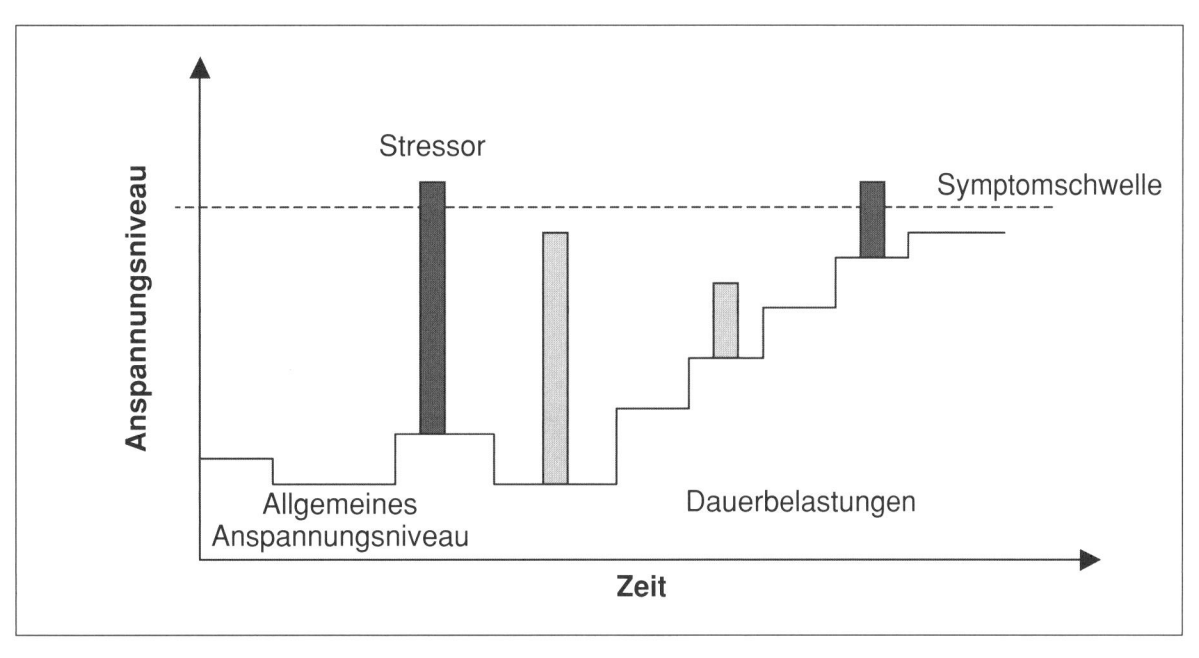

Abbildung 7: Das allgemeine Diathese-Stress-Modell

gen" trifft. Das heißt, es glaubt uns vor einer Gefahr schützen zu müssen, obwohl eigentlich keine vorhanden ist. Ein wesentlicher Einflussfaktor darauf, dass das Zentrum überempfindlich wird, sind Belastungen in unserem alltäglichen Leben. Es handelt sich dabei entweder um sehr starke Stressbelastungen (z. B. schwere Krankheit eines nahen Angehörigen); öfter jedoch addieren sich kleinere oder größere langandauernde Belastungen."

Im Anschluss wird das Diathese-Stress-Modell beschrieben. Dabei sollte das Modell für den Patienten parallel aufgezeichnet werden. Bei Fragen des Patienten sollte darauf verwiesen werden, dass zunächst das Modell ganz allgemein erklärt wird; in der nächsten Sitzung wird dann untersucht, wie es in seinem Fall genau abgelaufen ist. Wesentliche Informationen zur Erläuterungen des Diathese-Stress-Modells sind im Folgenden zusammengefasst:
- Es gibt zwei Faktoren in diesem Modell: die Schwelle körperlicher Symptome und die Höhe des allgemeinen Anspannungsniveaus.
- Die Symptomschwelle ist der eingebaute Warnmechanismus des Körpers: Wenn wir sie überschreiten, reagiert der Körper mit körperlichen Symptomen als Warnsignal.
- Die Höhe der Schwelle ist bei verschiedenen Menschen unterschiedlich; sie kann bei einem Menschen aber auch über die Zeit variieren: Sie hängt beispielsweise ab von Erfahrungen, die wir mit Krankheiten gemacht haben, von unserem Temperament (ob man schon immer ängstlich war) und von unserem aktuellen Befinden.
- Das allgemeine Anspannungsniveau beschreibt eine Grundanspannung, die nötig ist, um Aktivitäten ausführen zu können. Im Allgemeinen ist das Anspannungsniveau nicht spürbar.
- Das Anspannungsniveau wird kurzfristig durch tägliche Belastungen und Stress, z. B. durch Streit mit dem Partner, erhöht.
- Das Anspannungsniveau erhöht sich jedoch auch bei lang andauerndem leichten Stress (es kumuliert).
- Nähert sich das Anspannungsniveau der Symptomschwelle, werden Symptome ausgelöst.
- Wenn die Auslöser nicht klar erkennbar sind, führen diese Symptome zu Verunsicherung.

Schritt 5: Einführung in den Teufelskreis der Panik

Im nächsten Schritt wird dem Patienten erklärt, wie es vom Auftreten körperlicher Symptome zur Ausprägung einer Panikattacke kommt. Dazu wird der Ablauf eines Panikanfalls mithilfe des Arbeitsblattes 1a am allgemeinen Modell erklärt. Danach wird der Patient gebeten, sich an die Panikattacke zu Beginn der Störungsentwicklung zu erinnern. Der Patient wird gebeten, seinen ersten Angstanfall zu schildern. Bestand bereits agoraphobisches Vermeidungsverhalten bzw. eine agoraphobische Symptomatik, wird diese als Belastungsfaktor in das Diathese-Stress-Modell aufgenommen.

Arbeitsblatt 1b: Während der freien Schilderung des Patienten sollte der Therapeut die Äußerungen des Patienten im Arbeitsblatt 1b „Individualisierter Teufelskreis der Angst" eintragen und diese dabei strukturieren. Beim ersten Panikanfall kann es sein, dass der Patient noch kein Verhalten zur Beruhigung berichtet. Das ist normal. Dem Patienten sollte erklärt werden, dass dieses Verhalten typischerweise sehr früh einsetzt und dann den Ablauf des Teufelskreises verstärkt. Falls ein direktes Einzeichnen der Komponenten schwierig ist, kann der Teufelskreis auch bei den Erläuterungen des Therapeuten vervollständigt werden.

Wenn der Patient nicht alle Bestandteile des Teufelskreises berichtet, sollte gezielt nachgefragt werden, z. B.: Wie war die Situation? Was haben Sie in dem Moment gedacht? Was haben Sie gespürt? Was haben Sie als Erstes gemacht?

Anhand des ausgefüllten Teufelskreises verdeutlicht der Therapeut nun noch einmal die Abläufe bei einem Panikanfall.

Beispiel: „Ich habe Sie das gefragt, um Ihnen daran zu erläutern, wie ein solcher Panikanfall abläuft und welche Komponenten dabei eine Rolle spielen. Es gibt einen Auslöser, den wir meist in dem Moment nicht kennen. Dabei kann es sich z. B. um die Wahrnehmung einer auftretenden, normalen Körperveränderung handeln. Sie bemerken zum Beispiel, dass Ihr Herz stolpert (was unter Belastungen übrigens häufig vorkommt). Bei Ihnen war es …

Diesen Auslöser nehmen wir wahr und verbinden diese Wahrnehmung mit einer möglichen Bedrohung. Diese bedrohliche Bewertung macht aus einem eigentlich normalen körperlichen Belastungssymptom eine Panikattacke, da dadurch Angst ausgelöst wird. Die führt – wie wir ja bereits besprochen haben – zu einer Reihe körperlicher Veränderungen. Solche Körperveränderungen waren bei Ihnen ...

Diese Veränderungen werden wieder von uns wahrgenommen – und weil wir keine Erklärung haben (es gibt keine Gefahr von außen), werden wir häufig in der Annahme bestärkt, dass es sich um einen gefährlichen Zustand in uns handelt. Die Angst steigt rapide an.

An dieser Stelle versuchen wir meist, diesen Kreislauf zu durchbrechen – indem wir uns ablenken, einen Notarzt rufen, die Situation verlassen oder Ähnliches. Wenn wir das nicht von Anfang an versuchen, dann beginnt es meist kurz nachdem wir bemerkt haben, dass die Panikanfälle in bestimmten Situationen häufiger auftreten. Wir versuchen dann, die Anfälle zu verhindern."

Merke:
Sollte der Patient keinen konkreten Angstanfall erinnern können, erläutert der Therapeut den Panikkreislauf als abstraktes Modell.

Fazit ziehen: An dieser Stelle sollte ein erstes Fazit der Sitzung gezogen werden. Günstig ist es, den Patienten noch einmal die wichtigsten Informationen zusammenfassen zu lassen und ggfs. Falsches zu korrigieren. Die wesentlichen Inhalte sind:
- Angst ist eine Schutzreaktion; Panik ist eine sehr schnell ablaufende Schutzreaktion.
- Belastung führt dazu, dass das Schutzsystem übersensibel wird.
- Durch Übersensibilität des Systems wird Panik durch Reize ausgelöst, die nicht bedrohlich sind – funktioniert dann aber immer noch genau so als seien Reize wirklich bedrohlich.
- Ablauf des Teufelskreises – Versuche, diesen zu durchbrechen, verstärken ihn noch.

Schritt 6: Entstehung der Panikstörung und Agoraphobie

Zunächst wird Bezug darauf genommen, dass Panikattacken per se häufig sind – nicht jede Panikattacke führt auch zur Ausbildung einer Panikstörung. Nur bei etwa 3 bis 4 % der Betroffenen bleiben die Attacken über einen längeren Zeitraum bestehen. Ausschlaggebend dafür ist der Grad der Verunsicherung, der durch die Panikattacken entsteht, sowie deren Konsequenzen. Besonders von Bedeutung sind dabei Prozesse der Selbstbeobachtung und Versuche, das Auftreten der Panikattacken zu verhindern. Dies sollte durch Beispiele illustriert werden.

Beispiel: „Wenn wir nach einem belastenden und sehr ängstigenden Ereignis keine für uns beruhigende Erklärung haben, dann beobachten wir uns zunehmend selbst und machen uns Sorgen darüber, was die Ursache für diese Anfälle sein könnte. Die Verunsicherung wird oft noch dadurch stärker, dass medizinische Untersuchungen keine Befunde liefern – obwohl man ja diese Anfälle erlebt. Aufgrund der Verunsicherung und der Selbstbeobachtung steigt die Wahrscheinlichkeit, erneut Reize zu entdecken, die dann wieder als bedrohlich wahrgenommen werden und einen erneuten Anfall auslösen."

„Häufig versuchen Betroffene unangenehme Körperempfindungen zu vermindern (sie trinken keinen Kaffee mehr, reduzieren ihre sportlichen Aktivitäten etc.). Dies führt auf lange Sicht jedoch dazu, dass man Körperveränderungen umso häufiger wahrnimmt. Man wird immer sensibler und bemerkt plötzlich Veränderungen, die man vorher nie bemerkt hätte. Damit steigt wieder die Wahrscheinlichkeit, solche Empfindungen als bedrohlich zu bewerten und erneut Anfälle zu bekommen."

Daran anschließend wird die Entwicklung der Agoraphobie besprochen. In Abhängigkeit von den jeweiligen Erlebnissen des Patienten wird die Agoraphobie als Angst vor Panikattacken in Situationen, in denen man bereits Panikattacken erlebt hat, geschildert, oder durch das Angsterleben in Situationen. In beiden Fällen wird betont, dass der Versuch, die Angst oder Panik zu vermeiden, indem man die Situationen nicht aufsucht, Kernmerkmal der Agoraphobie ist.

Der Therapeut sollte bereits an dieser Stelle hervorheben, dass die Angst durch Vermeidung aufrechterhalten wird.

Informationsblatt 2: Für weiterführende Informationen sollte auf das Informationsblatt 2 verwiesen werden. Hier sind Informationen zu Panikattacken, Panikstörung und Agoraphobie aufgeführt. Außerdem enthält es eine Liste typischer Vermeidungsverhaltensweisen, auf die im Nachfolgenden Bezug genommen wird.

Schritt 7: Zusammenfassung und Hausaufgabenvergabe

Zum Abschluss der Sitzung sollte die Bedeutung des Vermeidungsverhaltens noch einmal getrennt für Panikstörung und Agoraphobie zusammengefasst werden.

Merke:
Es wird wiederholt, dass alle Versuche, die Anfälle zu verhindern oder zu reduzieren, eine wichtige Rolle für die Aufrechterhaltung haben. Neben der Vermeidung von Situationen sollte hier auch noch einmal das subtile Vermeidungsverhalten, wie Vermeidung körperlicher Anstrengung, Mitnahme von Sicherheitssignalen etc. betont werden. Die Liste im Informationsblatt 2 wird bearbeitet und es wird erfragt, welche Vermeidungsverhaltensweisen der Liste der Patient von sich kennt.

Hausaufgabenvergabe: Die Hausaufgaben in Sitzung 1 sind
- Wiederholung des Teufelskreises anhand eines aktuellen Beispiels.
- Anfertigung einer Lebenslinie.
- Führen eines Angst- und Aktivitätentagebuchs.

Teufelskreis wiederholen: Der Therapeut verweist darauf, dass der Teufelskreis eine wichtige Grundlage für das Verständnis der Problematik ist. Daher sollte überprüft werden, ob er für den Patienten plausibel und zutreffend ist. Die Aufgabe umfasst das einmalige Ausfüllen des Arbeitsblattes 1b anhand eines aktuellen Beispiels eines Angstanfalls.

Anfertigen einer Lebenslinie: Der Patient wird gebeten, den Verlauf seines Lebens in das entsprechende Hausaufgabenblatt einzuzeichnen und für ihn wichtige Ereignisse kurz zu benennen. Insbesondere die Ereignisse ab ca. zwei bis einem Jahr vor Auftreten der ersten Angsterlebnisse sollten beschrieben werden. Der Therapeut kann darauf verweisen, dass es darum geht, die Entwicklung der Ängste beim Patienten besser zu verstehen.

Angst- und Aktivitätentagebuch: Das Tagebuch sollte mit dem Patienten gemeinsam für einen Tag durchgegangen werden, damit deutlich wird, welche Eintragungen vom Patienten verlangt sind. Der Patient wird gebeten, das Tagebuch für drei Tage hintereinander zu führen. Alle Eintragungen sollten möglichst zeitnah vorgenommen werden. Der Therapeut sollte darauf verweisen, dass das Tagebuch in der nächsten Sitzung benötigt wird, um einen genauen Überblick über den aktuellen Ablauf der Angst des Patienten zu bekommen.

Informationsblatt 1: Was ist Angst?

Angst ist eine normale emotionale Reaktionsweise, die von jedem Menschen erlebt wird und die sogar überlebensnotwendig ist. Angst tritt normalerweise in Situationen auf, die in irgendeiner Weise bedrohlich für uns sein könnten, wobei die Bedrohung körperlicher Natur (Krankheit, Unfälle, Tod) oder sozialer Natur (Zurückweisung, Peinlichkeit) sein kann. Angst dient dazu, uns auf diese Herausforderungen vorzubereiten und vor Gefahren zu bewahren. Daher ist Angst nicht an und für sich schlecht; sie kann sogar sehr hilfreich sein. So zeigten jahrelange Forschungen, dass ein mittleres Ausmaß an Angst die Leistungsfähigkeit (z. B. in Prüfungen) fördert.

Angst hat also eine *Warnfunktion* vor möglicherweise gefährlichen Situationen, sie hilft uns aber auch, bei tatsächlichen Bedrohungen schnell reagieren zu können, indem wir entweder fliehen oder uns der Gefahr stellen *(Kampf-/Fluchtreaktion)*.

Angst besteht immer aus **drei Komponenten**:

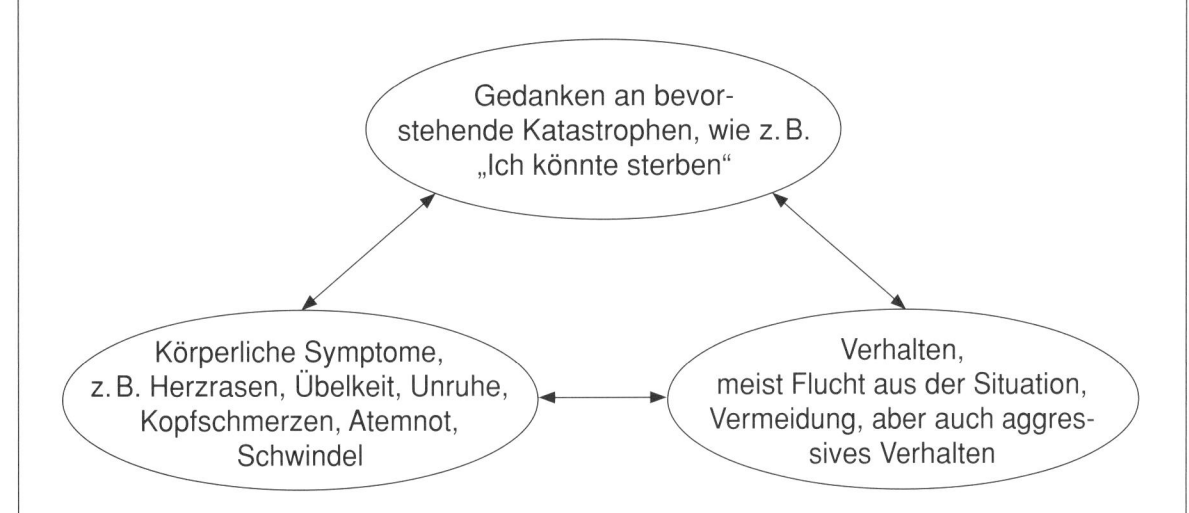

- Gedanken an bevorstehende Katastrophen, wie z. B. „Ich könnte sterben"
- Körperliche Symptome, z. B. Herzrasen, Übelkeit, Unruhe, Kopfschmerzen, Atemnot, Schwindel
- Verhalten, meist Flucht aus der Situation, Vermeidung, aber auch aggressives Verhalten

Unter Angst kommt es zu **körperlichen Veränderungen**, die dazu dienen, schnell Energie bereitzustellen und so aus der Gefahrensituation zu entkommen. Es kommt zu einer vermehrten Ausschüttung von Adrenalin und damit verbunden zu

- Beschleunigung des Herzschlags und Erhöhung des Blutdrucks.
  Damit wird eine bessere Versorgung der Muskeln mit Sauerstoff erreicht, die für Kampf- oder Fluchthandlungen erforderlich ist. Damit verbunden ist auch ein verstärkter Blutfluss in den Extremitäten (Arme und Beine); andere Bereiche werden weniger stark durchblutet.
- Erhöhung der Atemfrequenz.
  Es wird eine bessere Sauerstoffversorgung erreicht.
- Schwitzen.
  Der Schweiß soll den Körper abkühlen und vor Überhitzung bewahren.
- Hemmung aller nicht benötigten Körpersysteme, wie z. B. der Verdauung.
  Alle verfügbare Energie wird auf die Aktivierung des Körpers gelenkt.
- Aufmerksamkeitseinengung.
  Auch Konzentration und Aufmerksamkeit werden auf die Beobachtung der möglichen Gefahrenquelle fokussiert.

Alle diese körperlichen Veränderungen gehen zurück, sobald keine Gefahr mehr wahrgenommen wird.

Informationsblatt 2: Panikattacken, Panikstörung und Agoraphobie

1. Panikattacken

Unter einer Panikattacke (auch Angstanfall) versteht man ein plötzliches und zeitlich umgrenztes Auftreten von Angst und körperlichen Symptomen.

Kennzeichen der Panikattacke sind:
- plötzlich auftretende heftige Angst,
- körperliche Symptome, wie Herzrasen, Übelkeit, Schwindel, Zittern, Schwitzen, Unwirklichkeitsgefühle,
- schneller Anstieg der Symptome bis zu ihrem Höhepunkt (innerhalb von etwa 10 Minuten) mit anschließendem Rückgang der Symptome.

Die Abläufe bei einer Panikattacke stellen eine natürliche Reaktion des Körpers auf eine wahrgenommene Bedrohung dar – entsprechend wird viel Energie bereit gestellt, um sich der Bedrohung entweder stellen oder flüchten zu können (Kampf-/Fluchtreaktion). Bei Panikattacken wird dieses System jedoch in einer eigentlich ungefährlichen Situation aktiviert – dadurch erscheint ihr Auftreten unerwartet und unerklärlich. Panikattacken treten sehr häufig auf! Etwa jeder Dritte erlebt irgendwann im Verlauf seines Lebens zumindest einmal eine Panikattacke.

Es gibt **drei Arten von Panikattacken**:
- *Situationsungebundene Panikattacken:* Darunter versteht man Panikattacken, die plötzlich, wie aus heiterem Himmel auftreten, ohne dass ein externer Auslöser dafür erkennbar ist.
- *Situationsgebundene Panikattacken:* Wenn Panikattacken immer in der gleichen Situation (z. B. immer im Supermarkt) auftreten, spricht man von situationsgebundenen Panikattacken.
- *Situationsbegünstigte Panikattacken:* Darunter versteht man Panikattacken, die mit erhöhter Wahrscheinlichkeit in bestimmten Situationen auftreten.

Es gibt verschiedene **Ursachen für das Auftreten von Panikattacken**:
1. *Biologische Faktoren.* Obwohl Panikattacken nicht durch körperliche Erkrankungen ausgelöst werden, gibt es Erkrankungen, wie z. B. Schilddrüsenüberfunktion, die panikähnliche Symptome verursachen. Daher ist eine sorgfältige medizinische Abklärung möglicher körperlicher Ursachen der Panikattacken vor der therapeutischen Behandlung nötig. Panikattacken werden auch nicht vererbt. Es gibt jedoch Hinweise, dass die Anfälligkeit, unter bestimmten Bedingungen mit Panikattacken zu reagieren, vererbt wird (Vulnerabilität).
2. *Psychologische Faktoren.* Menschen mit Panikattacken tendieren dazu, über körperliche Symptome beunruhigt zu sein. Sie glauben häufig, dass bestimmte Körpersymptome gefährlich sind (z. B. Herzrasen könnte auf eine Herzkrankheit hinweisen). Die Ursache dieser Beunruhigung über Körpersymptome ist noch nicht völlig geklärt – jedoch gibt es Hinweise darauf, dass die Erfahrung mit Angst oder körperlichem Wohlbefinden wichtige Einflussfaktoren sind (z. B. Überbehütung im Elternhaus oder plötzlicher Verlust von Familienmitgliedern durch Erkrankungen).
3. *Belastungen und Stress.* Es hat sich gezeigt, dass Panikattacken vor allem in drei Situationen auftreten:
    - Bei akutem Stress (z. B. Fahren auf der Autobahn, Halten eines Vortrags, Streit, etc.).
    - Bei Nachlassen akuten Stresses (z. B. beim Einschlafen, beim Spazierengehen, etc.).
    - Beim Auftreten anderer starker Gefühle, die vom Körper fehlinterpretiert werden (z. B. Ärger, Übelkeit).

Informationsblatt 2 (Fortsetzung, Seite 2)

2. Panikstörung

Von einer **Panikstörung** spricht man, wenn eine Person
- wiederholt Panikattacken erlebt hat und
- sich nach dem Auftreten einer Attacke für mindestens einen Monat
  - Sorgen über ein mögliches Wiederauftreten von Attacken gemacht hat,
  - Sorgen über die Konsequenzen der Attacke gemacht hat oder
  - aufgrund der Panikattacken deutliche Veränderungen in ihrem Leben vorgenommen hat.

Panikattacken sind dabei ein wichtiges Kennzeichen der Panikstörung, treten jedoch nicht nur im Rahmen von Panikstörungen auf. Auch bei vielen anderen psychischen Erkrankungen können Panikattacken auftreten – dann jedoch meist situationsgebunden. Bei der Panikstörung müssen zumindest die ersten Anfälle plötzlich und unerwartet gewesen sein.

Nicht jeder, der einmal in seinem Leben eine Panikattacke erlebt hat, entwickelt auch eine Panikstörung. Die Panikstörung ist trotzdem eine häufige Störung – etwa 5 % der Bevölkerung leiden zu irgendeinem Zeitpunkt ihres Lebens an einer Panikstörung.

Für die **Ausbildung einer Panikstörung** sind vor allem folgende Faktoren wichtig:
1. Das Auftreten der Panikattacken oder die damit verbundenen Körpersymptome werden als bedrohlich erlebt – z. B. als Hinweis auf einen bevorstehenden Herzinfarkt.
2. Entsprechend wird versucht, Situationen oder Körperempfindungen, die mit den Panikattacken in Verbindung gebracht werden, zu vermeiden.

3. Agoraphobie

Agoraphobie, oder auch **Platzangst**, bezeichnet das Vermeiden von Situationen, in denen eine Flucht schwierig oder im Falle einer Panikattacke oder auftretender körperlicher Symptome Hilfe nicht verfügbar ist. Der Name stammt von dem griechischen Wort *agora* (Marktplatz, Versammlungsplatz) ab. Dabei sind die Ängste jedoch nicht auf öffentliche Plätze beschränkt, sondern treten in einer Vielzahl verschiedener Situationen auf, z. B.

- Auto fahren
- Zug, Bus oder Straßenbahn fahren
- Fliegen
- Schlange stehen
- Menschenmengen
- Geschäfte
- Restaurants
- Theater oder Kino
- Friseurbesuche/Zahnarztbesuche
- in fremder Umgebung
- große, offene Plätze
- enge, geschlossene Räume
- Schiffe
- zu Hause allein sein
- weit weg von zu Hause sein
- Fahrstühle

In den meisten Fällen entwickelt sich die Agoraphobie, nachdem eine oder mehrere Panikattacken aufgetreten sind. Diese Störung wird dann als **Panikstörung mit Agoraphobie** bezeichnet. Die Betroffenen versuchen, durch das Vermeiden von Situationen, in denen sie Angst und Panik erlebt haben, ein Wiederauftreten der Symptome zu verhindern. Oftmals

Informationsblatt 2 (Fortsetzung, Seite 3)

wird auch versucht, mithilfe von Ablenkung oder durch Sicherheitssignale angstauslösende Situationen durchzustehen.

Gelegentlich tritt eine Agoraphobie auch ohne Panikattacken auf, wobei man in diesem Fall von **Agoraphobie ohne Panikattacken in der Vorgeschichte** spricht. Gewöhnlich erleben Personen mit Agorapobie ohne Panikattacken in der Vorgeschichte Symptome wie Durchfall oder Übelkeit, aber nie eine voll ausgeprägte Panikattacke.

4. Die Rolle des Vermeidungsverhaltens

Sowohl Panikstörung als auch Agoraphobie sind durch sogenanntes Vermeidungsverhalten gekennzeichnet. Dieses Vermeidungsverhalten hilft zunächst, Panikattacken zu vermeiden oder Angst und Panik durchzustehen; langfristig hilft es jedoch nicht, die Angst wirklich zu bewältigen. Neben der Vermeidung von Situationen, die bereits unter dem Abschnitt „Agoraphobie" beschrieben wurde, gibt es noch drei andere, sehr häufig auftretende Formen des Vermeidungsverhaltens: Vermeidung bestimmter Aktivitäten, Ablenkung sowie Sicherheitssignale.

Vermeidung von Aktivitäten: Viele Betroffene meiden neben bestimmten Situationen auch Aktivitäten, von denen sie annehmen, dass sie Panikattacken begünstigen. Dazu zählen z. B.
- Kaffee oder alkoholhaltige Getränke trinken,
- Sport oder körperliche Anstrengung,
- wütend werden,
- sexuelle Aktivitäten,
- Horrorfilme, medizinische Dokumentationen oder traurige Filme anschauen,
- im Freien bei sehr heißen oder kalten Temperaturen sein,
- weit weg von medizinischer Versorgung sein.

Ablenkung: Viele Personen versuchen, angstauslösende Situationen durchzustehen, indem sie sich ablenken. Die Möglichkeiten, sich abzulenken, sind dabei unbegrenzt. Die folgende Liste beinhaltet nur einige davon. Solche Ablenkungen helfen Personen, Panikattacken zu überstehen. Sie werden jedoch zu einer „Krücke", d. h. einige Menschen können ohne sie nicht mehr aus dem Haus gehen. Auf lange Sicht sind diese Ablenkungen also nicht hilfreich. Häufige Ablenkungsstrategien sind unter anderem:
- laute Musik hören,
- sich kneifen,
- kalte nasse Handtücher aufs Gesicht legen,
- den Partner oder einen Freund bitten, über irgendetwas zu sprechen,
- beschäftigt bleiben,
- den Fernseher beim Zubettgehen laufen lassen,
- sich vorstellen, man wäre woanders,
- zählen oder Wortspiele spielen.

Sicherheitssignale: Sicherheitssignale sind Objekte, denen Personen hilfreiche Eigenschaften zuschreiben oder die sie sich besser oder sicherer fühlen lassen, wie beispielsweise eine leere Pillendose. Auch wenn die Dose nichts enthält, das im Falle einer Panikattacke wirklich

Informationsblatt 2 (Fortsetzung, Seite 4)

helfen könnte, fühlt sich die Person besser mit der Dose. Wie auch Ablenkung, sind diese Objekte auf lange Sicht keine wirkliche Hilfe. Typische Sicherheitssignale sind:
- etwas zu essen oder trinken dabei haben,
- Notfalltropfen oder Beruhigungstabletten,
- Begleitung,
- Taschentücher,
- Mobiltelefon,
- Notfallnummern,
- Talismane.

Häufig werden Medikamente nicht nur als Sicherheitssignal mitgenommen, sondern auch eingenommen, wenn Angst auftritt. Einige dieser Medikamente sind jedoch gefährlich, da sie nur kurzfristig wirksam sind und auf Dauer abhängig machen bzw. eine immer größere Dosis benötigt wird, um dieselbe Wirkung zu erzielen.

Arbeitsblatt 1a: Teufelskreis der Angst

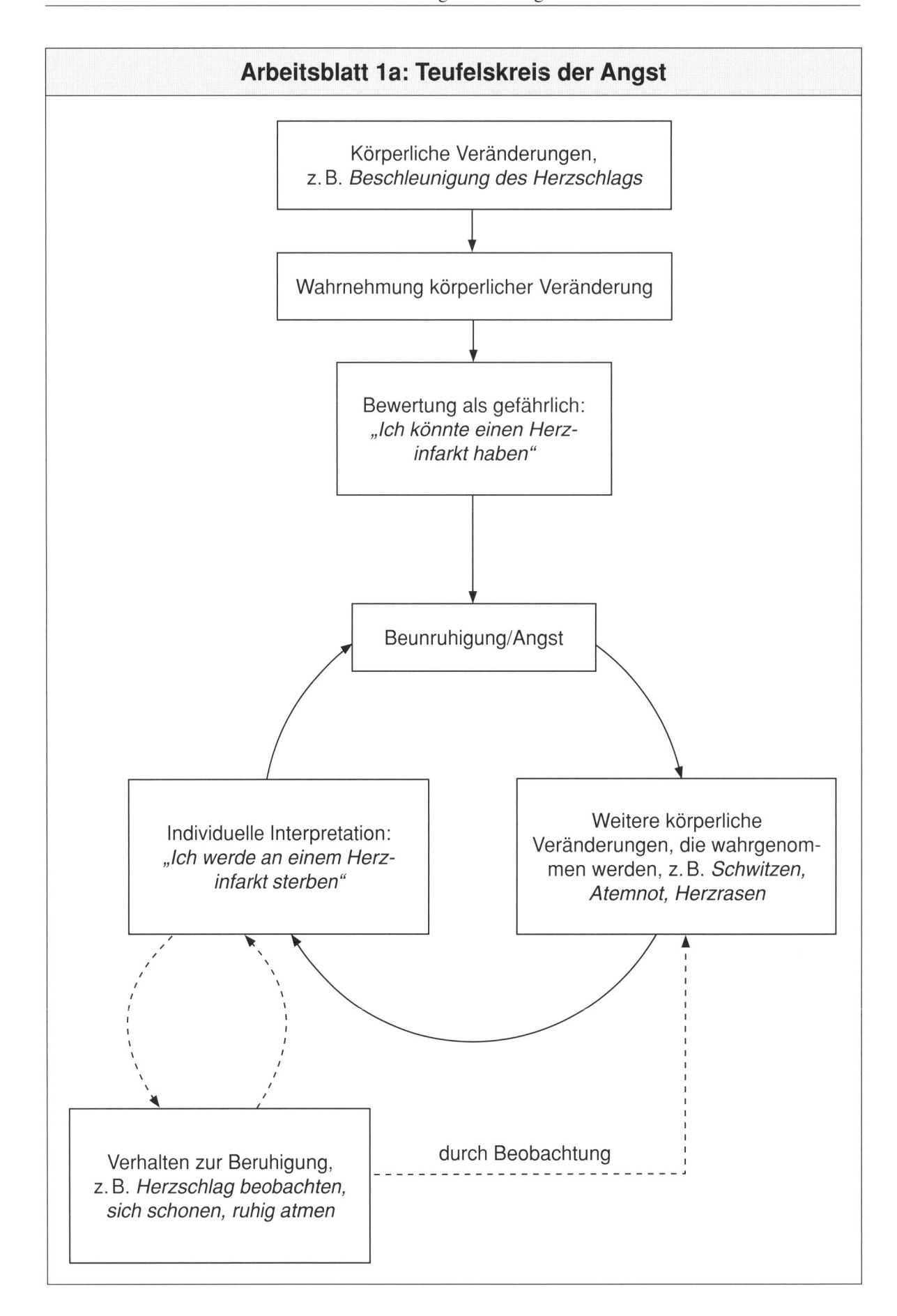

```
Körperliche Veränderungen,
z. B. Beschleunigung des Herzschlags
              │
              ▼
Wahrnehmung körperlicher Veränderung
              │
              ▼
Bewertung als gefährlich:
„Ich könnte einen Herzinfarkt haben"
              │
              ▼
     Beunruhigung/Angst
        ↗         ↘
Individuelle           Weitere körperliche
Interpretation:        Veränderungen, die wahrgenom-
„Ich werde an einem    men werden, z. B. Schwitzen,
Herzinfarkt sterben"   Atemnot, Herzrasen
        ↕                      ↑
Verhalten zur Beruhigung,      │
z. B. Herzschlag beobachten,  durch Beobachtung
sich schonen, ruhig atmen ─────┘
```

Aus Lang et al.: Expositionsbasierte Therapie der Panikstörung mit Agoraphobie © 2012 Hogrefe, Göttingen

Arbeitsblatt 1b: Individualisierter Teufelskreis der Angst

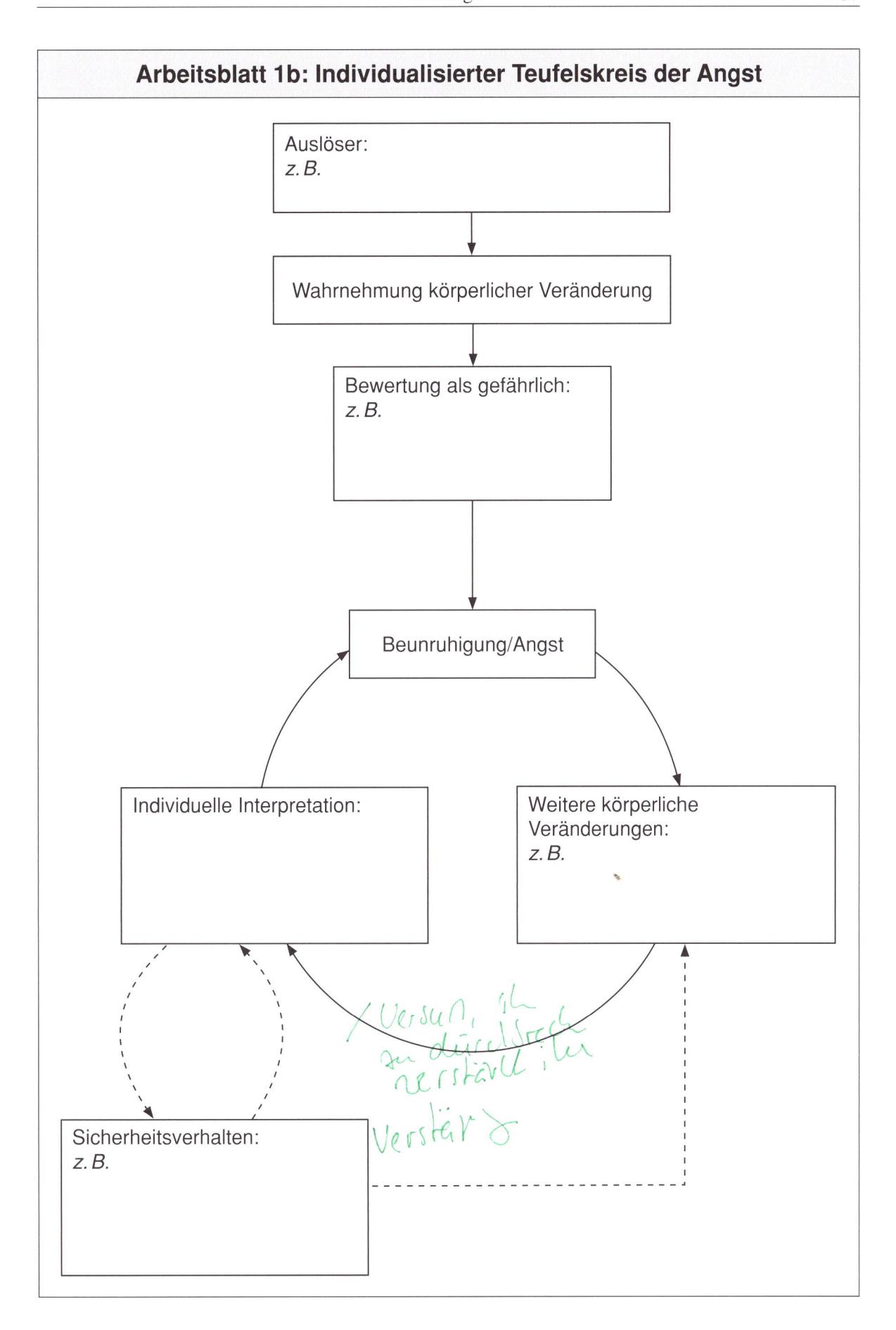

- Auslöser: z. B.
- Wahrnehmung körperlicher Veränderung
- Bewertung als gefährlich: z. B.
- Beunruhigung/Angst
- Weitere körperliche Veränderungen: z. B.
- Individuelle Interpretation:
- Sicherheitsverhalten: z. B.

Handschriftliche Notiz (grün): "Versuch, ihn zu durchbrechen verstärkt ... verstärk..."

Aus Lang et al.: Expositionsbasierte Therapie der Panikstörung mit Agoraphobie © 2012 Hogrefe, Göttingen

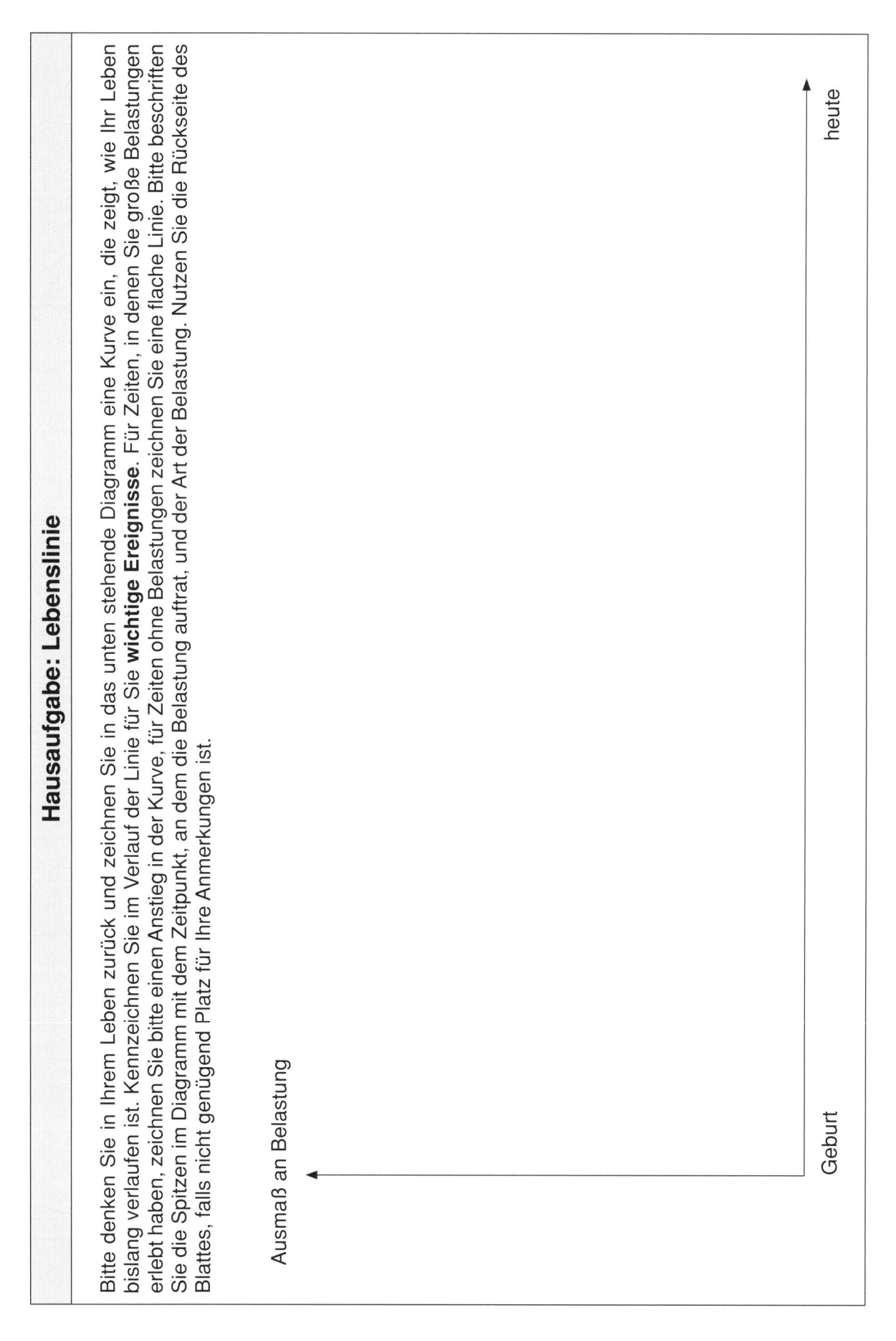

Hausaufgabe: Lebenslinie

Bitte denken Sie in Ihrem Leben zurück und zeichnen Sie in das unten stehende Diagramm eine Kurve ein, die zeigt, wie Ihr Leben bislang verlaufen ist. Kennzeichnen Sie im Verlauf der Linie für Sie **wichtige Ereignisse**. Für Zeiten, in denen Sie große Belastungen erlebt haben, zeichnen Sie bitte einen Anstieg in der Kurve, für Zeiten ohne Belastungen zeichnen Sie eine flache Linie. Bitte beschriften Sie die Spitzen im Diagramm mit dem Zeitpunkt, an dem die Belastung auftrat, und der Art der Belastung. Nutzen Sie die Rückseite des Blattes, falls nicht genügend Platz für Ihre Anmerkungen ist.

Ausmaß an Belastung

Geburt — heute

Hausaufgabe: Angst- und Aktivitätentagebuch – Teil 1

Bitte füllen Sie bis zur nächsten Sitzung jeden Tag die folgenden Protokolle aus. Ein ausgefülltes Beispiel finden Sie auf dieser Seite:

Datum: 13.06.07

Aktivitäten

Bitte tragen Sie jede Aktivität, für die Sie Ihre Wohnung oder Ihr Haus verlassen haben, **gleich** nach Ihrer Rückkehr ein. Wenn nötig, machen Sie zusätzliche Notizen auf der Rückseite.

		1.	2.	3.	4.
Zeit	fortgegangen	7:30 Uhr	17:30 Uhr		
	zurückgekommen	16:00 Uhr	19:00 Uhr		
Begleitung	Vertrauensperson		X		
	andere Person				
	allein	X			
Aktivität	Arbeit/Ausbildung	X			
	Einkauf/Besorgung		X		
	Freunde/Verwandte				
	Freizeit				
	Transport	X	X		
	anderes				
Angst	geringste (0–10)	2	6		
	höchste (0–10)	8	10		
Angstanfall	keiner	X			
	erwartet		X		
	unerwartet				

Angstanfälle

Wie viele Angstanfälle haben Sie heute erlebt? __2__
Falls Angstanfälle aufgetreten sind, bitte beschreiben Sie diese mithilfe der unten stehenden Tabelle.

Symptome

1 Kurzatmigkeit, Atemnot
2 Angst zu sterben
3 Herzklopfen, -rasen oder -stolpern
4 Schwitzen
5 Erstickungs- oder Würgegefühle
6 Schwindel, Benommenheit, Schwächegefühl
7 Angst, verrückt zu werden
8 Schmerzen oder Beklemmung in der Brust

9 Zittern oder Beben
10 Kribbelgefühle oder Taubheit
11 Hitzewallungen oder Kälteschauer
12 Übelkeit, Magen-Darm-Beschwerden
13 Gefühle der Unwirklichkeit
14 Angst, die Kontrolle zu verlieren
15 Angst, ohnmächtig zu werden
16 andere Symptome

Situation	1. Anfall	2. Anfall	3. Anfall
Beginn/Ende	6–6.30 Uhr	18–18.15 Uhr	
Wo gewesen?	Zu Hause im Bett	Vorm Einkaufscenter	
Was getan?	Während aufwachen		
Wer dabei?	Allein	Ehemann	
Symptome			
Erste Anzeichen	Sofort alle Symptome	3, 15	
Körpersymptome	1, 2, 3, 4, 8, 9	1, 2, 3, 4, 5, 9,	
Gedanken	Kriege Herzinfarkt Muss Notarzt rufen	Falle gleich um Peinlich vor all den Leuten	
Angstausmaß (0–10)	10	10	

Durchschnittliche Angst (0–10): __6__

Erwartungsangst (Angst vor möglichen Panikattacken; 0–10): __10__

Hausaufgabe: Angst- und Aktivitätentagebuch – Teil 2

Bitte füllen Sie bis zur nächsten Sitzung jeden Tag die folgenden Protokolle aus. Ein ausgefülltes Beispiel finden Sie auf dieser Seite:

Datum: _____

Aktivitäten

Bitte tragen Sie jede Aktivität, für die Sie Ihre Wohnung oder Ihr Haus verlassen haben, **gleich** nach Ihrer Rückkehr ein. Wenn nötig, machen Sie zusätzliche Notizen auf der Rückseite.

		1.	2.	3.	4.
Zeit	fortgegangen				
	zurückgekommen				
Begleitung	Vertrauensperson				
	andere Person				
	allein				
Aktivität	Arbeit/Ausbildung				
	Einkauf/Besorgung				
	Freunde/Verwandte				
	Freizeit				
	Transport				
	anderes				
Angst	geringste (0–10)				
	höchste (0–10)				
Angstanfall	keiner				
	erwartet				
	unerwartet				

Angstanfälle

Wie viele Angstanfälle haben Sie heute erlebt? _____
Falls Angstanfälle aufgetreten sind, bitte beschreiben Sie diese mithilfe der unten stehenden Tabelle.

Symptome

1 Kurzatmigkeit, Atemnot
2 Angst zu sterben
3 Herzklopfen, -rasen oder -stolpern
4 Schwitzen
5 Erstickungs- oder Würgegefühle
6 Schwindel, Benommenheit, Schwächegefühl
7 Angst, verrückt zu werden
8 Schmerzen oder Beklemmung in der Brust
9 Zittern oder Beben
10 Kribbelgefühle oder Taubheit
11 Hitzewallungen oder Kälteschauer
12 Übelkeit, Magen-Darm-Beschwerden
13 Gefühle der Unwirklichkeit
14 Angst, die Kontrolle zu verlieren
15 Angst, ohnmächtig zu werden
16 andere Symptome

Situation	1. Anfall	2. Anfall	3. Anfall
Beginn/Ende			
Wo gewesen?			
Was getan?			
Wer dabei?			
Symptome			
Erste Anzeichen			
Körpersymptome			
Gedanken			
Angstausmaß (0–10)			

Durchschnittliche Angst (0–10): _____
Erwartungsangst (Angst vor möglichen Panikattacken; 0–10): _____

Sitzung 2

Ziele der Sitzung:
• Individualisierung des Entstehungsmodells • Erfassung diagnostisch relevanter Informationen
Inhalte:
• Wiederholung Sitzung 1 • Erarbeitung eines individuellen Entstehungsmodells • Verhaltensanalyse anhand eines aktuellen Panikanfalls • Sammlung weiterer Angstsituationen und Angstsymptome
Materialien (vgl. CD-ROM):
• Arbeitsblatt 2: Bedeutung der Anspannung • Arbeitsblatt 3: Verhaltensanalyse – Verhalten in Situationen • Arbeitsblatt 4: Weitere Angstsituationen und Angstsymptome • Hausaufgabe: Verhalten in Situationen (vgl. Arbeitsblatt 3) • Hausaufgabe: Wissen über Angst und Panik I (Quiz)

Schritt 1: Tagesordnung und Wiederholung der ersten Sitzung

Wie in jeder Sitzung wird auch zu Beginn von Sitzung 2 die Tagesordnung besprochen. Diese beinhaltet für Sitzung 2 (a) die Wiederholung der Inhalte der ersten Sitzung, (b) die Besprechung der Hausaufgaben, (c) die Erarbeitung eines individuellen Modells der Entstehung der Panikstörung sowie (d) die Erfassung aktueller Symptome.

Im Anschluss daran lässt der Therapeut den Patienten zusammenfassen, was er aus der letzten Sitzung und der Lektüre der Informationsblätter behalten hat. Gegebenenfalls werden die Informationen durch den Therapeuten korrigiert oder ergänzt. Offen Fragen des Patienten sollten hier noch einmal thematisiert werden. Wesentliche Botschaften sind dabei:
- Angst und Panikanfälle sind normale ungefährliche Schutzmechanismen des Körpers.
- Unter bestimmten Bedingungen können diese beeinträchtigend werden.
- Ein wichtiger Grund für die Entwicklung pathologischer Angst ist der Einsatz von Sicherheits- oder Vermeidungsverhalten.

Schritt 2: Besprechung der Hausaufgaben

Es wird zunächst der Teufelskreis für einen aktuellen Panikanfall besprochen. Missverständnisse oder falsche Zuordnungen des Patienten sollten sofort korrigiert werden. Besonders Sicherheits- und Vermeidungsverhaltensweisen sollten richtig eingeordnet werden. An dieser Stelle kann auch noch einmal erarbeitet werden, dass der Einstieg in den Teufelskreis an verschiedenen Stellen (Gedanken, Symptome) möglich ist.

> **Merke:**
> Wurden Hausaufgaben durch den Patienten nicht erledigt, sollte unbedingt nach den Gründen dafür gefragt werden. Der Therapeut sollte noch einmal darauf hinweisen, dass die Erledigung der Hausaufgaben eine wichtige Voraussetzung des Therapieerfolgs darstellt. Die Hausaufgabe sollte dann in der Stunde bearbeitet werden.

Wenn die Abläufe im Teufelskreis noch einmal komplett besprochen wurden, kann zur Besprechung der Lebenslinie übergegangen werden. Die

Lebenslinie sollte einmal komplett besprochen werden, mit einem besonderen Augenmerk auf Anstiege oder Reduktionen der angegebenen Belastung. Der Therapeut sollte sich die dahinter stehenden Belastungsfaktoren schildern lassen. Faktoren, die in der Entstehung der Panikstörung eine Rolle gespielt haben könnten (z. B. Auftreten und Umgang mit Krankheiten in der Familie, kranke Familienmitglieder, Tendenz, Körpersymptome als bedrohlich zu erleben, Vernachlässigung etc.) sollte der Therapeut sich schon einmal merken.

Falls der Patient dies noch nicht getan hat, sollte er jetzt auch den ersten Angstanfall in der Lebenslinie einzeichnen. Die Lebensumstände ab ca. einem Jahr vor Beginn des ersten Angstanfalls werden dann noch einmal detailliert erfragt. Der Therapeut achtet dabei auf Belastungsfaktoren, die über eine längere Zeit vorgelegen haben, z. B. Probleme mit der Arbeit, mit der Familie, Pflege von Familienangehörigen, Hausbau etc.

Schritt 3: Ableitung eines individuellen Entstehungsmodells des ersten Panikanfalls

Nach der Erfassung der Lebenslinie wiederholt der Therapeut die Entstehungsbedingungen der Angst. Dabei ergänzt er die eben vom Patienten erhaltenen Informationen über individuelle Risiko- und Belastungsfaktoren an der entsprechenden Stelle. Der Patient wird dabei nach weiteren Faktoren gefragt.

Arbeitsblatt 2: Das Arbeitsblatt „Bedeutung der Anspannung" enthält eine schematische Darstellung des Vulnerabilitäts-Stress-Modells, das an dieser Stelle mit den für den Patienten relevanten Faktoren ergänzt werden soll. Der Therapeut trägt dabei individuelle Risikofaktoren (Auslösebedingungen der Angst) und Belastungen vor der Auslösung der ersten Panikattacke ein.

Beispiel: „In der letzten Sitzung haben wir ja bereits allgemein über Entstehungsbedingungen pathologischer Angst gesprochen. Dabei hatte ich Ihnen erklärt, dass es biologische und psychologische Faktoren gibt, die dabei eine Rolle spielen. Diese haben beispielsweise einen Einfluss auf die Höhe der Symptomschwelle: Bei Ihnen ist dabei beispielsweise... [z. B. Ängstlichkeit als Temperamentsfaktor] relevant. Nehmen wir also an, Ihre Symptomschwelle liegt ungefähr hier [Einzeichnen].

Ich hatte beim letzten Mal auch schon gesagt, dass die Auslösung von Panikattacken häufig mit lang andauernder Belastung zusammenhängt. Sie hatten berichtet, dass vor Ihrer ersten Panikattacke eine Reihe von Belastungen vorlagen, z. B. [Beispiele des Patienten nennen]. Gab es darüber hinaus noch andere Belastungen? [Schildern lassen]

Aufgrund dieser Belastungen hat sich Ihr Grundanspannungsniveau immer weiter aufgebaut [in das Modell einzeichnen] bis schließlich die Symptomschwelle überschritten wurde. Sie haben plötzlich Körperveränderungen bemerkt, die Sie sich nicht erklären konnten. Aufgrund der Belastungen und den psychologischen Faktoren haben Sie die Körpersymptome als gefährlich interpretiert und Angst bekommen. Das ist völlig verständlich vor dem Hintergrund ... [z. B. dass Ihr Vater vor drei Jahren unerwartet an einem Herzinfarkt verstorben ist]. Die Angst hat sich dann bis zur Panikattacke aufgeschaukelt."

> **Merke:**
> Wenn der Patient vor Beginn der ersten Panikattacke keine langfristigen Belastungsfaktoren benennen kann, ist auf Extrembelastungen zu achten, die im Zeitraum vor der ersten Panikattacke aufgetreten sind.

Der Therapeut sollte hier bereits klar zwischen Entstehung und Aufrechterhaltung trennen. Zum Beispiel kann darauf verwiesen werden, dass die gerade beschriebenen Faktoren zunächst für die Auslösung der ersten Panikattacken verantwortlich waren, dies jedoch von den Faktoren, die dazu führen, dass die Angst aufrechterhalten wird, klar getrennt werden muss.

Schritt 4: Problemanalyse

Im nächsten Schritt sehen sich Therapeut und Patient gemeinsam den typischen Ablauf von Angst sowie die aufrechterhaltenden Prozesse an. Der

Therapeut bittet den Patienten dazu, das als Hausaufgabe geführte Paniktagebuch hervor zu holen. Hat der Patient die Aufgabe nicht erledigt, werden die Gründe erfragt und ggfs. noch einmal auf die Bedeutung der Hausaufgabenerledigung verwiesen. Der Patient wird dann gebeten, sich frei an eine kürzlich aufgetretenen typischen Angstanfall oder eine angstbesetzte Situation zu erinnern.

Es wird ein Panikanfall bzw. eine angstbesetzte Situation herausgesucht, an die sich der Patient gut erinnern kann. Der Therapeut lässt sich diese Situation noch einmal detailliert schildern und arbeitet gemeinsam mit dem Patienten vor allem drei Aspekte heraus: Die Auslösebedingungen und die situativen Faktoren, die Befürchtungen in der Situation und die auftretenden Vermeidungsverhaltensweisen. Bei letzteren sollte insbesondere auf kognitive Vermeidungsstrategien, wie Ablenkung oder Selbstberuhigung geachtet werden.

Arbeitsblatt 3: Während der Verhaltensanalyse füllt der Therapeut Arbeitsblatt 3 aus.

> **Merke:**
> Der Therapeut sollte während der Verhaltensanalyse darauf achten, inhaltliche Befürchtungen des Patienten mit ihm zu Ende zu denken. Einige Patienten neigen dazu, außerhalb von Angst ihre Befürchtungen zu relativieren oder zu bagatellisieren. Der Therapeut sollte in solchen Fällen den Patienten bitten, die Gedanken zu schildern, die dem Patienten in der Situation durch den Kopf gingen – unabhängig davon, wie unwahrscheinlich sie der Patient aktuell findet. Wenn der Patient beispielsweise annimmt, er könnte durchdrehen, bittet der Therapeut ihn an dieser Stelle, zu erklären, was genau das bedeutet und wie das ablaufen würde (was führt dazu, dass der Patient durchdreht?). Das Hinterfragen sollte dabei in erster Linie der Informationsgewinnung dienen und nicht der Relativierung der Annahmen des Patienten.

Beispiel: „Haben Sie in Ihrem Tagebuch eine typische Paniksituation protokolliert? Gut, dann lassen Sie uns diese Panikattacke doch einmal genauer betrachten. Erzählen Sie mir doch bitte, in welcher Situation die Panikattacke aufgetreten ist. Was haben Sie gerade getan? Wer war bei Ihnen? Wissen Sie noch, wie Sie sich vorher gefühlt haben? Wie war Ihre Stimmung bis dahin? Haben Sie sich möglicherweise Gedanken über die Situation gemacht? [*Interne und externe Situation* und Auslösebedingungen explorieren]

Wie ging es weiter in der Situation? Was war zuerst da? Körpersymptome oder ängstigende Gedanken? Welche körperlichen Symptome haben Sie wahrgenommen? Was haben Sie gedacht? Wie stark war die Angst? Was haben Sie als erstes gemacht, als die Angst auftrat? [Reaktionsebene erfassen: *Gedanken, Gefühle, Verhalten, Symptome*]

Wie ging es Ihnen nach der Attacke? Was haben Sie getan? Was passierte mit Ihrer Angst?" [*Konsequenzen* erfragen]

Schritt 5: Allgemeine Angstsymptome ableiten

Im nächsten Schritt soll die gerade erarbeitete Verhaltensanalyse erweitert und verallgemeinert werden, um typische Angstauslöser ebenso wie typische Angstsymptome heraus zu arbeiten. Die Verhaltensanalyse (vgl. Arbeitsblatt 3) wird zugrunde gelegt und der Patient gebeten, zu jedem der einzelnen Analysepunkte weitere Beispiele zu nennen, z. B. weitere Situationen, in denen Angstanfälle oder Angst auftreten, weitere Symptome, Befürchtungen und Verhaltensweisen etc.

Arbeitsblatt 4: Die vom Patienten genannten Angstsymptome und Auslöser werden in Arbeitsblatt 4 eingetragen. Dabei versucht der Therapeut, übereinstimmende Situationsmerkmale zu benennen, die mit hoher Wahrscheinlichkeit Angst auslösen (z. B. Anfälle treten immer auf, wenn Patient allein ist, immer in geschlossenen Räumen, etc.). Bei den körperlichen Symptomen sollten vor allem besonders angstauslösende Symptome exploriert werden.

Schritt 6: Wiederholung der Sitzungsinhalte und Hausaufgabenvergabe

Abschließend bittet der Therapeut den Patienten die Sitzungsinhalte zu wiederholen, die besonders wichtig für ihn waren. Dabei sollten ins-

besondere die folgenden Punkte angesprochen werden, die ggfs. vom Therapeuten zu ergänzen sind:
- Individuelle situative Faktoren, die Angst und Panik begünstigen, nennen.
- Konkrete Befürchtungen in Angstsituationen benennen und welche Abläufe zur Katastrophe führen würden.
- Individuelle Vermeidungsstrategien des Patienten nennen.

Zur Wiederholung nutzt der Therapeut den Teufelskreis der Angst (vgl. Arbeitsblatt 1b in Sitzung 1), der dabei um weitere Auslöser, Befürchtungen und Vermeidungsverhaltensweisen ergänzt werden kann.

Hausaufgabenvergabe: Die Hausaufgabe in Sitzung 2 beinhaltet die Wiederholung einer Verhaltensanalyse für eine weitere Situation (vgl. Arbeitsblatt 3) sowie einen Wissenstest.

Verhaltensanalyse: Der Therapeut bittet den Patienten, eine weitere Angst- oder Paniksituation genau so wie in der Sitzung zu untersuchen. Ziel der Hausaufgabe ist es, weitere Informationen zu Abläufen unter Angst zu gewinnen.

Quiz: Der Therapeut bittet den Patienten außerdem, einen kleinen Wissenstest auszufüllen, um das Verständnis der bis dato erarbeiteten Informationen zu überprüfen. Günstig ist eine Formulierung zu wählen, die den Patienten von Leistungsdruck entlastet, z. B.

„Der Test dient dazu, um zu sehen, ob ich Ihnen bislang alles verständlich erklären konnte."

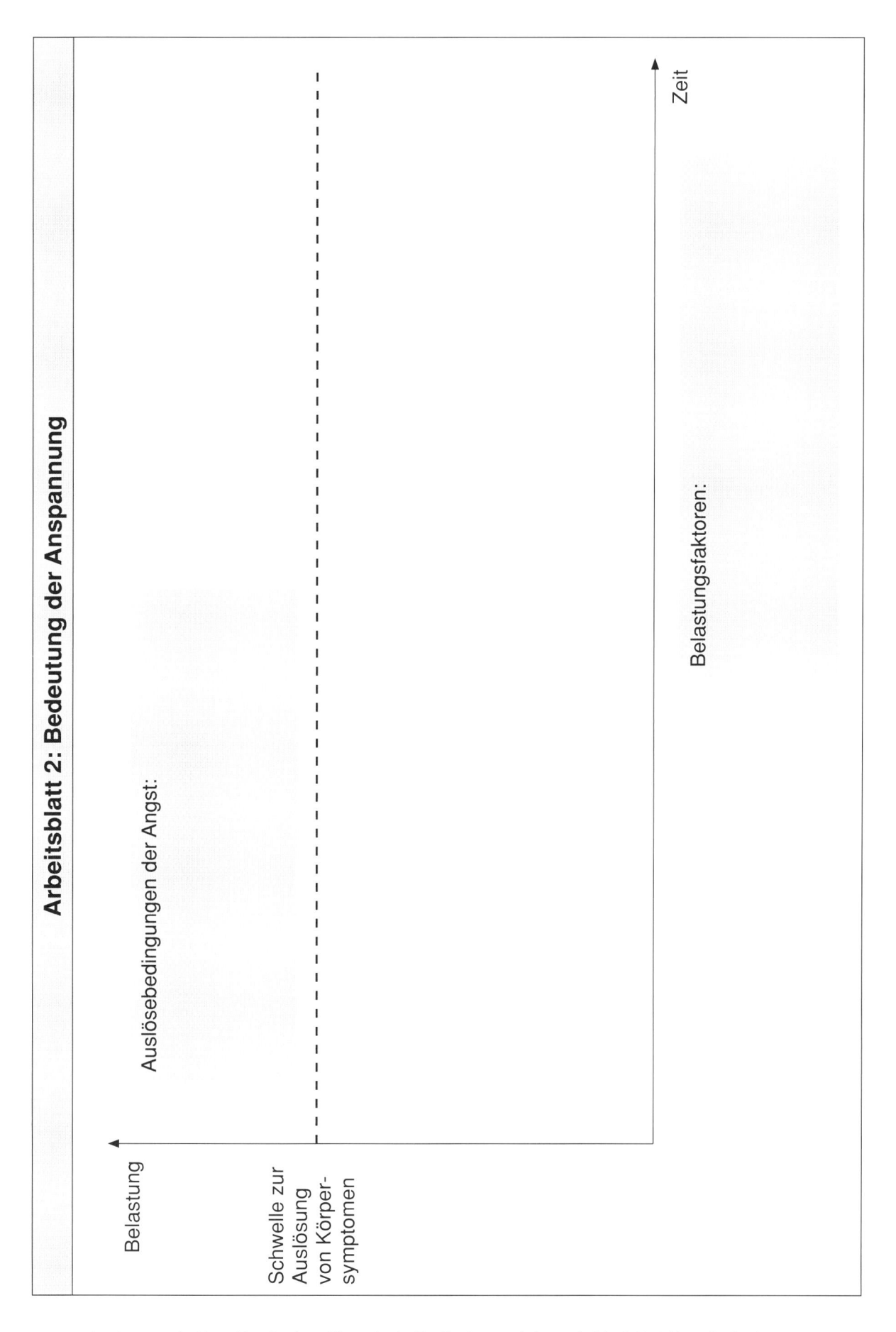

Arbeitsblatt 2: Bedeutung der Anspannung

Belastung

Auslösebedingungen der Angst:

Schwelle zur Auslösung von Körpersymptomen

Belastungsfaktoren:

Zeit

	Arbeitsblatt 3: Verhaltensanalyse – Verhalten in Situationen
Situation extern	Wann ist die Panikattacke genau aufgetreten? Wo waren Sie zu diesem Zeitpunkt? Was haben Sie gemacht/was ist gerade passiert?
Situation intern	Was war zuerst da – ein Körpersymptom, ein beunruhigender Gedanke oder ein Verhalten?
Reaktion	Was ist als Nächstes passiert? Wie haben Sie auf den beunruhigenden Gedanken oder die Körpersymptome reagiert? Sind die Symptome oder die ängstigenden Gedanken schlimmer geworden? Haben Sie etwas getan, wie z. B. Hilfe gesucht, sich ausgeruht, die Situation verlassen?
Konsequenzen	Wie und wann hat die Panikattacke aufgehört? Wie haben Sie sich danach gefühlt? Was haben Sie danach gemacht?

Aus Lang et al.: Expositionsbasierte Therapie der Panikstörung mit Agoraphobie © 2012 Hogrefe, Göttingen

Arbeitsblatt 4: Weitere Angstsituationen und Angstsymptome	
Angstauslösende Situationen	
Körperliche Symptome	
Befürchtungen	
Mit Angst verbundenes Verhalten	

Hausaufgabe: Wissen über Angst und Panik I (Quiz)

Bitte beurteilen Sie die folgenden Aussagen zu Angst und Panik.

		Richtig	Falsch
1.	Wenn man Panikattacken erlebt, hat man eine Panikstörung.	☐	☐
2.	Panikattacken werden häufig durch Stress oder belastende Lebensereignisse ausgelöst.	☐	☐
3.	Panikattacken sind selten.	☐	☐
4.	Agoraphobie bezeichnet die Angst vor offenen Plätzen und Menschenmengen.	☐	☐
5.	Die Symptome, die während einer Panikattacke auftreten, können gefährlich sein.	☐	☐
6.	Sich während angstauslösender Situationen abzulenken, ist eine gute Methode, um mit Panik umzugehen.	☐	☐
7.	Angst ist ein natürlicher Mechanismus unseres Körpers, der uns vor Schaden bewahren soll.	☐	☐
8.	Panikattacken treten nur bei körperlicher oder psychischer Anstrengung auf.	☐	☐
9.	Wer eine Panikstörung hat, sollte sich schonen, um das weitere Auftreten von Panikattacken zu vermeiden.	☐	☐
10.	Sicherheitssignale sind ein wesentlicher Faktor bei der Aufrechterhaltung von Ängsten.	☐	☐

Aus Lang et al.: Expositionsbasierte Therapie der Panikstörung mit Agoraphobie © 2012 Hogrefe, Göttingen

Sitzung 3

Ziele der Sitzung:
• Herausarbeiten der aufrechterhaltenden Mechanismen • Ableitung der Therapieziele
Inhalte:
• Wiederholung Sitzung 2 • Herausarbeitung situativer Einflussfaktoren auf die Angst • Erläuterung der Bedeutung und Wirkung von Gedanken • Erläuterung der Bedeutung von Vermeidungsverhalten • Erstellung eines individuellen Teufelskreismodells • Ableitung der Therapieziele
Materialien (vgl. CD-ROM):
• Informationsblatt 3: Typische Denkweisen unter Angst • Arbeitsblatt 5: Die Rolle ängstigender Gedanken • Arbeitsblatt 6: Die Rolle des Vermeidungsverhaltens • Hausaufgabe: Fragebogen zum Sicherheits- und Vermeidungsverhalten • Hausaufgabe: Wissen über Angst und Panik II (Quiz)

Schritt 1: Tagesordnung und Wiederholung der zweiten Sitzung

Die Tagesordnung in Sitzung drei umfasst die Punkte (a) Wiederholung der bisher besprochenen Informationen, (b) Herausarbeitung aufrechterhaltender Mechanismen der Angst, sowie (c) Ableitung der Ziele für die Therapie.

Im Anschluss an die Tagesordnung kann der Therapeut den Patienten fragen, ob aus den vergangenen Stunden Unklarheiten oder offene Fragen bestehen. Anschließend werden die Antworten des Patienten im Quiz zu Angst und Panik mit dem Patienten gemeinsam besprochen und für die Wiederholung der wichtigsten Inhalte der Psychoedukation genutzt. Insbesondere auf falsch beantwortete Fragen sollte noch einmal vertiefend eingegangen werden. Dabei können folgende Punkte noch einmal wiederholt werden:
- Panikattacken sind zwar das Leitsymptom der Panikstörung; jedoch treten Panikattacken sehr häufig auf. Nicht jeder der Panikattacken erlebt, entwickelt auch eine Panikstörung. Die Kennzeichen der Panikstörung sind neben dem Auftreten von Panikattacken Sorge über die Attacken und deren Bedeutung sowie Verhaltensänderungen. *(Fragen 1 und 3 falsch)*
- Angst- und Panikreaktionen gehören zum Defensivprogramm unseres Körpers, die in gefährlichen Situationen Energie für Flucht oder Kampf zur Verfügung stellen sollen. Entsprechend dienen alle körperlichen Veränderungen dem Überleben und sind nicht gefährlich. *(Frage 5 falsch, Frage 7 richtig)*
- Langanhaltende Stresszustände können dazu führen, dass der Körper mit Symptome reagiert, die missinterpretiert werden und in Panikattacken enden. Solche Panikattacken treten häufig auf, wenn man nach Anstrengung in eine Ruhephase eintritt; in späterem Verlauf auch in Situationen, in denen man schon einmal Panikattacken hatte. *(Frage 2 richtig, Frage 8 falsch)*
- Häufig folgt der Panikstörung die Entwicklung einer Agoraphobie. Dabei werden zunehmend Situationen gemieden, von denen man annimmt, dass hier Panikattacken auftreten könnten. Dazu zählen zwar offene Plätze und Menschenmengen, es können aber auch andere Situationen betroffen sein, z. B. allein zu Hause sein. *(Frage 4 falsch)*

- Sicherheitssignale und Vermeidungsverhalten halten die Angst aufrecht, da sie die Erfahrung verhindern, dass nichts Schlimmes passieren kann. Auch Schonverhalten ist eine Art von Vermeidung. *(Fragen 6 und 9 falsch, Frage 10 richtig)*

> **Merke:**
> Sollte der Patient die Quizfragen nicht beantwortet haben, sollten die Gründe dafür exploriert werden. Die Inhalte sollten dann in der Stunde wiederholt werden.

Schritt 2: Besprechung der Hausaufgaben

Mithilfe der Beobachtungen des Patienten werden die Abläufe in einer Angstsituation wiederholt. Insbesondere situative Faktoren, Befürchtungen und Vermeidungsverhaltensweisen, die bislang noch nicht identifiziert wurden, sollten herausgestellt werden.

> **Merke:**
> Es ist günstig, diese neuen Informationen im individualisierten Teufelskreismodell des Patienten (Arbeitsblatt 1) zu ergänzen, so dass im Verlauf der Therapie ein vollständiges Abbild der Abläufe unter Angst für den Patienten entsteht.

Schritt 3: Identifikation von aufrechterhaltenden Faktoren: Wirkung situativer Faktoren

Nach der Besprechung der Hausaufgabe erläutert der Therapeut, dass es im Folgenden um die entscheidende Frage gehen wird, wieso die Angst nicht von allein wieder verschwindet. Dafür werden drei Prozesse verantwortlich gemacht:
- Verunsicherung über das (scheinbar) unvorhersehbare Auftreten der Angst: Es bleibt häufig für Patienten unverständlich, warum die Angst in einigen Situationen auftritt und in scheinbar ähnlichen Situationen nicht. Das führt dazu, dass man immer weiter verunsichert wird und schließlich einer Vielzahl von Situationen ängstlich gegenübersteht (Herausbildung von Erwartungsangst).
- Ängstigende Gedanken und Vorstellungen.
- Versuche, die Angst zu vermeiden oder zu kontrollieren.

Beispiel: „Es liegt im Wesentlichen an drei Faktoren, dass die Angst nicht wieder von allein weg geht. Ein Faktor ist die allgemeine Verunsicherung aufgrund der auftretenden Symptome. Da Sie nie wissen, wann Ihr Körper mit Angst reagiert und wann nicht, fängt man an, dem eigenen Körper immer weniger zu vertrauen und unsicherer zu werden. Gleiches gilt auch für die Angst in bestimmten Situationen. Dadurch, dass es scheinbar nicht vorhersehbar ist, in welcher Situation Angst auftritt, werden Sie auch in Situationen, in denen bisher keine Angst aufgetreten ist, immer unsicherer – es könnte ja auch da Angst auftreten.

Ein zweiter Grund sind die Gedanken und Vorstellungen, die Sie beim Auftreten von Angst haben. Es ist klar, dass ich – wenn ich denke, ich könnte bei einem solchen Angstanfall sterben – versuche, weitere Angstanfälle zu vermeiden. Auch diese Gedanken tragen zur Erwartungsangst bei, also der Angst, dass wieder Angst auftreten könnte. Die ängstigenden Gedanken haben unmittelbar mit dem dritten und wichtigsten aufrechterhaltenden Faktor zu tun: Dem Versuch, Angst und angstauslösende Situationen zu vermeiden. Allein der Gedanke, in eine angstbesetzte Situation zu gehen, löst schon Angst aus: Häufig überlegt man sich dann, sich diesem Risiko nicht auszusetzen. Man vermeidet die Situation oder versucht, dem Auftreten von Angst entgegen zu wirken. Wir werden uns im Folgenden diese drei Faktoren noch einmal genauer ansehen, um zu verstehen, wie sie bei Ihnen zur Aufrechterhaltung der Angst beitragen."

Der erste Faktor, der näher beleuchtet wird, ist die Wirkung situativer Faktoren. Hier greift der Therapeut noch einmal auf die Hausaufgabe bzw. auf den individualisierten Teufelskreis zurück (Arbeitsblatt 1), um zu erklären, wieso manchmal in einer Situation Angst auftritt und dann wieder nicht. Häufig sind für solche Schwankungen interne Faktoren, wie Müdigkeit, Nervosität, Anspannung, vorausgehende starke Gefühlszustände, wie Ärger oder auch Aufregung sowie Erwartungsangst verantwortlich. An äußeren situativen Faktoren können z. B. Begleitung durch eine vertraute Person oder andere wahrgenommene Sicherheitsfaktoren (Nähe zum Ausgang, Möglichkeit, die Situation jederzeit zu verlassen, etc.) eine Rolle spielen. Der Therapeut erklärt, dass diese situativen Faktoren die Wahrnehmung der Situation und der körperlichen Veränderungen beeinflussen können und so zur Auslösung oder Nicht-Auslösung von Angst beitragen.

Mit dem Patienten werden mithilfe der bereits gesammelten Informationen diejenigen Merkmale von Situationen herausgearbeitet, die bei ihm die Wahrscheinlichkeit für das Auftreten von Angst bzw. eines Angstanfalls erhöhen. Der Patient sollte dabei direkt gefragt werden, ob er weitere Situationsmerkmale kennt, die für ihn angstinduzierend sein könnten.

Merke:
Bei der Erarbeitung situativer Einflussfaktoren ist es wichtig, dem Patienten zu vermitteln, dass es nicht um die Angst vor bestimmten Situationen geht, sondern dass es im Grunde immer die Angst vor den auftretenden Symptomen ist, die zum Problem wird. Es wird herausgearbeitet, warum der Patient in bestimmten Situationen Angst hat. Dies liegt in der Regel daran, dass die Situation Merkmale aufweist, die das Erleben einer Angstreaktion begünstigen oder die wenige Möglichkeiten zur Kontrolle der Angst (z. B. durch Flucht) bieten.

Nachdem mögliche Gemeinsamkeiten von angstauslösenden Situationen mit dem Patienten zusammengetragen wurden, fasst der Therapeut noch einmal zusammen, dass es verschiedene Einflussfaktoren auf das Angsterleben gibt:
- Situationale Faktoren, wie z. B. fehlende Möglichkeiten, auf das Erleben von Angst schnell zu reagieren (z. B. keine Fluchtmöglichkeiten).
- Internale Faktoren, wie z. B. Erwartungsangst vor der Situation, Ausmaß an Anspannung.

Es sollte noch einmal betont werden, dass nicht die Situation per se das Problem darstellt, sondern vielmehr die Angstreaktionen, die der Patient in der Situation antizipiert oder erlebt.

Schritt 4: Identifikation von aufrechterhaltenden Faktoren: Wirkung von Gedanken

Im nächsten Schritt leitet der Therapeut von der Bedeutung situativer Faktoren über zur Rolle von Gedanken und Befürchtungen als zweiten Faktor, der zur Aufrechterhaltung der Angst beiträgt. Anhand des Teufelskreises (Arbeitsblatt 1) erklärt der Therapeut den Zusammenhang zwischen Gedanken und Befürchtungen und der Angst bzw. dem Vermeidungsverhalten.

Beispiel: „Wir hatten bislang besprochen, dass Situationsmerkmale und eigene Empfindungen dazu führen, dass Sie manchmal mit Angst reagieren und manchmal nicht. Das macht die Angst so unvorhersehbar und trägt auch mit dazu bei, dass Sie bereits vor manchen Situationen nervös werden. Ein Grund dafür ist, dass Sie dann fürchten, in der Situation Angst bekommen zu können bzw. es könnte Ihnen in der Situation etwas passieren; z. B. Sie könnten einen Herzinfarkt bekommen. Wenn wir uns das hier für dieses Beispiel ansehen (Arbeitsblatt 1), denken Sie in der Situation, in der Sie bereits ängstlich sind [...], was die Angst weiter verstärkt und letztlich dazu führt, dass Sie versuchen, das Eintreten der Befürchtung zu verhindern. Das heißt, Ihre Gedanken und Befürchtungen unter Angst haben einen wesentlichen Einfluss auf das weitere Angsterleben."

Merke:
Die Beschäftigung mit Gedanken wird nicht dazu verwendet, eine kognitive Umstrukturierung einzuleiten. Es wird lediglich verdeutlicht, dass bestimmte Denkweisen unter Angst normal sind – gleichzeitig aber auch zur Angststeigerung beitragen.

Der Therapeut erläutert im nächsten Schritt, dass Gedanken nicht nur einen Einfluss auf das Angsterleben haben, sondern auch mit dem Vermeidungsverhalten in Wechselwirkung steh⸺ Befürchtungen des Patienten führ⸺ Situationen vermieden werde⸺ wird, dem Eintreten der Befürc⸺ wirken; dies wiederum führ⸺

die Annahme, die auftretenden Symptome seien gefährlich, weiter bestehen bleibt.

Arbeitsblatt 5: Zur Verdeutlichung dieses Zusammenhangs wird Arbeitsblatt 5 (Die Rolle ängstigender Gedanken) eingesetzt, das verschiedene Interpretationen eines körperlichen Symptoms (Herzstechen) und die daraus folgenden Verhaltenskonsequenzen verdeutlicht.

> *Beispiel:* „Sie sehen hier, dass die Wahrnehmung von ‚Stechen in der Brust' unter Angst mit der Interpretation des Bruststechens als ‚Anzeichen für Herzinfarkt' die Angst erhöht und diese eine Handlungsreaktion hervorruft – nämlich beispielsweise sich ausruhen, nicht aufregen, ruhig atmen und das Beobachten des Stechens, um sicher zu gehen, das es nicht schlimmer wird. Wird das gleiche Stechen in der Brust ohne Angst als Anzeichen für einen Muskelkater gesehen, dann wird keine Angst ausgelöst. Was glauben Sie, werden Sie beim nächsten Herzstechen annehmen, wenn Sie zuerst dachten, es ist ein Herzinfarkt und stärkere Angst bekommen haben? Würden Sie versuchen, das Herzstechen in Zukunft nicht zu bekommen?"

Der Therapeut kann an dieser Stelle bereits mit dem Patienten erarbeiten, dass die Reaktionen auf die ängstigenden Gedanken dazu führen, dass die Gedanken und die daraus folgenden Reaktionen beim nächsten Mal mit hoher Wahrscheinlichkeit wieder auftreten werden und die Verbindung zwischen auslösendem Symptom und Gedanken sowie Verhalten immer stärker wird.

Nachdem der Patient erfahren hat, dass die Befürchtungen über Körpersymptome das Angsterleben und Vermeidungsverhalten beeinflussen, wird ihm erklärt, dass diese Befürchtungen und Gedanken, die er erlebt, typisch für das Erleben von Angst sind. Der Grund liegt darin, dass das Denken unter Angst häufig verzerrt ist. Wesentliche Informationen sind dabei,
- dass man unter Angst zu Katastrophendenken und willkürlichen Schlussfolgerungen neigt,
- dass dies unabhängig davon ist, was man außerhalb der Angst denkt: Man kann wissen, dass es äußert unwahrscheinlich ist, dass man einen Herzinfarkt erleidet, aber unter Angst hält man es plötzlich trotzdem für extrem wahrscheinlich,
- dass diese Verzerrungen normale Bestandteile des Schutzprogramms Angst sind, da es günstiger fürs Überleben ist, Gefahren zu überschätzen als zu unterschätzen.

Darüber hinaus können wesentliche Befürchtungen, wie einen Herzinfarkt zu bekommen, ohnmächtig zu werden oder verrückt zu werden, hinsichtlich ihrer Wahrscheinlichkeit besprochen werden.

Informationsblatt 3: Diese Informationen werden auf Informationsblatt 3 zusammengefasst und vertieft. Der Therapeut kann seine Erläuterungen anhand des Informationsblattes aufbauen und das Blatt dem Patienten anschließend zum Nachlesen mitgeben.

> **Merke:**
> Die Besprechung der Rolle ängstigender Gedanken dient nicht der kognitiven Umstrukturierung. Es soll an dieser Stelle nicht mit dem Patienten disputiert werden, wie wahrscheinlich es ist, dass *er* einen Herzinfarkt bekommt. Der Patient wird ebenfalls nicht angeleitet, die ängstigenden Gedanken durch angemessene Gedanken zu ersetzen. Vielmehr wird erläutert, dass die auftretenden Gedanken unter Angst normal sind, jedoch zum Angsterleben und Vermeidungsverhalten selbst beitragen. Es geht hier also um das Verständnis der Aufrechterhaltung, nicht um die Veränderung von Kognitionen.

Schritt 5: Identifikation von aufrechterhaltenden Faktoren: Wirkung des Vermeidungsverhaltens

Nachdem die Wirkung von Befürchtungen besprochen wurde, verschiebt der Therapeut den Fokus auf das Vermeidungsverhalten. Er wiederholt, dass das Vermeidungsverhalten eine Folge der Verunsicherung und der ängstigenden Gedanken ist und als zentraler und wichtigster Faktor der Aufrechterhaltung gelten muss. Anhand des Teufelskreises (Arbeitsblatt 1) erläutert der Therapeut, dass alle Verhaltensweisen, die darauf gerichtet sind, die Angst nicht erleben zu müssen, korrigierende Erfahrungen verhindern: Der Patient lernt nicht, dass die erlebten Symptome doch kein Anzeichen eines drohenden Herzinfarkts oder einer anderen befürchteten Katastrophe sind. Diese Überlegung wird im nächsten Schritt mit dem Patienten für verschiedene Arten des Vermeidungsverhaltens verdeutlicht und differenziert.

Arbeitsblatt 6: Anhand des Arbeitsblattes sollen mit dem Patienten für drei typische Arten des Vermeidungsverhaltens die Angstverläufe erarbeitet werden: (a) Für Flucht aus Situation bzw. deren Vermeidung aufgrund von Erwartungsangst, (b) für Ablenkung, gedanklich oder durch Verhalten (z. B. ständige Bewegung) und (c) für das Nutzen von Sicherheitssignalen, wie Begleitung, Notfalltropfen oder Handy. Der Patient wird gefragt, wie seine Angst typischerweise verläuft, wenn er diese Verhaltensweisen einsetzt. Dabei sollten Beispiele für typisches Vermeidungsverhalten des Patienten genutzt werden. Für jedes Verhalten werden die kurz- und langfristigen Konsequenzen (im Sinne von Lernerfahrungen in Bezug auf die Angst) erarbeitet. Dabei sind die kurzfristigen Konsequenzen in der Regel verhaltensverstärkend: Das Verhalten führt dazu, dass die Angst nachlässt und wird so in der nachfolgenden Situation mit hoher Wahrscheinlichkeit wieder ausge-

1. Vermeidung oder Flucht

Angst in oder vor einer ängstigenden Situation steigt immer weiter an

Flucht bzw. Entscheidung zu vermeiden führt dazu, dass die Angst sofort nachlässt

ABER: Keine Erfahrung, dass die Katastrophe nicht eintreten würde; Verstärkung von Erwartungsangst

2. Ablenkung

Wellenförmiger Verlauf der Angst

Sobald bewusst wird, dass Situation noch konstant ist, steigt Angst wieder an

Situation kann durchgestanden werden, da Angst auf mittlerem Niveau bleibt

ABER: Keine Erfahrung, dass auch ohne Ablenkung keine Katastrophe eintritt

3. Sicherheitssignale

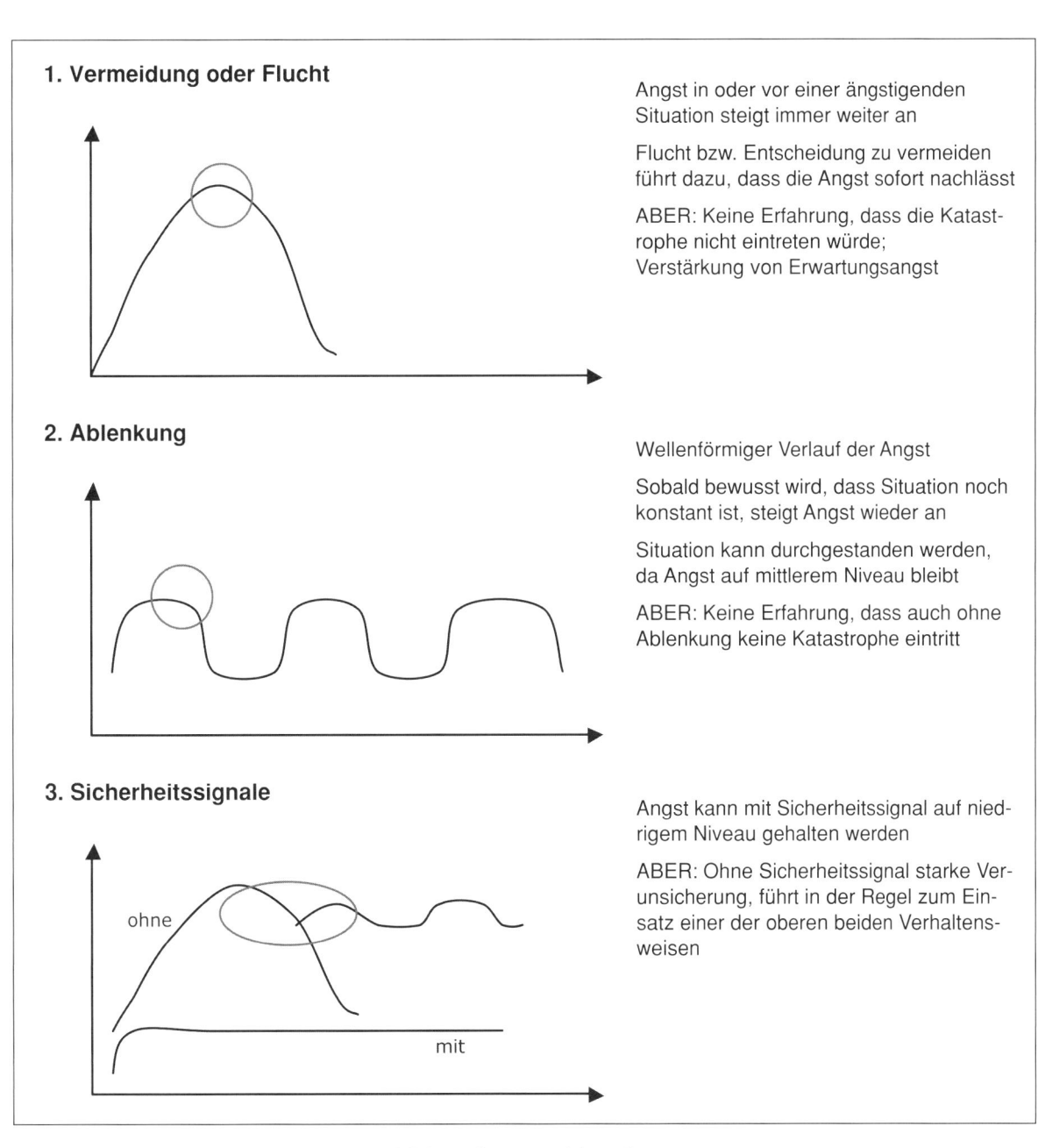

Angst kann mit Sicherheitssignal auf niedrigem Niveau gehalten werden

ABER: Ohne Sicherheitssignal starke Verunsicherung, führt in der Regel zum Einsatz einer der oberen beiden Verhaltensweisen

Abbildung 8: Vermeidungskurven

führt. Die langfristigen Konsequenzen führen dagegen zur Aufrechterhaltung der Angst, da keine Erfahrung gemacht werden kann, dass die Situation bzw. die Symptome ungefährlich sind. Stattdessen bilden sich bedingte Wahrscheinlichkeiten aus, die beispielsweise besagen „Ich kann die Angst nur bewältigen, wenn ich mich ablenke – gelingt mir das nicht, kann es zur Katastrophe kommen". Abbildung 8 verdeutlicht die typischen Angstverläufe, die mit dem Patienten erarbeitet werden sollen.

> **Merke:**
> Der Therapeut muss darauf achten, dass der Patient die richtigen Schlussfolgerungen aus den Angstverlaufskurven zieht. Dabei kann das Vermeidungsverhalten kurzfristig durchaus positive Effekte haben, z.B. dass man eine Situation überhaupt erst aufsuchen oder durchstehen kann; langfristig halten sie jedoch immer die Angst dadurch aufrecht, dass keine Erfahrung gemacht werden kann, dass die Angst tatsächlich nicht gefährlich ist und nicht zur Katastrophe führt. Wenn Patienten nicht die entsprechenden Schlussfolgerungen ziehen, sollte der Therapeut diese vorgeben und erläutern.

Schritt 6: Integration in einem Modell der Aufrechterhaltung

Alle bis hierher zusammengetragenen Informationen zur Aufrechterhaltung der Angst werden nun anhand des Teufelskreises (Arbeitsblatt 1) und der erarbeiteten Vermeidungskurven noch einmal wiederholt. Wesentliche Punkte sind dabei:
- situative Faktoren (internale und äußere Faktoren), die das Erleben von Angst wahrscheinlicher machen und erklären, wieso in manchen Situationen Angst auftritt und in manchen nicht,
- gedankliche Verzerrungen und Befürchtungen unter Angst, die das Angsterleben steigern und zu Versuchen führen, die Angst zu vermeiden,
- Vermeidungsverhalten, das kurzfristig hilft, Angst zu vermeiden oder in den Situationen zu reduzieren; jedoch langfristig die Verbindung zwischen Erleben eines Symptoms und der Angst verstärkt,
- die Bedeutung der Erwartungsangst, die sich aus oben genannten Punkten ergibt und zu weiterem Vermeidungsverhalten führt.

Schritt 7: Ableitung der Therapieziele

Der Therapeut bittet den Patienten an dieser Stelle, zu überlegen, was die gerade besprochenen Informationen für die Therapie bedeuten könnten: An welcher Stelle sollte die Therapie ansetzen? Alle vom Patienten gemachten Vorschläge werden mithilfe des Teufelskreises auf ihre Realisierbarkeit und ihre Konsequenzen hinsichtlich möglicher Lernerfahrungen diskutiert. Als zentrale Probleme werden dabei erarbeitet,
- dass Körperveränderungen und Symptome als bedrohlich erlebt werden und dadurch zu Angst führen,
- dass Situationen als bedrohlich erlebt werden (im Sinne von angstinduzierend) und daher vermieden werden,
- dass die Vermeidung der Situationen bzw. Versuche, die Angst zu reduzieren, die Angstreaktion auf Dauer verstärkt und verfestigt und
- dass die Erwartungsangst vor den Situationen steigt.

Aus den genannten Hauptproblemen werden die Therapieschritte abgeleitet. Diese umfassen konkret:
1. Reduktion der Angst vor Körpersymptomen,
2. Reduktion der Angst vor Situationen und der damit einhergehenden Vermeidung,
3. Reduktion der Erwartungsangst.

> **Merke:**
> Der Therapeut sollte dabei prüfen, ob der Patient dieses Vorgehen nachvollziehen kann und verständlich findet. Falls der Patient nicht mit diesen Therapiezielen übereinstimmt oder die Ziele unplausibel findet, sollten Gründe exploriert und ggfs. die bisher vermittelten Informationen wiederholt werden.

Schritt 8: Wiederholung der Sitzungsinhalte und Hausaufgabenvergabe

Der Therapeut fasst zum Abschluss noch einmal zusammen, dass die heutige Sitzung vor allem dazu diente, die Aufrechterhaltung der Angst zu erklären und die Therapieziele abzuleiten. Er kann darauf verweisen, dass das konkrete Vorgehen in den nächsten Stunden besprochen wird.

Hausaufgabenvergabe: Die Hausaufgaben in Sitzung 3 umfassen einen Fragebogen zum Sicherheits- und Vermeidungsverhalten sowie ein weiteres Wissensquiz.

Fragebogen zum Sicherheits- und Vermeidungsverhalten: Als Hausaufgabe füllt der Patient einen Fragebogen zum Sicherheits- und Vermeidungsverhalten aus. Der Therapeut kann hier noch einmal darauf verweisen, dass Sicherheits- und Vermeidungsverhalten den zentralen Stellenwert für die Aufrechterhaltung einnimmt und dass es daher wichtig ist, möglichst genau über die Vermeidungsstrategien des Patienten Bescheid zu wissen. Der Bogen sollte kurz besprochen werden, auch wenn eine ausführliche Instruktion zur Verfügung steht.

Quiz: Analog zu Sitzung 2 werden auch hier die wesentlichen Inhalte der Psychoedukation in Form eines Wissensquiz wiederholt.

Informationsblatt 3: Typische Denkweisen unter Angst

Wenn körperliche Symptome plötzlich und ohne offensichtliche Erklärung auftreten, versucht man, eine Erklärung dafür zu finden. Dabei treten häufig Befürchtungen auf, die eigentlich normalen körperlichen Symptome könnten das Anzeichen einer ernsten körperlichen oder psychischen Erkrankung sein. Häufige Missinterpretationen körperlicher Symptome sind im Folgenden dargestellt.

„Ich werde verrückt/Ich drehe durch."

Einige Personen glauben, dass die erlebten Angst- und Paniksymptome bedeuten, dass sie verrückt werden, d. h. dass die Symptome Anzeichen einer schweren psychischen Erkrankung, wie Schizophrenie, sind. Dabei spielen v. a. Symptome, wie das Gefühl, vom eigenen Körper oder der Realität losgelöst zu sein, gestörte Wahrnehmungen und Konzentrationsprobleme eine Rolle. Tatsächlich unterscheiden sich die Symptome einer Schizophrenie oder anderer schwerer psychotischer Erkrankungen jedoch gravierend von Paniksymptomen.

Bei Schizophrenie zeigen die Betroffenen schwere Störungen des Sprach- und Denkvermögens (sie können z. B. nicht bei einem Thema bleiben oder produzierte Sätze machen keinen Sinn), es treten häufig Halluzinationen und Wahnvorstellungen auf, wie z. B. die Vorstellung, Nachrichten von Außerirdischen zu erhalten. Schizophrenie beginnt schleichend und geht meist zunächst mit einem Verlust der Leistungsfähigkeit im sozialen oder beruflichen Umfeld einher. Schizophrenie ist zudem eine sehr seltene Störung (etwa 1 % der Bevölkerung ist betroffen), die familiär gehäuft auftritt.

„Ich verliere die Kontrolle über mich."

Viele Personen glauben, die Panik würde dazu führen, dass sie die Kontrolle über sich verlieren und dann entweder wie gelähmt sind und nichts mehr tun können oder dass sie etwas tun werden, dass sie oder andere Personen verletzt oder gefährdet (z. B. in Panik wegrennen, andere umrennen, andere verletzen).

Dieses Gefühl rührt daher, dass während einer Panikattacke der gesamte Körper angespannt wird und auf die typische Angstreaktion „Kampf oder Flucht" eingestellt ist. Diese Reaktion ist darauf ausgerichtet, so schnell wie möglich aus der Gefahrensituation zu entkommen – d. h. sie führt nicht zur Lähmung und nötigt eine Person auch nicht, jemanden zu verletzen, der keine Gefahr darstellt. Obwohl sich Personen mit Angst und Panik häufig etwas durcheinander und losgelöst von der Umwelt fühlen, bleibt ein normales Ausmaß an Denk- und Reaktionsvermögen erhalten.

Manchmal wird der starke Fluchtimpuls als Anzeichen dafür gewertet, dass man die Kontrolle über sich verliert. Dieser Fluchtimpuls wird jedoch durch die wahrgenommene Bedrohung ausgelöst (z. B. „Wenn ich hier nicht rauskomme, ersticke ich"), und stellt eine normale Reaktion auf diese Bedrohung dar – das eigentliche Verhalten (z. B. rausgehen) bleibt kontrolliert.

„Ich werde in Ohnmacht fallen."

Die Angst, in Ohnmacht zu fallen, ist eine der häufigsten Befürchtungen bei Personen mit Panikanfällen; tatsächliche Ohnmachten sind jedoch sehr selten. Normalerweise führen Paniksymptome, wie Schwindel, weiche Knie oder Schwächegefühle zur Annahme, man

Informationsblatt 3 (Fortsetzung, Seite 2)

könne ohnmächtig werden. Die körperlichen Vorgänge bei Panikattacken sind jedoch nicht mit einer Ohnmacht vereinbar, da während der Panikattacke gegenläufige Prozesse ablaufen: Herzrate und Blutdruck erhöhen sich, der ganze Körper spannt sich an. Ohnmachten dagegen treten auf, wenn sich der Blutdruck plötzlich absenkt. Wenn eine Person ohnmächtig wird, dann gelangt sie normalerweise innerhalb weniger Sekunden wieder zu Bewusstsein. Die Ohnmacht ist ein Mittel des Körpers, um zu einer normalen Funktionsweise zurückzukehren, also z. B. den Blutdruck wieder zu stabilisieren.

„Ich werde einen Herzanfall erleiden."

Häufig werden die Symptome einer Panikattacke fälschlicherweise als Zeichen eines bevorstehenden Herzinfarkts gewertet. Dabei unterscheiden sich die Symptome einer Panikattacke von denen eines Herzinfarktes. Bei Herzerkrankungen stehen Symptome wie Kurzatmigkeit, Brustschmerzen, gelegentliches Herzstolpern und Schwächegefühle im Vordergrund. Im Gegensatz zur Panik sind diese Symptome direkt an Anstrengung gekoppelt: Je mehr man belastet ist (z. B. durch Sport), desto stärker werden die Symptome. In Ruhe gehen die Symptome schnell weg, im Gegensatz zur Panik, wo Symptome häufig völlig unerwartet, wie aus heiterem Himmel auftreten.

„Ich habe eine andere körperliche oder psychische Erkrankung (z. B. Hirntumor, Schizophrenie, etc.)."

Abhängig von der Art der vorwiegend erlebten Körpersymptome können eine Reihe weiterer Missinterpretationen körperlicher Symptome auftreten (z. B. bei Kopfschmerz oder Schwindel die Befürchtung, einen Hirntumor zu haben). Auch bei diesen Befürchtungen lässt sich meist feststellen, dass andere wichtige Kriterien für eine solche Erkrankung nicht erfüllt sind (z. B. müssten für einen Hirntumor die Schmerzen überdauernd bestehen, etc.).

Wie kommt es dazu, dass erlebte Körpersymptome vorwiegend katastrophisierend interpretiert werden, selbst wenn deutliche Belege gegen eine solche Interpretation existieren? Das liegt daran, dass bei Angst unser Denken verzerrt wird – es wird ausgerichtet auf das Erkennen und Vermeiden möglicher Gefahren. Im Allgemeinen ist es besser, eine Gefahr zu überschätzen als zu unterschätzen – d. h. diese **Denkfehler** unter Angst haben eine Schutzfunktion. Bei Panikattacken hindern sie uns jedoch daran, zu erkennen, dass keine tatsächliche Gefahr vorliegt. Die häufigsten Denkfehler sind im Folgenden dargestellt.

Denkfehler	Beispiel
Willkürliches Schlussfolgern Negative Schlüsse ohne tatsächliche Belege	„Wenn ich nicht rausgegangen wäre, hätte ich einen Herzanfall erlitten."
Emotionale Beweisführung Gefühle als Beweis behandeln	„Die Angst ist so schlimm, da muss doch etwas nicht in Ordnung sein bei mir."
Übergeneralisieren Weitreichende Schlüsse aus einzelnen Ereignissen ziehen	„Ich kann nicht in einen Fahrstuhl steigen, ich halte es ja nicht mal in meinem Keller aus."
Katastrophisierung Schlimmstmöglichen Ausgang annehmen	„Ich werde aufgrund der Symptome sterben."

Arbeitsblatt 5: Die Rolle ängstigender Gedanken

Gedanken spielen eine wichtige Rolle bei der Entstehung von Angst. Wenn auftretende Symptome als gefährlich interpretiert werden, dann folgt daraufhin eine Erhöhung der Angst. Die Panikstörung führt dazu, dass die meisten auftretenden Körpersymptome als gefährlich eingestuft werden, obwohl es andere Erklärungen für das Symptom gibt. Die Rolle ängstigender Gedanken wird in der folgenden Abbildung illustriert.

Auftretendes Symptom	+	Gedanke (Interpretation des Symptoms)	=	Gefühl → Reaktion
Beispiel: Plötzliches Stechen in der Brust		Anzeichen eines drohenden Herzinfarkts		Angst → Versuche, das Stechen zu reduzieren, wenig bewegen, ruhig atmen, Selbstbeobachtung
Plötzliches Stechen in der Brust		Muskelkater vom Joggen		Keine Angst → Strecken, kurz Brust reiben, Symptom ignorieren

Eigenes Beispiel?

Aus Lang et al.: Expositionsbasierte Therapie der Panikstörung mit Agoraphobie © 2012 Hogrefe, Göttingen

Arbeitsblatt 6: Die Rolle des Vermeidungsverhaltens

Vermeidungsverhalten und Sicherheitsstrategien helfen, mit Angst oder gefürchteten Situationen umzugehen. Kurzfristig führen sie meist dazu, dass die Angst nachlässt oder nicht zur Panik wird. Deshalb werden sie häufig als erfolgreich erlebt. Langfristig führen solche Verhaltensweisen jedoch dazu, dass die Angst aufrechterhalten wird. Die folgenden Abbildungen illustrieren diesen Mechanismus.

1. Vermeidung von Situationen/Flucht aus Situationen

z. B.

kurzfristig:

langfristig:

2. Ablenkung (durch Aktivitäten oder durch Gedanken)

z. B.

kurzfristig:

langfristig:

3. Sicherheitssignale

z. B.

kurzfristig:

langfristig:

Aus Lang et al.: Expositionsbasierte Therapie der Panikstörung mit Agoraphobie © 2012 Hogrefe, Göttingen

Hausaufgabe: Fragebogen zum Sicherheits- und Vermeidungsverhalten[1]

Im Folgenden sind Verhaltensweisen aufgeführt, die Leute manchmal benutzen, um Panik oder Angst zu bewältigen oder zu vermeiden. Bitte lesen Sie jede Verhaltensweise sorgfältig durch und schätzen Sie ein, wie häufig Sie dieses Verhalten nutzen, um Panik oder Angstgefühle zu bewältigen. Wenn Sie zum Beispiel ein Autotelefon geschäftlich nutzen, aber *nie* um Panikgefühle oder Angst zu vermeiden oder zu bewältigen, kreuzen Sie die erste Spalte **„Ja, aber nicht zur Bewältigung von Angst und Panik" (0)** an. Wenn Sie das Autotelefon für gewöhnlich dafür benutzen, um Angst oder Panik zu bewältigen, machen Sie ein Kreuz in der Spalte **„Für gewöhnlich zur Bewältigung von Angst oder Panik" (4)**.

Nehmen Sie Ihre Einschätzung mithilfe der folgenden Zahlen vor:

0	1	2	3	4	5
Ja, aber nicht zur Bewältigung von Angst oder Panik	**Nie** zur Bewältigung von Angst oder Panik	**Selten** zur Bewältigung von Angst oder Panik	**Manchmal** zur Bewältigung von Angst oder Panik	**Für gewöhnlich** zur Bewältigung von Angst oder Panik	**Immer** zur Bewältigung von Angst oder Panik

		0	1	2	3	4	5
1.	Etwas zu essen im Auto oder bei sich haben	☐	☐	☐	☐	☐	☐
2.	Wasser im Auto oder bei sich haben	☐	☐	☐	☐	☐	☐
3.	Alkohol oder Medikamente im Auto oder bei sich haben	☐	☐	☐	☐	☐	☐
4.	Wichtige Telefonnummern im Auto oder bei sich haben	☐	☐	☐	☐	☐	☐
5.	Ein Mobiltelefon im Auto haben	☐	☐	☐	☐	☐	☐
6.	Bei Reisen auf einen Begleiter angewiesen sein	☐	☐	☐	☐	☐	☐
7.	Beim Einkaufen auf einen Begleiter angewiesen sein	☐	☐	☐	☐	☐	☐
8.	Beim Besuch gesellschaftlicher Anlässe auf einen Begleiter angewiesen sein	☐	☐	☐	☐	☐	☐
9.	Bei Restaurantbesuchen auf einen Begleiter angewiesen sein	☐	☐	☐	☐	☐	☐
10.	Musik hören	☐	☐	☐	☐	☐	☐
11.	Lesen	☐	☐	☐	☐	☐	☐
12.	Fernsehen	☐	☐	☐	☐	☐	☐
13.	Sich gedanklich ablenken (z. B. sich Bilder vorstellen oder bestimmte Gedanken haben)	☐	☐	☐	☐	☐	☐
14.	Ständig beschäftigt bleiben	☐	☐	☐	☐	☐	☐
15.	Mit anderen reden	☐	☐	☐	☐	☐	☐
16.	Entspannung, Yoga, Meditation oder Atemübungen machen	☐	☐	☐	☐	☐	☐
17.	Das Vorhandensein bzw. den Standort von Telefonen überprüfen	☐	☐	☐	☐	☐	☐
18.	Das Vorhandensein bzw. den Standort von Toiletten überprüfen	☐	☐	☐	☐	☐	☐
19.	Das Vorhandensein bzw. den Standort von Ausgängen überprüfen	☐	☐	☐	☐	☐	☐

[1] © Kamphuis und Telch (1998); dt. Bearbeitung von Helbig und Gloster (2006)

	Hausaufgabe (Fortsetzung, Seite 2)						
20.	Das Vorhandensein bzw. den Standort von Krankenhäusern oder Arztpraxen überprüfen	☐	☐	☐	☐	☐	☐
21.	Den Puls, die Atmung oder den Blutdruck überprüfen	☐	☐	☐	☐	☐	☐
22.	Stressige Begegnungen vermeiden	☐	☐	☐	☐	☐	☐
23.	Ärgerauslösende Situationen vermeiden	☐	☐	☐	☐	☐	☐
24.	Aufregende Ereignisse vermeiden (z. B. Konzerte, Sportveranstaltungen)	☐	☐	☐	☐	☐	☐
25.	Emotional aufwühlende Filme vermeiden	☐	☐	☐	☐	☐	☐
26.	Stress bei der Arbeit oder in der Schule vermeiden	☐	☐	☐	☐	☐	☐
27.	Saunabesuche, Whirlpools oder heiße Duschen vermeiden	☐	☐	☐	☐	☐	☐
28.	Vermeiden, koffeinhaltige Getränke zu trinken	☐	☐	☐	☐	☐	☐
29.	Anstrengende sportliche Betätigung vermeiden	☐	☐	☐	☐	☐	☐
30.	Vermeiden, enge Kleidung zu tragen	☐	☐	☐	☐	☐	☐
31.	Bestimmte Nahrungsmittel meiden oder vermeiden, sich zu „überessen"	☐	☐	☐	☐	☐	☐
32.	Vermeiden mit Karussellen oder anderen Fahrgeschäften in Freizeitparks zu fahren, die Schwindel auslösen	☐	☐	☐	☐	☐	☐
33.	Alkohol vermeiden	☐	☐	☐	☐	☐	☐
34.	Marihuana oder andere Drogen vermeiden	☐	☐	☐	☐	☐	☐
35.	Volle Geschäfte meiden	☐	☐	☐	☐	☐	☐
36.	Nicht auf viel befahrenen Autobahnen fahren	☐	☐	☐	☐	☐	☐
37.	Nicht in öffentlichen Verkehrsmitteln (z. B. Bus, Bahn, Flugzeug) fahren	☐	☐	☐	☐	☐	☐
38.	Nicht auf Partys oder andere gesellschaftliche Ereignisse gehen	☐	☐	☐	☐	☐	☐
39.	Lange Warteschlangen meiden (z. B. bei der Post oder Bank)	☐	☐	☐	☐	☐	☐
40.	Vermeiden, in ein vornehmes Restaurant essen zu gehen	☐	☐	☐	☐	☐	☐
41.	Vermeiden, allein zu Hause zu bleiben	☐	☐	☐	☐	☐	☐
42.	Vermeiden, weit weg von zu Hause zu sein	☐	☐	☐	☐	☐	☐
43.	Sich nah an einen Ausgang setzen	☐	☐	☐	☐	☐	☐
44.	Das eigene Auto nutzen, um nicht mit anderen fahren zu müssen	☐	☐	☐	☐	☐	☐
45.	Auf der Autobahn nur den rechten Fahrstreifen nutzen	☐	☐	☐	☐	☐	☐
46.	Sich Ausreden überlegen, um eine soziale Situation vorzeitig zu verlassen	☐	☐	☐	☐	☐	☐
47.	Muskelentspannung durchführen	☐	☐	☐	☐	☐	☐
48.	Meditation oder Yoga durchführen	☐	☐	☐	☐	☐	☐
49.	Atemübungen durchführen	☐	☐	☐	☐	☐	☐
50.	Entspannungs- oder Angstbewältigungstonbänder hören	☐	☐	☐	☐	☐	☐

Aus Lang et al.: Expositionsbasierte Therapie der Panikstörung mit Agoraphobie © 2012 Hogrefe, Göttingen

| **Hausaufgabe: Wissen über Angst und Panik II (Quiz)** |

Bitte beurteilen Sie die folgenden Aussagen zu Angst und Panik.

		Richtig	Falsch
1.	Die Symptome einer Panikattacke können mit denen eines Herzinfarkts verwechselt werden.	☐	☐
2.	Die Panikstörung ist eine vererbte Erkrankung.	☐	☐
3.	Panik und Angstreaktionen sind häufig von Gedanken, wie „Ich könnte verrückt werden" oder „Ich falle gleich um" begleitet.	☐	☐
4.	Vermeidung bestimmter Körperempfindungen, z. B. durch Verzicht auf Kaffee oder Alkohol, trägt zur Aufrechterhaltung der Panikstörung bei.	☐	☐
5.	Die Körperabläufe bei einer Panikattacke sind mit denen einer Ohnmacht nicht vereinbar, d. h. man kann unter Panik nicht ohnmächtig werden.	☐	☐
6.	Unter Angst kann man nicht mehr klar denken.	☐	☐
7.	Die Angst vor einer Situation (Erwartungsangst) erhöht die Wahrscheinlichkeit, in dieser Situation einen Panikanfall zu erleben.	☐	☐
8.	Es ist günstig, beim Auftreten von Panikattacken die körperlichen Symptome durch Ablenkung oder Entspannungsverfahren zu reduzieren.	☐	☐
9.	Durch das Vermeiden bestimmter Situationen steigt die Erwartungsangst vor diesen Situationen an.	☐	☐
10.	Die Behandlung der Panikstörung zielt darauf, die Auftretenshäufigkeit körperlicher Symptome zu reduzieren.	☐	☐

Aus Lang et al.: Expositionsbasierte Therapie der Panikstörung mit Agoraphobie © 2012 Hogrefe, Göttingen

Sitzung 4

Ziele der Sitzung:
• Ergänzung des individuellen Störungsmodells • Bearbeitung der Angst vor Körpersymptomen
Inhalte:
• Wiederholung Sitzung 3 • Besprechung der Hausaufgaben • Erstellen einer Angsthierarchie hinsichtlich gefürchteter Körpersymptome • Durchführung der ersten interozeptiven Exposition
Materialien (vgl. CD-ROM):
• Arbeitsblatt 7: Symptomhierarchie • Arbeitsblatt 8: Interozeptive Exposition – Symptomprovokation • Arbeitsblätter 8a–c: Schwindelbilder • Hausaufgabe: Gewöhnung an Symptome *Zusätzliche Materialien:* • Dünner Strohhalm • Stoppuhr

Schritt 1: Tagesordnung und Wiederholung der dritten Sitzung

Zu Beginn der Sitzung stellt der Therapeut die Tagesordnung vor. Er betont, dass heute damit begonnen werden soll, das erste Therapieziel zu bearbeiten; also die Angst vor Körpersymptomen zu reduzieren. Der Beginn der Sitzung ist jedoch für die Wiederholung der bisherigen Therapieinhalte und die Besprechung der Hausaufgaben reserviert.

Analog zum Vorgehen in Sitzung 3 kann der Therapeut zunächst nach offenen Fragen oder Unklarheiten fragen und anschließend die Antworten des Patienten zum Quiz besprechen. Folgende Punkte können bei Bedarf wiederholt und vertieft werden:

- Die Symptome einer Panikattacke werden häufig mit denen eines Herzinfarkts verwechselt; es gibt jedoch klare Unterschiede in den Symptombildern. Bei Herzerkrankungen sind die Symptome deutlich an Anstrengung gekoppelt, während Panikattacken häufig in Ruhe oder nach Anstrengung auftreten. *(Frage 1 falsch)*
- Obwohl Panikstörungen durchaus familiär gehäuft auftreten, sind es keine Erbkrankheiten. *(Frage 2 falsch)*
- Angst und Panikreaktionen sind typischerweise auch durch das Auftreten bestimmter Gedanken gekennzeichnet, wie „Ich falle gleich um". Diese Gedanken stellen Fehlinterpretationen der erlebten Körpersymptome dar. Die eigentlichen körperlichen Abläufe bei Angst und Panik sind mit einem tatsächlichen Ohnmächtigwerden jedoch nicht vereinbar. Ähnliches gilt für den Gedanken „durchzudrehen". Obwohl man unter Angst häufig den Eindruck hat, nicht klar denken zu können bzw. die Gedanken tatsächlich verzerrt sind, ist man unter Angst durchaus in der Lage über das eigene Handeln zu entscheiden. *(Fragen 3 und 5 richtig; Frage 6 falsch)*
- Jegliche Form von Vermeidung – Vermeidung von Körpersymptomen, bestimmten Situationen oder Aktivitäten – trägt zur Aufrechterhaltung der Panikstörung bei und fördert das Auftreten von Erwartungsangst. *(Fragen 4, 7 und 9 richtig; Frage 8 falsch)*
- Die Behandlung zielt nicht darauf, dass keine körperlichen Symptome auftreten. Vielmehr wird die Angst vor auftretenden Körpersymptomen als Problem gesehen; entsprechend soll diese reduziert werden. *(Frage 10 falsch)*

Schritt 2: Besprechung der Hausaufgaben

Im nächsten Schritt wird der Fragebogen zum Sicherheits- und Vermeidungsverhalten besprochen. Dabei werden zunächst alle Verhaltensweisen, die der Patient mit 4 oder 5 angekreuzt hat, gekennzeichnet. Verhaltensweisen, die noch nicht im individualisierten Teufelskreis (Arbeitsblatt 1b) eingetragen sind, werden ergänzt. Im zweiten Schritt werden alle Verhaltensweisen markiert, die mit 2 oder 3 angekreuzt sind. Dies sind Verhaltensweisen, die der Patient selten oder manchmal zur Vermeidung der Angst einsetzt. Hier sollte nachgefragt werden, ob der Patient diese wirklich nur selten einsetzt oder ob er unsicher ist, inwieweit diese Vermeidungsstrategien darstellen. Bei Unsicherheit des Patienten sollte der Therapeut den Patienten bitten, in nächster Zeit besonders darauf zu achten, ob er diese Verhaltensweisen zur Reduktion von Angst und Panik einsetzt.

Schritt 3: Erstellung einer Angsthierarchie hinsichtlich gefürchteter Körpersymptome

Der Therapeut leitet im nächsten Schritt zur Bearbeitung der Angst vor Körpersymptomen über. Dazu soll zunächst erfasst werden, welche Körpersymptome der Patient als besonders ängstigend erlebt.

Arbeitsblatt 7: Es hat sich als günstig erwiesen, noch einmal zu sammeln, welche Körpersymptome überhaupt im Angsterleben des Patienten eine Rolle spielen. Im Anschluss werden die beiden Endpole der Hierarchie aufgestellt, also zunächst das Symptom, das am stärksten angstauslösend ist sowie eines, das kaum Angst auslöst. Alle weiteren Symptome werden dann zwischen diesen Polen eingeordnet. Wenn der Patient keine zehn Symptome nennen kann, werden entsprechend weniger in die Hierarchie eingetragen; der Therapeut sollte jedoch noch einmal anhand des Teufelskreises überprüfen, ob keines der bisher relevanten Symptome fehlt. In einem nächsten Schritt wird der Patient gebeten zu überlegen, ob es situative Faktoren gibt, die beeinflussen, wie angstauslösend ein Symptom ist. Der Therapeut sollte unbedingt darauf achten, dass hier tatsächlich nur situative Faktoren (z. B. allein sein, Hitze, Tageszeit etc.) erfasst werden, nicht jedoch Vermeidungsverhaltensweisen (z. B. Patient gibt an, Symptom wäre weniger angstauslösend, wenn er sich hinsetzen würde, eine Tablette nehmen würde etc.).

Schritt 4: Interozeptive Exposition

Wenn eine klare Reihenfolge der ängstigenden Körpersymptome vorliegt, macht der Therapeut deutlich, dass jetzt die Bearbeitung der Ängste beginnt. Dazu stellt der Therapeut noch einmal die Verbindung zwischen erlebten körperlichen Veränderungen und der Angst heraus und macht deutlich, dass der bisherige Umgang mit den Körpersymptomen (Versuche, Symptome zu vermeiden oder zu reduzieren), die Angst vor den Symptomen aufrechterhält, da der Patient nicht die Erfahrung machen kann, dass die erlebten Symptome ungefährlich sind.

Der Therapeut erläutert dann das Therapieprinzip: Der Patient wird angeleitet, anders mit den körperlichen Symptomen umzugehen. Ziel dabei ist, dass der Patient die Erfahrung macht, dass die Symptome tatsächlich nicht gefährlich sind. Um dies zu erreichen, werden beunruhigende Körpersymptome bewusst hervor gerufen.

Beispiel: „Wir hatten ja festgestellt, dass die Angst vor körperlichen Empfindungen der zentrale Bestandteil der Angstanfälle ist. Aufgrund dieser Angst versuchen Sie normalerweise alles, diese körperlichen Empfindungen so gut wie möglich zu vermeiden oder, wenn sie auftreten, sie schnell wieder zu beenden. Dazu vermeiden Sie beispielsweise bestimmte Aktivitäten [Beispiel aus Vermeidungsverhalten des Patienten nennen] oder Sie lenken sich ab oder legen sich hin, wenn ängstigende Symptome auftreten. Das reduziert zwar in dem Moment Ihre Angst, aber langfristig hält es die Angst aufrecht, weil Sie nicht die Erfahrung machen können, dass die körperlichen Symptome ungefährlich sind.

In der Therapie geht es jetzt darum, Ihnen genau diese Erfahrung zu ermöglichen. Dazu werde ich mit Ihnen eine Reihe von Übungen durchführen, mit denen wir bewusst für Sie beunruhigende Körpersymptome auslösen werden und zwar so lange, dass Sie erfahren können, dass die Körperveränderungen ungefährlich sind."

Der Therapeut sollte sich an dieser Stelle vergewissern, ob das Therapieprinzip vom Patienten verstanden wurde. Ist dies der Fall, erläutert er den Ablauf der Übungen, damit der Patient eine Vorstellung davon bekommt, was von ihm erwartet wird. Dabei sollte darauf geachtet werden, dass folgende Übungsmerkmale vorbesprochen werden:
- Es gibt eine Liste von Übungen, die ängstigende Körpersymptome auslösen. Diese werden rasch hintereinander durchgeführt. Der Therapeut wird jede Übung zunächst vormachen und später auch mit durchführen.
- Der Patient soll bei jeder Übung alle auftretenden Symptome zulassen und nichts tun, um die dabei erlebte Angst zu reduzieren. Es ist während der Übungen explizit erwünscht, dass der Patient Angst erlebt.
- Nach jeder Übung fragt der Therapeut, was an Körperempfindungen aufgetreten ist, wieviel Angst ausgelöst wurde und inwieweit die erlebten Symptome denen ähnlich sind, die der Patient während seiner Angstanfälle erlebt.
- Eine ausführliche Nachbesprechung erfolgt nach Abschluss aller Übungen.

Beispiel: „Wir werden jetzt eine Liste von Übungen durcharbeiten, die ängstigende Körpersymptome auslösen können. Wahrscheinlich werden diese Übungen für Sie unangenehme Empfindungen auslösen – bitte versuchen Sie, so viele Symptome wie möglich zu bekommen und jedes Symptom sowie die eventuell damit verbundene Angst zuzulassen. Die Übungen sollen bei Ihnen Angst auslösen, darum ist es wichtig, dass Sie nichts tun, um die Angst zu verhindern oder zu reduzieren. Ich werde die Übungen zunächst kurz vormachen und jede Übung dann mit Ihnen gemeinsam durchführen. Nach jeder Übung werden wir kurz besprechen, was Sie an Körperempfindungen erlebt haben, ob diese Angst ausgelöst haben und ob Sie die Symptome von Ihren Angstanfällen her kennen. Haben Sie dazu Fragen?"

Übungsdurchführung (Arbeitsblatt 8): Der Therapeut führt nun mit dem Patienten gemeinsam alle Übungen auf Arbeitsblatt 8 durch. Er benennt dazu zunächst die Übung, erläutert ggfs. die Übungsdurchführung und macht die Übung dann kurz vor. Während der Übungsdurchführung sollte der Therapeut als motivationale Maßnahme die Übung weiter mit durchführen, den Patienten dabei gleichzeitig korrigieren, falls dieser die Übung nicht richtig durchführt. Der Patient sollte durch lobende oder verstärkende Äußerungen in der Übungsdurchführung darin unterstützt werden, die Symptome so stark wie möglich zu provozieren. Nach jeder Übung werden die erlebten Symptome im Arbeitsblatt eingetragen, ebenso wie die erlebte Angst und die Ähnlichkeit zur Panik (Skala zwischen „0" – gar keine Angst/gar nicht ähnlich und „10" – extrem viel Angst/identisch mit Erleben während Panik). Danach wird unmittelbar zur nächsten Übung übergegangen. Zwischen den Übungen wird nicht darüber diskutiert, ob es Unterschiede zur Panik gibt oder nicht – der Patient wird gebeten, sich auf eine Zahl festzulegen und ggfs. auf das Ende der Übungsdurchführung verwiesen. Tabelle 7 zeigt die einzelnen Übungen mit den entsprechenden Instruktionen.

Nach Abschluss aller Übungen erfolgt eine Nachbesprechung der Übungen. Der Therapeut sollte den Patienten dabei ausdrücklich noch einmal für die Übungsdurchführung loben. Die Einschätzungen des Patienten für jede Übung werden dabei noch einmal durchgegangen. Es werden alle Übungen markiert, bei denen die Ähnlichkeitseinschätzung über 3 lag. Diese Übungen werden dann hinsichtlich der dabei ausgelösten Angst in eine Rangreihe gebracht: Die Übung, die die wenigste Angst ausgelöst hat, bekommt die 1; die Übung mit dem zweitniedrigsten Angstrating erhält die 2 usw.

Für die Übungen, die am meisten Angst ausgelöst haben, wird besprochen, was den Patienten bei der Übungsdurchführung beunruhigt hat. Es wird der Zusammenhang zwischen den Befürchtungen und dem Angsterleben wiederholt und daraus die Notwendigkeit abgeleitet, die Symptome wiederholt auszulösen, um diesen Zusammenhang zu schwächen, also sich an die Symptome zu gewöhnen.

Beispiel: „Die Hyperventilation hat bei besonders viel Angst ausgelöst. Was ge Sie während der Übungsdurchführun

Tabelle 7: Übungen zur Symptomprovokation

Übung	Häufig erzeugte Symptome	Instruktion/Besonderheiten
Kopf schütteln – stehend (30 s)	Schwindel	Der Kopf wird dabei schnell von links nach rechts gedreht. Der Therapeut sollte darauf achten, dass der Patient nicht nur sehr kleine Kopfbewegungen macht bzw. die Übung nur sehr langsam durchführt.
Kopf zwischen die Knie (30 s), schnell aufrichten	Schwindel, Derealisation	Die Übung wird im Sitzen durchgeführt. Der Patient nimmt dabei den Kopf soweit es geht zwischen die Knie. In dieser Haltung wird 30 Sekunden verharrt, dann soll der Patient auf ein Signal des Therapeuten schnell zurück in die Sitzposition kommen.
Auf der Stelle rennen oder Treppen steigen (1 min)	Atemnot, Herzrasen oder -stolpern	Der Patient soll schnell auf der Stelle rennen. Der Therapeut achtet darauf, dass der Patient die Anstrengung über die gesamte Zeitdauer beibehält und nicht gegen Ende langsamer wird.
Luft anhalten (30 s)	Atemnot	Die Luft soll auf das normale Atemvolumen hin für 30 Sekunden angehalten werden. Das heißt, der Patient soll nicht vorher tief Luftholen, sondern einfach aus der normalen Atmung heraus die Luft anhalten. Manchmal ist es hilfreich, dabei die Nase zuhalten zu lassen, um Nasenatmung zu unterbinden.
Gesamte Muskulatur anspannen (1 min)	Anspannung, weiche Knie	Die Übung kann sowohl im Sitzen als auch im Stehen durchgeführt werden. Der Patient wird angeleitet, insbesondere die großen Skelettmuskeln (Beine, Arme, Po) anzuspannen.
Auf der Stelle drehen (30 s)	Schwindel, Übelkeit, Derealisation	Der Patient soll sich auf der Stelle schnell um die eigene Achse drehen. Je nachdem, was ängstigender ist, kann er dabei die Augen offen oder geschlossen halten. Für diese Übung sollte im Therapieraum ein größerer Freiraum geschaffen werden (z. B. Stühle beiseite rücken, da viele Patienten sich dabei im Raum bewegen). Diese Übung löst in der Regel sehr heftige Schwindel- und Übelkeitssymptome aus.
Hyperventilation (1 min)	Atemnot, trockener Mund, Kribbeln in den Extremitäten, Schwindel, Palpitationen	Der Patient sollte angeleitet werden, schnell und tief ein- und auszuatmen. Es sollte kein flaches Hecheln angestrebt werden, sondern tatsächlich eine tiefe Atmung. Die Atmung erfolgt dabei ausschließlich über den Mund.
Durch einen Strohhalm atmen (1 min)	Atemnot	Der Patient soll dabei ausschließlich durch einen dünnen Strohhalm atmen, der nur ein geringes Atemvolumen zulässt. Wenn kein dünner Strohhalm zur Verfügung steht, kann der Therapeut den Patienten auch bitten, den Strohhalm etwas zuzudrücken, so dass er merklich weniger Luft bekommt als normal. Auch bei dieser Übung kann es nötig sein, den Patienten zu bitten, die Nase zuzuhalten.
Schwindelbild ansehen (1 min)	Schwindel, Derealisation	Es stehen drei Schwindelbilder zur Verfügung. Der Patient wird zunächst gebeten, das Bild auszuwählen, das ihm am Unangenehmsten erscheint. Anschließend wird der Patient angeleitet, sich dieses Bild etwa 30 cm entfernt vors Gesicht zu halten und sich für eine Minute auf dieses Bild zu konzentrieren. Die Schwindelbilder sind als Arbeitsblätter 8a bis c enthalten.

ruhigt? [...] Ok, Sie hatten also befürchtet, Sie könnten gleich umfallen. Das ist ja ein Gedanke, den Sie gut von anderen Angstsituationen kennen; Sie sehen, dass die Symptome relativ automatisch zu Angst führen. Um die Verbindung zwischen Symptom und Angst zu schwächen, ist es erforderlich, dass Sie wiederholt die Erfahrung machen, dass der Schwindel nicht dazu führt, dass Sie umfallen – es ist also erforderlich, den Schwindel immer wieder auszulösen und die dabei aufkommende Angst auszuhalten."

Umgang mit Problemen bei der interozeptiven Exposition: Bei der Durchführung der Symptomprovokationsübungen können eine Reihe von Schwierigkeiten auftreten. Tabelle 8 schlägt therapeutische Vorgehensweisen für die häufigsten Probleme vor.

Schritt 5: Hausaufgabenvergabe

Aus der Besprechung der interozeptiven Exposition heraus, wählt der Therapeut die drei Übungen aus, die die meiste Angst ausgelöst haben (und Ähnlichkeit zur Panik > 3 aufweisen). Sollte keine der Übungen Angst ausgelöst haben, werden die drei Übungen ausgewählt, die die höchste Ähnlichkeit mit dem Angsterleben hatten. Der Patient wird gebeten, diese Übungen dreimal am Tag in unterschiedlichen Situationen hintereinander durchzuführen. Der Therapeut sollte dabei noch

Tabelle 8: Umgang mit Problemen während der interozeptiven Exposition

Problem	Therapeutisches Vorgehen
Eine Übung löst keine Angst aus.	Es ist normal, dass nicht alle Übungen bei einem Patienten Angst auslösen. Der Therapeut kann dann erklären, dass es erstmal darum geht, zu schauen, welche Übungen angstauslösend sind. Er bittet den Patienten, bei der nächsten Übung wieder zu versuchen, möglichst viele Symptome zu bekommen und nichts zu tun, um Angst zu verhindern. Er erfragt trotzdem die ausgelösten Symptome und deren Ähnlichkeit zur Panik.
Der Patient führt eine Übung nur zaghaft durch.	Der Therapeut fragt den Patienten zunächst, ob sein Eindruck richtig ist und erfragt dann den Grund, warum der Patient die Übung nicht richtig durchführt. Ein häufiger Grund ist dabei das Erleben von Angst. In diesem Fall sollte der Therapeut Verständnis für den Patienten signalisieren, gleichzeitig aber betonen, dass es genau darum geht, die Angst zu erleben – und dazu ist es erforderlich die Symptome zu erzeugen. Der Therapeut sollte den Patienten fragen, ob dieser bereit ist, die Übung zu wiederholen – ohne Vermeidungsverhalten. Sollte der Patient nicht dazu bereit sein, muss ggfs. die generelle Behandlungsbereitschaft des Patienten diskutiert werden. In selteneren Fällen hat der Patient das Rational nicht verstanden. Der Therapeut sollte dann wiederholen, dass es darum geht, Symptome und Angst möglichst stark zu provozieren.
Der Patient bricht eine Übung zu früh ab.	Das Vorgehen ist ähnlich zum Vorherigen. Der Therapeut erfragt den Grund und bittet den Patienten um eine Wiederholung der Übung. Die angegebenen Übungsdauern dienen dabei der Orientierung und als Zielmarke.
Keine der Übungen provoziert ein Symptom, das für den Patienten beunruhigend ist/ähnlich zur Panik ist.	In solch einem Fall sollte der Therapeut sich das gefürchtete Symptom noch einmal genau beschreiben lassen und überlegen, wie dieses Symptom erzeugt werden könnte. Die Übungsliste wird dann durch eigene kreative Übungen ergänzt.

Tabelle 8 (Fortsetzung): Umgang mit Problemen während der interozeptiven Exposition

Problem	Therapeutisches Vorgehen
Es werden zwar für den Patienten relevante Symptome erzeugt; der Patient erlebt aber keine Angst.	In der Nachbesprechung sollte der Therapeut die Gründe dafür explorieren, warum der Patient keine Angst erlebt. Ein häufiger Grund ist, dass Patienten sich aufgrund des therapeutischen Settings oder der Anwesenheit des Therapeuten sicher fühlen. In diesem Fall sollte der Therapeut mithilfe des Teufelskreises den Einfluss situativer Faktoren auf die Angst wiederholen. Es wird die Fehlannahme herausgearbeitet, dass die Symptome je nach den äußeren Umständen gefährlicher bzw. ungefährlich seien. Für die Wiederholung der Übungen (siehe Schritt 5) wird darauf geachtet, dass diese in vom Patienten als bedrohlich eingeschätzten Umständen erfolgen sollte. Ein zweiter Grund dafür, dass keine Angst erzeugt werden kann, liegt darin, dass Patienten angeben, die Symptome ja selbst erzeugt zu haben und diese somit kontrollieren zu können. Der Therapeut sollte hier darauf hinweisen, dass auch unter natürlichen Umständen, die Symptome eine Ursache haben und wieder von allein verschwinden, auch wenn man sie nicht kontrollieren kann.

einmal wiederholen, dass das Ziel der Übungen ist, Symptome und Angst zu provozieren, um sich daran gewöhnen zu können. Der Patient soll entsprechend nichts versuchen, um die auftretenden Symptome zu reduzieren.

Hausaufgabe „Gewöhnung an Symptome": Der Therapeut trägt die drei ausgewählten Übungen in das Arbeitsblatt ein. Der Patient soll darauf dokumentieren, wie viel Angst die jeweilige Übungsdurchführung erzeugt hat. Unter Bezug auf situative Einflüsse auf die Angst (vgl. Arbeitsblatt 7) sollte besprochen werden, unter welchen Umständen der Patient die Übung möglichst ausführen sollte. Dabei sollten insbesondere Umstände ausgewählt werden, die der Patient als angststeigernd erlebt. Die Realisierbarkeit der Übungen sollte unter Berücksichtigung möglicher Probleme besprochen werden.

> **Merke:**
> Das Arbeitsblatt beinhaltet Platz für vier Übungstage, ggfs. sollten entsprechend zwei Arbeitsblätter mitgegeben werden.

Arbeitsblatt 7: Symptomhierarchie

Tragen Sie in folgende Tabelle alle Symptome und Körperempfindungen ein, die Angst auslösen. Beginnen Sie mit dem am stärksten angstauslösenden Symptom. Geben Sie an, ob es situative Faktoren gibt, die das Ausmaß der erlebten Angst beeinflussen.

Symptom	Stärker angstauslösend, wenn	Weniger angstauslösend, wenn
1.		
2.		
3.		
4.		
5.		
6.		
7.		
8.		
9.		
10.		

Aus Lang et al.: Expositionsbasierte Therapie der Panikstörung mit Agoraphobie © 2012 Hogrefe, Göttingen

Arbeitsblatt 8: Interozeptive Exposition – Symptomprovokation

Notieren Sie alle Symptome, die während der Übungen auftreten.
Auf einer Skala von **0 (gar nicht)** bis **10 (extrem)** sollen folgende Aspekte eingeschätzt werden:
a) Stärke der Symptome
b) Durch die Übung ausgelöste Angst
c) Ähnlichkeit der Symptome zu denen, die während Panikattacken auftreten.
Markieren Sie alle Übungen, bei denen die Ähnlichkeit zur Panik 3 oder größer ist, mit einem Stern. Bringen Sie die entsprechenden Übungen in eine Rangreihe hinsichtlich der durch die Übung ausgelösten Angst (mit 1 wird dabei die am wenigsten angstauslösende Übung bewertet).

Übung	Erlebte Symptome	Stärke (0–10)	Angst (0–10)	Ähnlichkeit zur Panik (0–10)	Ähnlichkeit >3	Rangreihe
Kopf schütteln (30 s)						
Kopf zwischen Knie und plötzlich aufrichten (30 s)						
Auf der Stelle rennen (1 min)						
Luft anhalten (30 s)						
Gesamten Körper anspannen (1 min)						
Auf der Stelle drehen (30 s)						
Hyperventilation (1 min)						
Durch Strohhalm atmen (1 min)						
Schwindelbild ansehen (1 min)						

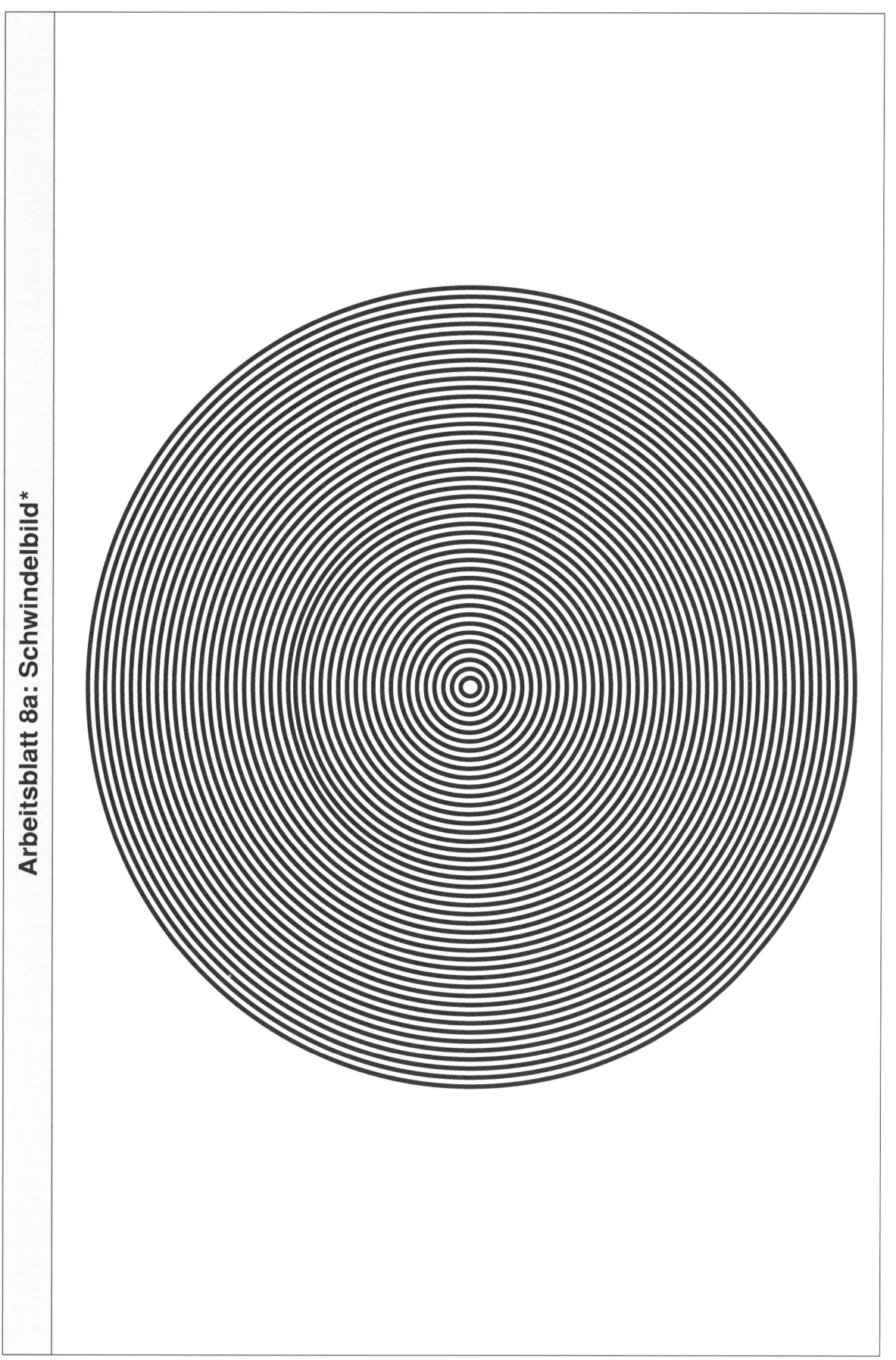

Arbeitsblatt 8a: Schwindelbild

Aus Lang et al.: Expositionsbasierte Therapie der Panikstörung mit Agoraphobie © 2012 Hogrefe, Göttingen

* Der Abdruck erfolgt mit freundlicher Genehmigung von Alexander L. Gerlach

102 Beschreibung der Sitzungen

Arbeitsblatt 8b: Schwindelbild*

* Der Abdruck erfolgt mit freundlicher Genehmigung von Alexander L. Gerlach

Aus Lang et al.: Expositionsbasierte Therapie der Panikstörung mit Agoraphobie © 2012 Hogrefe, Göttingen

Arbeitsblatt 8c: Schwindelbild

Hausaufgabe: Gewöhnung an Symptome

Bitte führen Sie die mit Ihrem Therapeuten vereinbarten Übungen zur Gewöhnung an Körpersymptome durch. Beginnen Sie mit der ersten Übung und gehen dann zügig zur zweiten bzw. dritten Übung über. Wiederholen Sie diese Durchgänge so lange, bis die durch die Übung ausgelöste Angst bei 2 oder geringer ist. Bewerten Sie für jeden Übungsdurchgang, wie viel Angst maximal während der Übung aufgetreten ist. Nutzen Sie dafür eine Skala von 0 = keine Angst bis 10 = extreme Angst.

Datum	Übung	Wiederholung	Erlebte Angst (0–10)
	1.	1 2 3	
	2.	1 2 3	
	3.	1 2 3	
	1.	1 2 3	
	2.	1 2 3	
	3.	1 2 3	
	1.	1 2 3	
	2.	1 2 3	
	3.	1 2 3	
	1.	1 2 3	
	2.	1 2 3	
	3.	1 2 3	

Sitzung 5

Ziele der Sitzung:
• Fortsetzung der Bearbeitung der Angst vor Körpersymptomen • Ableitung des Therapierationals für die Exposition in vivo
Inhalte:
• Wiederholung Sitzung 4 • Herausarbeiten der Veränderungsverläufe nach interozeptiver Exposition (Hausaufgabe) • Erstellen einer Angsthierarchie hinsichtlich gefürchteter Situationen • Durchführung eines Gedankenexperiments zur Ableitung des Therapierationals für die In-vivo-Exposition
Materialien (vgl. CD-ROM):
• Arbeitsblatt 9: Veränderungsverläufe • Arbeitsblatt 10: Wiederholung der interozeptiven Exposition • Schwindelbilder (Arbeitsblätter 8a–c, vgl. Sitzung 4) • Arbeitsblatt 11: Hierarchie vermiedener Situationen • Informationsblatt 4: Prinzipien im Umgang mit Angst • Hausaufgabe: Entscheidungshilfe für Expositionssituationen • Hausaufgabe: Gewöhnung an Symptome (vgl. Sitzung 4) *Zusätzliche Materialien:* • Dünner Strohhalm • Stoppuhr

Schritt 1: Tagesordnung und Wiederholung der vierten Sitzung

Die fünfte Sitzung ist relativ inhaltsreich. Für die Tagesordnung kann der Therapeut folgende Punkte nennen: (a) Wiederholung der Inhalte der letzten Sitzung, (b) Wiederholung der interozeptiven Übungen und Besprechung der Veränderung in der Angst vor Körpersymptomen und (c) die Erarbeitung eines Vorgehens zur Reduktion der Angst in Situationen.

Der Therapeut gibt dem Patienten zunächst die Möglichkeit, offene Fragen zur letzten Sitzung zu stellen. Im Anschluss wird die Hausaufgabe besprochen.

Schritt 2: Besprechung der Hausaufgaben

Zur Besprechung der Hausaufgabe geht der Therapeut die Übungsliste des Patienten mit den drei Symptomprovokationsübungen durch, die in der letzten Sitzung als Hausaufgabe ausgewählt wurden. Er fragt den Patienten, wie er die Übungen erlebt hat, was bei der Durchführung der Übung besonders wichtig sei und welche Schlussfolgerungen der Patient aus den Übungen zieht. Bei der Besprechung sollte der Therapeut unbedingt auf alle Anzeichen von Vermeidungsstrategien achten, die der Patient ggfs. während der Übungsdurchführung eingesetzt hat. Dazu können beispielsweise zählen, dass der Patient die Übungen nur gemacht hat, wenn jemand anders im Raum war, nur, wenn eine Notfallmedikation greifbar war, nur bei offenem Fenster, etc. In solchen Fällen sollte der Patient für die Übungsdurchführung verstärkt werden, aber klar darauf hingewiesen werden, dass diese Strategien den Erfolg der Übungen negativ beeinflussen. An dieser Stelle kann das Prinzip der Übungen wiederholt werden: Es ist wichtig, sich den Symptomen auszusetzen und nicht zu versuchen diese zu beeinflussen.

Arbeitsblatt 9: Zur weiteren Besprechung der Hausaufgabe wird der Angstverlauf für die drei ausgewählten Übungen in Arbeitsblatt 9 eingetragen, um Veränderungen in der Angst vor Körpersymptomen deutlich zu machen. Dazu wird zunächst die Angst während der ersten Durchführung in Sitzung 4 eingezeichnet und anschließend die Angaben zur Angst bei jedem Übungsdurchgang aus der Hausaufgabe übertragen. Der Patient wird ausgefordert, Schlussfolgerungen aus diesen Verläufen zu ziehen. Sollte sich während der Übungen keine Reduktion der Angst zeigen, werden Gründe dafür exploriert. Der häufigste Grund dürfte dabei der Einsatz von Vermeidungsstrategien sein. In solchen Fällen sollte der Therapeut prüfen, wieso der Patient Vermeidungsverhalten einsetzt, und ggfs. das Rational wiederholen oder auf die Wichtigkeit der Übungen für den Therapieerfolg hinweisen.

Merke:
Ähnliches gilt für den Fall, dass der Patient die Hausaufgabe nicht erledigt hat. Auch dann sollte der Therapeut die Gründe für die fehlenden Hausaufgaben explorieren, und ggfs. auf deren Bedeutsamkeit hinweisen. Die Hausaufgaben sollten dann auf jeden Fall wieder vergeben werden. Sollte Angst der Grund für die Nichterledigung der Hausaufgabe sein, verweist der Therapeut auf die Wiederholung der Übungen in der Sitzung und bespricht an dieser Stelle dann, was es dem Patienten erleichtern könnte, die Übungen auch zu Hause umzusetzen.

Schritt 3: Wiederholung der interozeptiven Exposition

Im nächsten Schritt werden alle interozeptiven Übungen aus Sitzung 4 wiederholt. Die Übungsdurchführung ist analog des Vorgehens in Sitzung 4. Bei der Abschlussbesprechung aller Übungen werden die angegebene Stärke der Symptome und die erlebte Angst aus der ersten Übungsdurchführung auf das Arbeitsblatt 10 übertragen. Es wird nochmals diskutiert, wie es zu Veränderungen in den erlebten Symptomen und besonders in der erlebten Angst kommen konnte. Der Therapeut sollte dabei insbesondere hervorheben, dass es sich um Veränderungen in der Bewertung der Symptome handelt und einen Zusammenhang zum Teufelskreismodell (Arbeitsblatt 1) herstellen.

Beispiel: „Das Herzklopfen und der Schwindel hat bei Ihnen heute deutlich weniger Angst ausgelöst als bei der ersten Durchführung. Wie erklären Sie sich diesen Unterschied? [...] Genau das wollten wir mit den Übungen erreichen: Durch das wiederholte Erleben der Symptome kommt es zu einer Veränderung in der Gefahrenbewertung, d. h. Sie haben sich an die Symptome gewöhnt. Die Symptome sind zwar immer noch unangenehm, lösen aber jetzt nicht mehr solch starke Angst aus."

Schritt 4: Erstellen der situationalen Angsthierarchie

Im nächsten Schritt leitet der Therapeut zur Bearbeitung der Angst in Situationen über. Dazu wird zunächst analog des Vorgehens zur Bearbeitung der Angst vor Körpersymptomen eine Angsthierarchie erstellt.

Arbeitsblatt 11: Der Therapeut geht mit dem Patienten das Arbeitsblatt durch. Zunächst werden wieder die beiden Extrempole „Situation, die am meisten Angst auslöst" und „Situation, die kaum Angst auslöst" beschrieben; im Anschluss werden alle weiteren Situationen zwischen diesen Polen eingeordnet. Der Therapeut sollte darauf achten, dass alle Situationen, die im bisherigen Therapieverlauf als problematisch beschrieben wurden, in die Hierarchie eingearbeitet werden. Wenn die Situationshierarchie vorliegt, werden situationale Einflüsse auf das Angsterleben in den Situationen besprochen, indem der Therapeut fragt, unter welchen Umständen die Situation stärker oder weniger stark angstauslösend wäre. Zum Abschluss wird erfasst, welche Situationen für den Patienten besonders wichtig sind. Diese werden in der Hierarchie noch einmal besonders gekennzeichnet.

Schritt 5: Durchführung des Gedankenexperiments/Ableitung des Vorgehens zur Reduktion der Angst in Situationen

Im Anschluss an die Erarbeitung der Angsthierarchie soll die In-vivo-Konfrontation als Vorgehen zur Reduktion der Angst in Situationen vorgeschlagen werden. Um eine stärkere Akzeptanz für das Vorgehen zu erreichen, erarbeitet der Therapeut das Rational mit dem Patienten gemeinsam in einem sogenannten Gedankenexperiment, einer Form des geleiteten Entdeckens. Im Gedankenexperiment bittet der Therapeut den Patienten, sich eine für ihn angstbesetzte Situation vorzustellen, der er ausgesetzt ist, ohne auf seine üblichen Vermeidungs- und Hilfsstrategien zurückgreifen zu können. Der Patient soll seine Annahmen darüber schildern, welche Symptome und Befürchtungen in dieser Situation auftreten würden und wie die Angst verlaufen würde. Ziel ist es, dass der Patient selbst einen Angstabfall annimmt, wenn er sich lange genug ohne Vermeidung der Situation aussetzt. Da das Gedankenexperiment einige Anforderungen an Therapeut und Patienten stellt, wird das Vorgehen im Folgenden näher beschrieben.

Einführung des Experiments: Zur Einführung des Experiments wiederholt der Therapeut noch einmal, dass Vermeidungsverhalten die Angst in Situationen aufrechterhält. Er macht deutlich, dass es im Folgenden darum gehen soll, wie die Angst langfristig vermindert werden kann. Der Therapeut betont, dass es dazu erforderlich ist, dass man sich noch einmal genau die Vorstellungen des Patienten anschaut, was in einer solchen Situation passieren würde – und zwar wenn er *nicht* vermeiden kann.

> *Beispiel:* „Wir haben ja besprochen, dass das Vermeidungsverhalten der Grund dafür ist, dass die Angst in Situationen weiterbesteht, obwohl nichts Schlimmes in den Situationen passiert. Jetzt kommen wir zu der sicherlich wichtigeren Frage, was wir tun können, damit die Angst doch wieder verschwindet. Bevor wir zu diesem Punkt kommen, möchte ich mir noch mal genauer anschauen, was Sie annehmen, was in einer solchen Situation passieren könnte. Dazu würde ich gern ein Gedankenexperiment durchführen. Ich werde Ihnen gleich eine Situation nennen, die bei Ihnen Angst auslöst. Ich möchte Sie bitten, sich diese Situation möglichst genau vorzustellen. Ich bitte Sie dann, alle Befürchtungen, Gedanken und Symptome zu nennen, die Sie in der Situation annehmen – egal, was es ist. Um ein möglichst genaues Bild davon zu bekommen, was Sie befürchten, möchte ich Sie bitten, sich vorzustellen, dass Sie in dem Gedankenexperiment nichts tun können, um Ihre Angst zu beeinflussen oder zu reduzieren. Das heißt, keine Ihrer Strategien, die Sie sonst einsetzen, um mit den Situationen besser fertig zu werden, funktioniert. Sie können sich nicht ablenken oder beruhigen, Sie haben nichts dabei, dass Ihnen ansonsten Sicherheit geben würde."

Um die Annahmen des Patienten sichtbar zu machen, zeichnet der Therapeut auf ein weißes Blatt ein Koordinatensystem, bei dem die x-Achse die Zeit, die y-Achse das Ausmaß der Angst darstellt. Die y-Achse wird dabei nicht beschränkt, der Angstverlauf ist nach oben hin offen. In diese Grafik soll der Patient den von ihm angenommenen Angstverlauf eintragen; der Therapeut ergänzt die Symptome und Befürchtungen, die der Patient nennt. Die Grafik sollte als nach allen Seiten offen eingeführt werden; es können jederzeit Blätter angelegt werden, um den Patienten in seinen Vorstellungen nicht zu beschränken.

> *Beispiel:* „Um Ihre Annahmen verfolgen zu können, verwenden wir hier diese Grafik, in die ich Sie bitten werde, Ihre angenommene Angst einzutragen. Lassen Sie sich nicht von dem Blatt beschränken, wir können auch jederzeit noch Blätter anlegen. Haben Sie Fragen zu dem, was wir jetzt vorhaben?"

Angstsituation schildern: Im nächsten Schritt schildert der Therapeut dem Patienten die Situation für das Gedankenexperiment. Üblicherweise verwendet man die Situation, die der Patient in der Situationshierarchie als schlimmste Situation angegeben hat. Der Therapeut sollte jedoch darauf achten, dass die Situation zeitlich beliebig ausgedehnt werden kann, dass die reale Gefährdung für den Patienten gering ist und der Patient den Verlauf der Situation nicht unter Kontrolle hat. Gut geeignet sind Situationen wie Flugzeug, Bus, Zug oder Fahrstuhl; weniger gut geeignet sind beispielsweise Autofahren oder Höhensituationen.

Der Therapeut sollte die Situation dabei nicht nur nennen, sondern möglichst plastisch schildern. Dabei betont er situative Faktoren, die die Angst in der Situation verschlimmern. Er sollte ebenfalls darauf achten, mögliches Vermeidungsverhalten bereits auszuschließen, z.B. in dem er betont, dass der Patient nicht weiß, wie lange er in der Situation sein wird, dass er keine Hilfsmittel dabei hat etc. Der Therapeut führt ein, dass reits in der Situation ist – es geht ni Situation aufzusuchen.

Beispiel: „Bitte stellen Sie sich vor, Sie sitzen in einem Flugzeug. Sie sind da ganz allein, Sie sehen all die leeren Stuhlreihen vor sich. Das Licht ist etwas dämmrig und die Luft stickig. Sie hören das Geräusch der Maschinen und sonst nichts. Sie sind in dem Flieger ganz allein und Sie haben nichts bei sich. Sie wissen ganz genau, dass Sie jetzt für eine sehr lange Zeit hier sitzen müssen. Es ist niemand da, der Ihnen helfen könnte; es gibt keine Möglichkeit der Situation zu entkommen."

Angstverlauf explorieren: Nach der Einführung der Situation bittet der Therapeut den Patienten, in das Koordinatensystem einzutragen, wie hoch in dem Moment die Angst sein wird, wenn er realisiert, dass er in diesem Flieger ist. Der Therapeut fragt, welche Symptome und Befürchtungen der Patient in diesem Moment hätte und trägt diese ebenfalls in das Koordinatensystem ein. Der weitere Verlauf der Angst in der Situation wird exploriert und ebenfalls eingetragen. Der Therapeut ist dabei offen für alle Annahmen des Patienten; er argumentiert allenfalls in Richtung einer Verschlimmerung der Angst. Falls Vermeidungsverhalten auftritt (z. B. der Patient meint, er würde aufstehen und zur Beruhigung hin- und herlaufen), klärt der Therapeut dieses und schließt es aus dem Experiment aus. Annahmen, die die Situation unwiderruflich beenden würden (z. B. Annahme zu sterben), schließt der Therapeut ebenfalls aus. Der Therapeut strukturiert das Experiment, in dem er wiederholt den bisherigen Angstverlauf in der Situation schildert und gegebenenfalls Zeitvorgaben macht. Wichtige Annahmen bzgl. auftretenden Körpersymptomen oder Gedanken werden durch den Therapeuten an die Angstverlaufskurve geschrieben.

Beispiele: „Okay, hier ist also Ihre Angst, wenn Sie bemerken, dass Sie im Flieger sind. Sie haben Herzrasen und Schwitzen und denken nur „Oh Gott, ich muss hier raus". Was denken Sie, wie geht es weiter mit der Angst? Steigt die noch?" […]

„Wie viel Zeit ist bis hierin vergangen? Fünf Minuten? Gut. Was spüren Sie in diesem Moment an Körpersymptomen? Ist da noch etwas dazu gekommen? Was geht Ihnen durch den Kopf? […] Okay, das heißt, Sie sind mittlerweile fünf Minuten in dem Flugzeug, es ist stickig, es ist keiner da, der Ihnen helfen kann. Sie haben extremes Herzrasen, Schwitzen und jetzt ist auch noch der Schwindel hinzu gekommen. Sie denken die ganze Zeit „Gleich falle ich um". Wie geht es weiter?" […]

„Sie denken jetzt, das Flugzeug muss bald mal landen. Ist das ein Gedanke, der Sie beruhigen soll? Wäre das eine Art von Vermeidungsverhalten? Genau, das wäre ein Versuch, die Angst zu reduzieren. Bitte stellen Sie sich für das Experiment vor, das würde nicht gehen. Sie wissen genau, das Flugzeug hat unendlich Treibstoff und fliegt immer weiter."

Ausschluss von Ereignissen: Es ist nicht unüblich, dass Patienten annehmen, dass unter diesen Umständen finale Konsequenzen einträten, dass sie beispielsweise an einem Herzinfarkt versterben oder unwiederbringlich verrückt werden. Der Therapeut sollte immer klar trennen, ob der Patient gerade den Gedanken hat „ich sterbe gleich" oder ob er tatsächlich annimmt, dass er in dieser Situation zu diesem Zeitpunkt sterben würde. In letzterem Fall schließt der Therapeut das Sterben aus. Er würdigt, dass das ein Ausgang der Situation ist, den der Patient annimmt und bittet ihn, sich für das Gedankenexperiment aber vorzustellen, dass er nicht sterben kann. Der Patient soll den weiteren Angstverlauf schildern, falls er nicht stirbt. Gegebenenfalls muss der Patient darauf hingewiesen werden, dass er in der Situation nicht weiß, dass er nicht sterben kann, damit er den Gedanken nicht als Beruhigung einsetzt (z. B. „Ich kann ja nicht sterben").

Merke:

Es werden nur Ereignisse ausgeschlossen, die die Situation tatsächlich unwiederbringlich beenden. Ohnmacht ist beispielsweise in den meisten Fällen eine reversible Folge der Angst, die der Therapeut nicht ausschließen muss. Es wird dann geklärt, was der Patient annimmt, wie lange er ohnmächtig wäre und was mit der Angst passieren würde, wenn er wieder aufwacht. Nur wenn der Patient annimmt, die Ohnmacht würde nicht enden (z. B. er fällt ins Koma), sollte das ausgeschlossen werden. Gleiches gilt für Befürchtungen, wie „ich drehe durch" oder „ich verliere die Kontrolle". Der Therapeut exploriert, wie genau dieses Verhalten aussehen würde und ob es reversibel ist. Dann entscheidet er, ob es ausgeschlossen werden muss oder nicht.

Ebenfalls ausgeschlossen werden Zustände, die beim Patienten zu einer vorübergehenden Abnahme der Angst führen, jedoch nicht dem Habituationsprinzip entsprechen, z. B. Erschöpfung oder Müdigkeit. In diesen Fällen weist der Therapeut den Patienten darauf hin, dass er sich jetzt ja in einem Gedankenspiel befindet, und angenommen wird, er habe unendlich Energie und werde nicht müde. Gleiches gilt für Hunger oder Durst.

Beendigung des Experiments: Das Experiment wird zunächst beendet, wenn der Patient annimmt, dass sich die Angst von selbst reduzieren wird, d. h. ohne, dass er etwas dafür tut. Dabei sollte eine deutliche Angstreduktion erreicht sein; die Angst muss aber nicht auf 0 abgesunken sein. Üblicherweise nehmen Patienten an, dass die Angst deutlich nachlässt, aber dass sie im-mer noch leicht angespannt sind oder dass sie sich nicht wirklich wohl fühlen. Dies ist durchaus akzeptabel.

Berichtet der Patient einen Angstabfall, nimmt der Therapeut die Rolle eines advocatus diaboli ein, d. h. er argumentiert gegen einen Angstabfall, um die Überzeugung des Patienten, dass es zu einer Angstreduktion kommt, zu prüfen. Er lässt den Patienten begründen, warum es zu einem Angstabfall kommen sollte. Er prüft, ob der Angstabfall dem Habituationsprinzip entspricht (Gewöhnung) oder ob der Patient doch Vermeidungsstrategien eingesetzt hat. Diese sollten dann ausgeschlossen werden. Nimmt der Patient an, dass sich die Angst stabil und deutlich reduziert hat, weil er sich an die Situation gewöhnt, erklärt der Therapeut, dass diese Annahme dem entspricht, was er als Therapeut auch erwarten würde und kennt. Er führt den Begriff „Habituation" ein und erklärt, dass die Bereitschaft des Körpers, mit Angst zu reagieren, nachlässt, wenn man sich ausreichend lange einer Situation ohne Vermeidung aussetzt. Tabelle 9 stellt den Umgang mit alternativen Annahmen des Patienten dar.

An dieser Stelle sollten auch Befürchtungen besprochen werden, die der Therapeut aus dem Gedankenexperiment ausgeschlossen hat. Mit Bezug auf Informationsblatt 3 (Typische Denkweisen unter Angst) erläutert der Therapeut, dass die Annahme des Patienten unter Angst relativ häufig ist und ein Symptom der Angst darstellt. Tatsächlich sind diese Annahmen jedoch nicht mit der Schutzfunktion der Angst vereinbar: Die körperlichen Veränderungen dienen dazu, Energie bereitzustellen, um zu kämpfen oder zu flüchten; es widerspräche jedoch dieser Schutzfunktion, wenn man an den Symptomen sterben würde.

Tabelle 9: Umgang mit Problemen

Problem	Vorschläge für Therapeutenverhalten
Der Patient nimmt keinen Angstabfall an.	Wenn, trotz massiver Erhöhung der angenommenen Aufenthaltszeit in der Situation (z. B. mehrere Monate oder Jahre), absehbar ist, dass der Patient keinen Angstabfall annehmen wird, bricht der Therapeut das Experiment ab. Er würdigt den angenommenen Angstverlauf auch im Sinne einer Erklärung, warum es so schwierig für den Patienten ist, diese Situationen ohne Vermeidungsverhalten aufzusuchen. Dann führt der Therapeut das Habituationsprinzip ein, in dem er eine entsprechende Kurve in die Grafik einzeichnet und die dahinter stehenden biologischen Mechanismen erklärt. Gegebenenfalls kann das Prinzip der Gewöhnung anhand von anderen Beispielen aus der Erfahrung des Patienten verdeutlicht werden (z. B. Nachlassen der Schreckreaktion, wenn man am Flughafen wohnt).
Der Patient bezweifelt aufgrund seiner bisherigen Erfahrungen den Angstabfall.	Die Erfahrungen des Patienten sollten auf jeden Fall Ernst genommen und nicht in Abrede gestellt werden. Es sollte exploriert werden, warum der Patient bislang keinen Angstabfall erlebt hat, obwohl er sich den Situationen ausgesetzt hat. Meistens liegt der Grund dafür im Einsatz von Vermeidungsverhaltensweisen. Dies sollte heraus gestellt und die Unterschiede zum Gedankenexperiment deutlich gemacht werden.

> **Merke:**
>
> Auch wenn Ohnmacht nicht per se ausgeschlossen wird, kann der Therapeut dem Patienten an dieser Stelle erklären, dass Ohnmacht nicht mit den physiologischen Reaktionen bei Angst (Blutdruck steigt, Herzrate steigt) vereinbar ist, d. h. es ist denkbar unwahrscheinlich, dass man unter Angst ohnmächtig wird.

Wiederholung des Experiments: Wenn das Experiment komplett durchgeführt wurde, wiederholt der Therapeut das Experiment, um die Bedeutung der Wiederholung für die dauerhafte Angstreduktion herauszuarbeiten. Dazu bittet er den Patienten, sich vorzustellen, dass er wieder in der gleichen Situation ist – alles ist wie beim ersten Mal; der Patient weiß jedoch, wie die Angst beim ersten Mal verlaufen ist. Das Experiment wird analog zur ersten Durchführung wiederholt. Der Therapeut sollte insbesondere darauf achten, an welchen Stellen der angenommene Angstverlauf vom ersten Durchgang abweicht. Um dies deutlicher zu machen, empfiehlt es sich, die zweite Durchführung mit einer anderen Farbe zu kennzeichnen und in die gleiche Grafik einzutragen. Bei Abweichungen fragt der Therapeut nach, wieso die Angst nicht verläuft, wie beim ersten Mal. Häufig nutzen Patienten beruhigende Gedanken, wie „Ich weiß ja, dass beim ersten Mal auch nichts passiert ist". Diese Gedanken stellen Vermeidungsverhaltensweisen dar und müssen vom Therapeuten ausgeschlossen werden, z. B. in dem er dem Patienten deutlich macht „Nur dass beim ersten Mal nichts passiert ist, heißt ja nicht, dass nicht jetzt etwas passieren könnte. Vielleicht hatten Sie ja einfach Glück".

Das Experiment wird gegebenenfalls noch mehrfach wiederholt, nach der zweiten Durchführung müssen die Kurven jedoch nicht mehr so detailliert besprochen werden. Es reicht, den Patienten zu bitten, einzuzeichnen, was er denken würde, wie die Angst bei einem 3., 10. oder 100. Mal in der Situation verlaufen würde. Ein idealtypisches Ergebnis des Gedankenexperiments ist in Abbildung 9 dargestellt.

Auswertung des Experiments: Sind mindestens drei Verlaufskurven erarbeitet, die das Habituationsprinzip (Reduktion über Zeit; Reduktion über Wiederholung) verdeutlicht, fragt der Therapeut

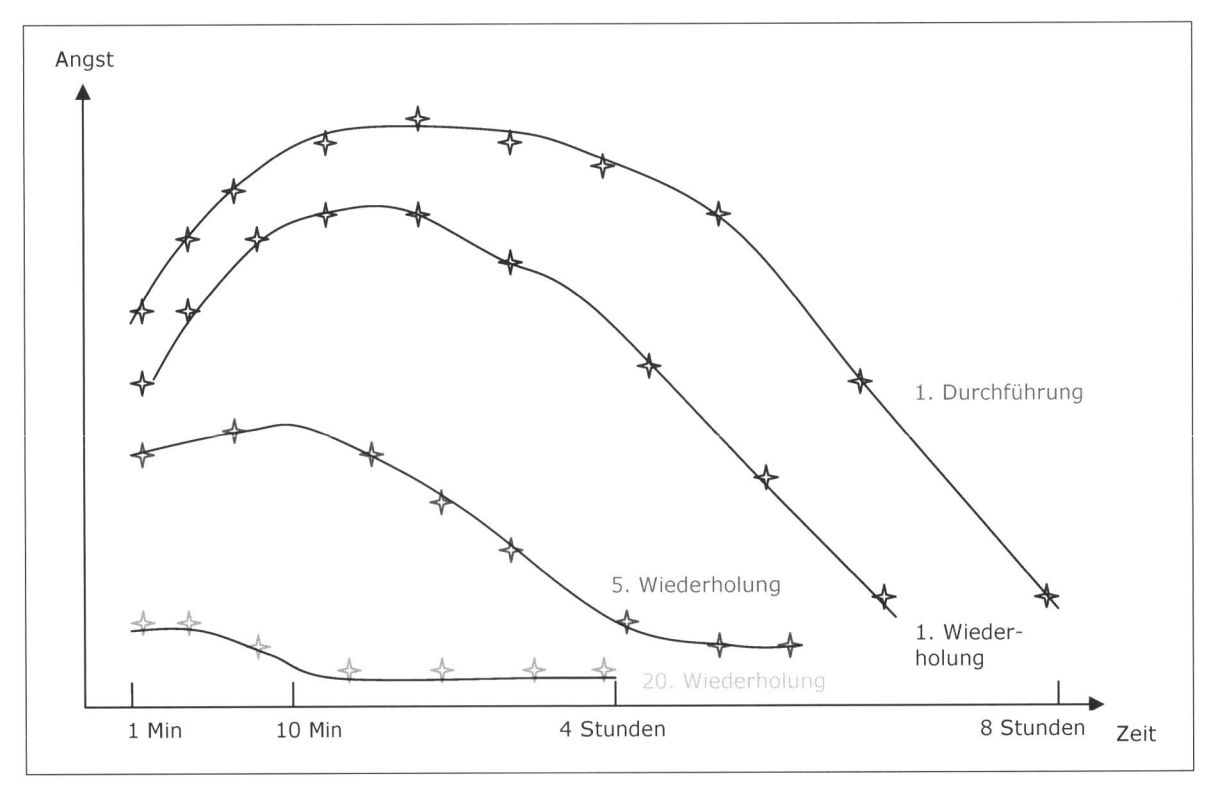

Abbildung 9: Idealtypische Verlaufskurven im Gedankenexperiment

nach möglichen Schlussfolgerungen für die folgende Behandlung. Dabei sollen folgende Prinzipien der Angstreduktion herausgearbeitet werden:
- sich der Angst aussetzen,
- ohne Vermeidungsverhalten,
- lange genug, damit die Angst sich reduzieren kann und
- wiederholt.

Diese Prinzipien werden vom Therapeuten noch einmal zusammengefasst und als Rational für die Bearbeitung der Angst vor Situationen eingeführt. Gleichzeitig wird betont, dass dies eine extreme Herausforderung für den Patienten darstellt und dass Zweifel an diesem Vorgehen durchaus verständlich sind.

Beispiel: „Dadurch, dass Sie die Reize, von denen Sie annehmen, dass sie Ihre Angst auslösen, bisher vermeiden oder ihnen so gut wie es geht aus dem Weg gehen, wird die Angst aufrechterhalten. Das hatten wir ja bereits besprochen. Wie wir im Gedankenexperiment nun gesehen haben, ist es theoretisch möglich und rational nachvollziehbar, dass die Angst auch ohne diese Vermeidungsstrategien nachlässt. Wenn Sie sich also den angstauslösenden Reizen aussetzen, könnte genau dies eintreffen. Und das ist dann auch das Behandlungsprinzip für den Umgang mit der Angst in Situationen. Sie müssten sich den Situationen ohne Vermeidung so lange aussetzen, bis die Angst von selbst abnimmt. Dies müssten Sie häufig wiederholen, damit die Angst in den Situationen schwächer wird.

Das ist natürlich keine schöne Vorstellung! Denn Sie würden in diesen Situationen Angst erleben – etwas, was Sie bisher versucht haben zu umgehen. Leider hat das bisher nicht dazu geführt, dass sich Ihre Angst vermindert. Ich kann gut verstehen, wenn Sie Zweifel an diesem Vorgehen haben – und es ist sehr wichtig, dass Sie diese Zweifel äußern. Was denken Sie im Moment dazu?"

Der Therapeut nimmt alle Bedenken des Patienten ernst und prüft diese in Bezug auf das Ziel, die Angst in Situationen dauerhaft zu vermindern. Die mit den Bedenken verbundenen Konsequenzen werden dem Patienten erläutert. Die Notwendigkeit der In-vivo-Exposition wird komplett vom Ziel der Angstreduktion abhängig gemacht – nur dann ist eine Exposition notwendig. Der Therapeut macht deutlich, dass keine Exposition stattfinden wird, wenn der Patient nicht klar dafür entschieden ist, sich der Angst in den Situationen auszusetzen.

Besteht das Hauptbedenken des Patienten in Zweifeln, die Therapieprinzipien richtig umsetzen zu können, leitet der Therapeut zur Notwendigkeit der Begleitung in den Situationen bzw. zur detaillierten Vorbesprechung der Übungen über.

Merke:
Prinzipiell können die Expositionsübungen mit und ohne Therapeutenbegleitung durchgeführt werden. In beiden Fällen sollte der Therapeut wertschätzen, wie schwierig die Realisierung des vorgeschlagenen Therapierationals ist.

Ableitung der Therapeutenbegleitung. Unabhängig von Zweifeln des Patienten stellt der Therapeut das genaue Vorgehen für Expositionssituationen vor. Dabei erläutert er, dass es natürlich sehr schwierig ist, die besprochenen Therapieprinzipien umzusetzen und dass er aus diesem Grund den Patienten zunächst in den Situationen begleiten wird. Die Aufgabe des Therapeuten besteht dabei darin, den Patienten zu ermutigen, die Situation überhaupt aufzusuchen und lange genug zu bleiben, bis die Angst nachlässt. Gleichzeitig achtet der Therapeut auf mögliche Vermeidungsverhaltensweisen und unterbindet diese. Der Patient sollte unbedingt verstehen, dass der Therapeut ihm die Situation nicht leichter machen wird; sondern dafür sorgt, dass die Therapieprinzipien umgesetzt werden. Unter Umständen bedeutet dies, dass der Therapeut die Angst eher schlimmer macht als geringer.

Beispiel: „Sollten Sie sich für dieses Vorgehen entscheiden, werden wir in den nächsten Sitzungen damit beginnen, gemeinsam solche Situationen aufzusuchen. Da es sehr schwer sein kann, in die Angstsituationen zu gehen, werde ich versuchen, Ihnen dabei zu helfen. So werde ich Sie mit Worten dazu ermuntern, die Situation aufzusuchen – ich werde Ihnen sozusagen gut zureden, sich zu trauen. Ich werde auch versuchen, Sie in der Situation zu halten, auch wenn die Angst so stark wird, dass Sie die Situation gern verlassen möchten. In solchen Fäl-

> len werde ich Sie bitten, noch einige Minuten länger zu warten; indem ich Ihnen sage, dass die Angst gewinnt, wenn Sie jetzt gehen. Das Ziel der Übungen ist ja, dass Sie sich den Situationen, die Angst bei Ihnen auslösen, aussetzen – ohne die Angst zu vermeiden. Daher wäre es sehr ungünstig, wenn ich Sie in diesen Situationen beruhigen würde. Ich werde vielmehr versuchen, dass Sie sich die Angst bewusst machen, die Sie erleben. Dazu werde ich Sie bitten, genau auf die Angst zu achten, diese einzuschätzen und manchmal werde ich Ihnen erzählen, wo Sie sich gerade befinden. Ich tue das nicht, um Sie zu quälen oder zu ärgern – auch wenn Sie das in einem solchen Moment so empfinden. Ich tue das, damit Sie sich der Angst komplett aussetzen."

Ableitung der Vorbesprechung. Sollten keine therapeutenbegleiteten Expositionsübungen geplant sein, betont der Therapeut die Wichtigkeit, alle Übungen möglichst genau vorzubesprechen. Er erläutert, dass er in den nächsten Sitzungen mit dem Patienten gemeinsam detailliert planen wird, wie die Übungen am besten umgesetzt werden können.

Informationsblatt 4: Der Therapeut setzt das Arbeitsblatt ein, um das Verständnis des Patienten für die Expositionsprinzipien zu überprüfen. Die Punkte werden noch einmal durchgegangen und Fragen und Zweifel des Patienten zu jedem Punkt erfragt.

Schritt 6: Hausaufgabenvergabe

Die Hausaufgaben beinhalten die erneute Wiederholung der interozeptiven Übungen (vgl. Hausaufgabenblatt Sitzung 4) sowie die Entscheidung für oder gegen die Exposition.

Entscheidung für oder gegen Exposition: Der Therapeut macht an dieser Stelle noch einmal deutlich, dass es wichtig ist, dass der Patient sich klar für die Durchführung der Übungen entscheidet. Es macht keinen Sinn anzufangen, wenn der Patient am Sinn der Übungen zweifelt. Um eine Hilfestellung zu geben, sich systematisch mit dieser Entscheidung auseinanderzusetzen, erhält der Patient ein Arbeitsblatt, in welchem er Vor- und Nachteile der Exposition aus lang- und kurzfristiger Sicht reflektieren soll.

Wiederholung interozeptive Übungen: Der Patient erhält analog zu Sitzung 4 wieder drei Symptomprovokationsübungen, die mindestens dreimal täglich unter verschiedenen Umständen durchgeführt werden sollen. Hatte der Patient die Hausaufgabe aus Sitzung 4 nicht umsetzen können, sollte an dieser Stelle nach Lösungsmöglichkeiten gesucht werden, um die Durchführung der Hausaufgabe zu ermöglichen.

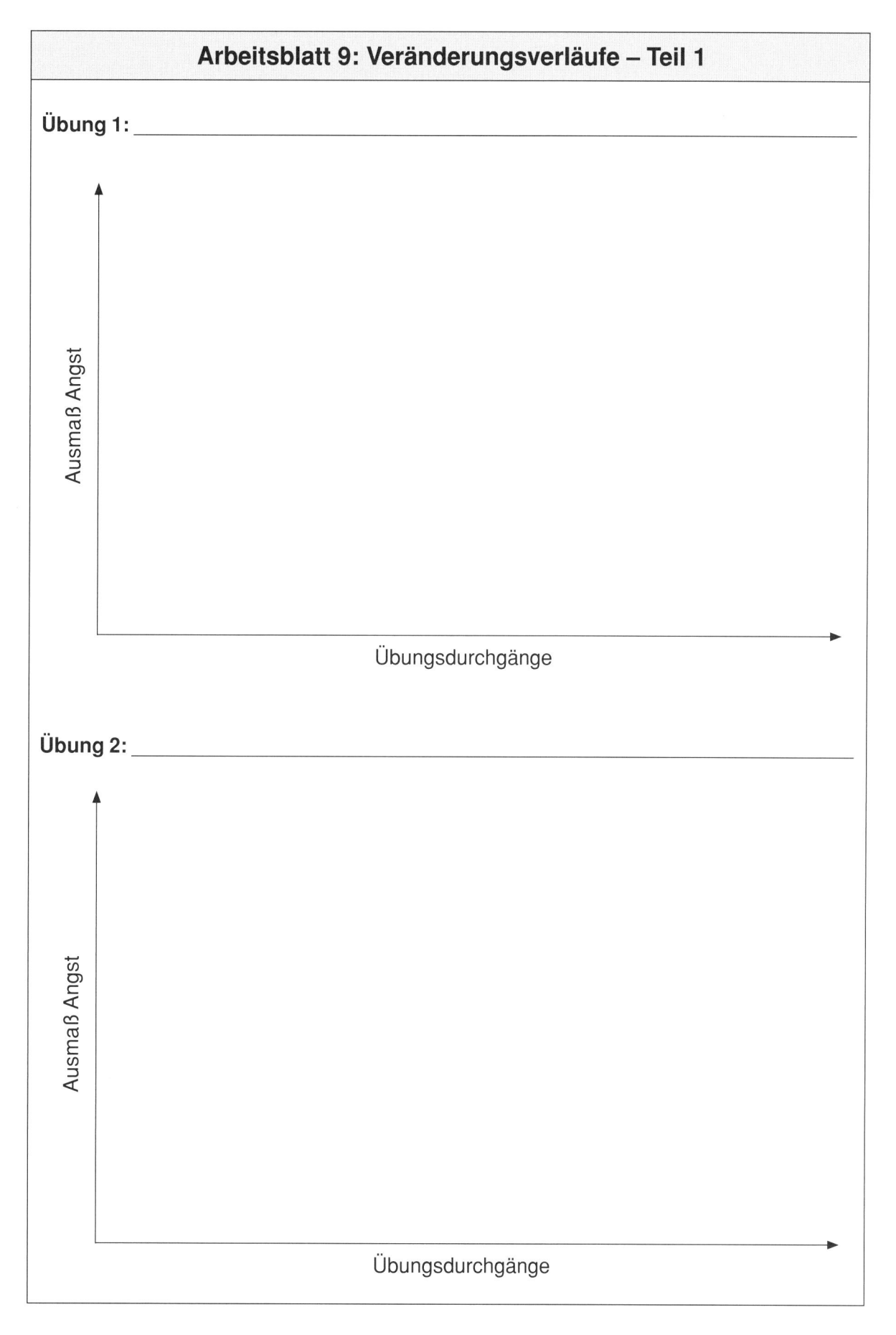

Arbeitsblatt 9: Veränderungsverläufe – Teil 1

Übung 1: _____

[Diagramm: y-Achse: Ausmaß Angst, x-Achse: Übungsdurchgänge]

Übung 2: _____

[Diagramm: y-Achse: Ausmaß Angst, x-Achse: Übungsdurchgänge]

Aus Lang et al.: Expositionsbasierte Therapie der Panikstörung mit Agoraphobie © 2012 Hogrefe, Göttingen

Arbeitsblatt 9: Veränderungsverläufe – Teil 2

Übung 3: _____

[Diagramm: y-Achse "Ausmaß Angst", x-Achse "Übungsdurchgänge"]

Schlussfolgerungen?

_____
_____
_____
_____
_____
_____
_____
_____

Aus Lang et al.: Expositionsbasierte Therapie der Panikstörung mit Agoraphobie © 2012 Hogrefe, Göttingen

Arbeitsblatt 10: Wiederholung der interozeptiven Exposition

Notieren Sie alle Symptome, die während der Übungen auftreten.
Auf einer Skala von **0 (gar nicht)** bis **10 (extrem)** sollen folgende Aspekte eingeschätzt werden:
a) Stärke der Symptome
b) Durch die Übung ausgelöste Angst
c) Ähnlichkeit der Symptome zu denen, die während Panikattacken auftreten.

Übung	Erlebte Symptome	Stärke bei 1. Durchführung	Angst bei 1. Durchführung	Stärke (0–10)	Angst (0–10)	Ähnlichkeit zur Panik (0–10)
Kopf schütteln (30 s)						
Kopf zwischen Knie (30 s) und plötzlich aufrichten						
Auf der Stelle rennen (1 min)						
Luft anhalten (30 s)						
Gesamten Körper anspannen (1 min)						
Auf der Stelle drehen (30 s)						
Hyperventilation (1 min)						
Durch Strohhalm atmen (1 min)						
Schwindelbild ansehen (1 min)						

Aus Lang et al.: Expositionsbasierte Therapie der Panikstörung mit Agoraphobie © 2012 Hogrefe, Göttingen

Arbeitsblatt 11: Hierarchie vermiedener Situationen

Tragen Sie in folgende Tabelle die Situationen ein, die Sie – wenn möglich – vermeiden oder nur mit starker Angst durchstehen können. Beginnen Sie mit der Situation, die am stärksten Angst auslöst.

Geben Sie an, ob es situative Faktoren gibt, die das Ausmaß der erlebten Angst oder der Vermeidung beeinflussen. Kennzeichnen Sie Situationen, die für Sie wichtig sind, mit einem Stern.

Situation	Stärker angst-auslösend, wenn	Weniger angst-auslösend, wenn
1.		
2.		
3.		
4.		
5.		
6.		
7.		
8.		
9.		
10.		

Aus Lang et al.: Expositionsbasierte Therapie der Panikstörung mit Agoraphobie © 2012 Hogrefe, Göttingen

Informationsblatt 4: Prinzipien im Umgang mit Angst

Vor der Situation:

1. Erinnern Sie sich, dass alle unter Angst auftretenden Gedanken und Körperreaktionen normal sind und nicht schädlich für die Gesundheit.

2. Erinnern Sie sich daran, dass Sie beim Auftreten von Angst nichts tun sollten, um diese Angst zu unterdrücken oder zu reduzieren.

In der Situation:

3. Lassen Sie alle aufkommenden Angstgefühle und Angstgedanken zu.

4. Beobachten Sie genau, was in der Situation passiert.

5. Warten Sie ab, bis die Angstreaktion von selbst nachlässt, ohne etwas gegen die Angst zu tun.

6. Vermeiden Sie nicht – Geben Sie sich die Chance zu lernen.

7. Führen Sie die Übungen bis zum Abschluss durch, d. h. bis Sie eine deutliche Angstreduktion bemerken.

8. Nehmen Sie sich Zeit für die Übungen; setzen Sie sich nicht unter Druck.

Hausaufgabe: Entscheidungshilfe für Expositionssituationen

Bitte überlegen Sie, was aus Ihrer Sicht für oder gegen die vorgeschlagenen Expositionsübungen spricht. Denken Sie dabei sowohl an kurzfristige aber auch langfristige Auswirkungen, die diese Entscheidung haben kann. Das folgende Schema soll Ihnen dabei helfen, alle möglichen Aspekte bei Ihrer Entscheidung zu berücksichtigen.

	Für die Durchführung von Expositionsübungen spricht ...	**Gegen die Durchführung von Expositionsübungen spricht ...**
Kurzfristig		
Langfristig		

Nachdem Sie Ihre Argumente für und wider die Durchführung der Übungen durchgegangen sind, wie hoch ist Ihre Bereitschaft, die Übungen so wie mit Ihrem Therapeuten durchgesprochen, durchzuführen? Bitte markieren Sie auf der folgenden Skala die Sicherheit Ihrer Entscheidung.

0 % ——— 20 % ——— 40 % ——— 60 % ——— 80 % ——— 100 %

Haben Sie noch grundlegende Fragen zur Durchführung der Übungen an Ihren Therapeuten?

Expositionssitzungen (Sitzung 6 bis 8 sowie 10 und 11)

Ziele der Sitzung:
• Bearbeitung der Angst in Situationen
Inhalte:
• Vorbesprechung der Expositionsübung • Gegebenenfalls Motivationsaufbau zur Durchführung der Exposition • Durchführung von Übungen • Nachbesprechung von Übungen
Materialien (vgl. CD-ROM):
• Arbeitsblatt 12: Protokoll für Expositionsübungen • Hausaufgabe: Protokoll für Expositionsübungen (vgl. Arbeitsblatt 12)

Da Expositionssitzungen weitgehend dem gleichen Ablauf folgen, wird hier zunächst das allgemeine Vorgehen in Expositionssitzungen erläutert. Im Anschluss werden Besonderheiten in einzelnen Sitzungen bzw. in einzelnen Übungen dargestellt und das Vorgehen bei Therapeutenbegleitung und ohne Therapeutenbegleitung beispielhaft an jeweils einer Sitzung illustriert.

Allgemeine Struktur der Expositionssitzungen

Die Expositionssitzungen beinhalten folgende Elemente:
- Nachbesprechung der jeweiligen Hausaufgabe.
- Vorstellen der geplanten Übung durch den Therapeuten.
- Ggfs. Einsatz motivationaler Strategien.
- Durchführung bzw. detaillierte Besprechung der geplanten Expositionsübung.
- Nachbesprechung der Übung (nur bei Therapeutenbegleitung).

In den Sitzungen 6 bis 8 werden standardisierte Übungssituationen bearbeitet; Sitzung 10 und 11 wird für weitere individuelle Expositionsübungen genutzt (vgl. Tab. 10). Sitzung 9 ist eine Besprechungssitzung, die gesondert dargestellt wird.

Die Therapielogik sieht dabei vor, dass eine Übung so lange wiederholt wird, bis die Übung gemäß dem Rational mehrfach erfolgreich durchgeführt wurde, d.h. ohne Sicherheits- und Vermeidungsverhalten und lange genug, bis eine substanzielle Angstreduktion statt gefunden hat. Vorgesehen

Tabelle 10: Überblick über die Expositionssitzungen

Sitzung	Übung	Umsetzung
6	1. Standardübung: Bus/Straßenbahn	Möglichst lange Fahrtstrecke, Umsteigemöglichkeiten in andere Busse
7	2. Standardübung: Kaufhaus	Mehrstöckiges Gebäude, möglichst gut besucht
8	3. Standardübung: Waldstück	Keine Straße einsehbar, wenig Besucher
10	1. Individuelle Übung aus der Angsthierarchie	Möglichst gut herstellbar und kontrollierbar
11	2. Individuelle Übung aus der Angsthierarchie	Möglichst gut herstellbar und kontrollierbar

```
┌─────────────────────────────────────────────────────────────────┐
│  ┌─────────────────────────────────────────┐                    │
│  │ Durchführung und Wiederholung der Übung 1│                    │
│  └─────────────────────────────────────────┘                    │
│                     │                                            │
│                     ▼                                            │
│                  ◇ Angst-    ─── nein ──▶ ┌─────────────────┐  │
│                  reduktion? ◇              │ Wiederholung der│  │
│                     │                      │     Übung 1     │  │
│                     ja                     └─────────────────┘  │
│                     ▼                              │            │
│           ┌──────────────────────┐  ◀──────────────┘            │
│           │ Hausaufgabe: Übung 1 │                              │
│           │  zweimal wiederholen │                              │
│           └──────────────────────┘                              │
│                     │                                            │
│                     ▼                                            │
│                  ◇   HA     ─── nein ──▶ ┌─────────────────┐   │
│                  erledigt? ◇              │ Wiederholung der│   │
│                     │                     │     Übung 1     │   │
│                     ja                    └─────────────────┘   │
│                     ▼                              │            │
│           ┌──────────────────────┐                 │            │
│           │ Durchführung der     │                 │            │
│           │      Übung 2         │                 │            │
│           └──────────────────────┘                 │            │
│                     │                              ▼            │
│           ┌──────────────────────┐      ┌──────────────────────┐│
│           │ Hausaufgabe: Übung 2 │      │ Hausaufgabe: Übung 1 ││
│           │  zweimal wiederholen │      │  zweimal wiederholen ││
│           └──────────────────────┘      └──────────────────────┘│
│                     │                              │            │
│                     ▼                              ▼            │
│                    ...                            ...           │
└─────────────────────────────────────────────────────────────────┘
```

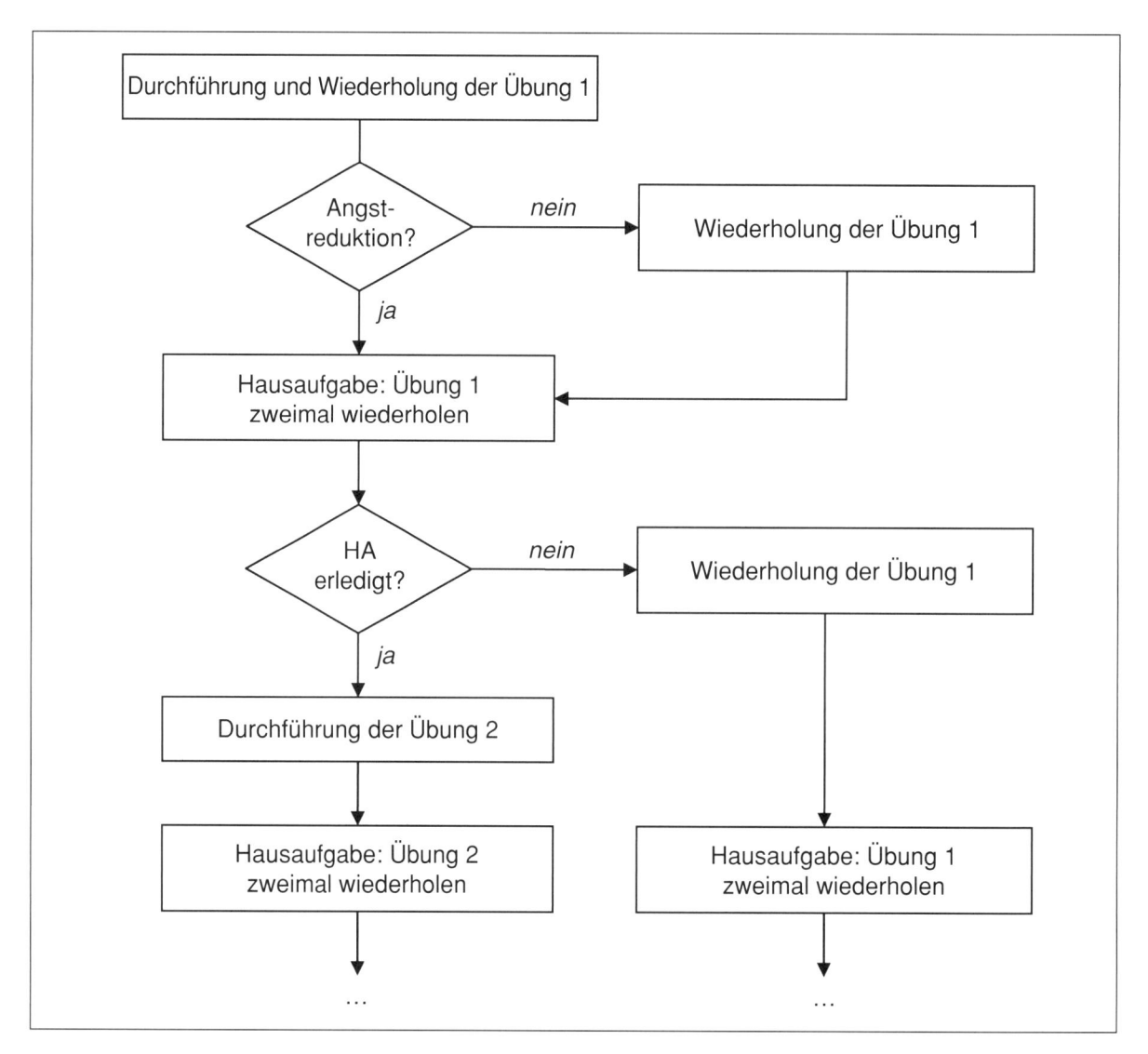

Abbildung 10: Interventionslogik

sind dabei jeweils zwei Übungsdurchführungen, die in der Sitzung entweder vorbesprochen oder vom Therapeuten begleitet werden, und mindestens zwei Wiederholungen der gleichen Übungssituation als Hausaufgabe.

Kann das Therapieziel nicht innerhalb des vorgesehenen Zeitraums erreicht werden (z. B. weil der Patient die Hausaufgaben nicht macht oder kein Angstabfall stattfindet), wird die Übung wiederholt. Für jede außerplanmäßige Übungswiederholung fällt die jeweils letzte Übungssituation weg. Es sollte nicht zur nächsten Übung übergegangen werden, so lange die vorhergehende nicht erfolgreich bewältigt wurde. Die Interventionslogik ist in Abbildung 10 noch einmal verdeutlicht.

Vor- und Nachbesprechungen von Übungen

Die Vor- und Nachbesprechung der Übungen erfolgt anhand eines Übungsprotokollbogens (vgl. Arbeitsblatt 12). Das Arbeitsblatt erfasst wichtige Informationen zur Erwartungsangst, zu individuellen Befürchtungen und zur Bereitschaft, die Situation aufzusuchen.

Vorbesprechung. Im Rahmen der Vorbesprechung benennt der Therapeut zunächst die geplante Übung und bittet den Patienten einzuschätzen, wie hoch dessen Bereitschaft ist, diese Übung durchzuführen und zwar ohne Sicherheits- und Vermeidungsverhalten und ausreichend lange, um den Angstabfall zu ermöglichen. Liegt die Bereit-

schaft des Patienten unter 80% werden motivationale Strategien eingesetzt, um diese Bereitschaft zu erhöhen. Bei ausreichender Bereitschaft wird die Übung anhand des Protokollbogens weiter vorbesprochen. Dabei wird auf folgende Punkte eingegangen:
- Erwartungsangst vor der Situation,
- erwartete maximale Angst in der Situation,
- erwartete Befürchtungen, Symptome und Verhaltensweisen in der Situation,
- erwarteter Angstverlauf in der Situation.

Bei der Besprechung dieser Punkte achtet der Therapeut vor allem auf Hinweise auf Sicherheits- und Vermeidungsverhalten, für die in den erwarteten Verhaltensweisen und Gedanken sowie dem erwarteten Angstverlauf Hinweise enthalten sind (vgl. Abb. 11).

Nachbesprechung. Die Nachbesprechung der Übung orientiert sich wieder am Übungsprotokoll (vgl. Arbeitsblatt 12). Der Therapeut lässt den Patienten den Angstverlauf in der Situation

Idealtypischer Angstverlauf
Die Kurve weist keine Hinweise auf mögliche Probleme während der Exposition auf. Der Patient wird gebeten, Schlussfolgerungen aus dem Übungsverlauf zu formulieren.

Starke Schwankungen im Angstverlauf
Der wellenförmige Verlauf weist auf dem Einsatz von Vermeidungsverhalten hin. Der Therapeut exploriert, was jeweils zur Angstabnahme geführt hat. Können Vermeidungsstrategien identifiziert werden, werden deren negative Wirkungen besprochen. Es werden Möglichkeiten gesucht, wie diese Strategien in der Situation unterbunden werden können. Die Übung wird wiederholt.

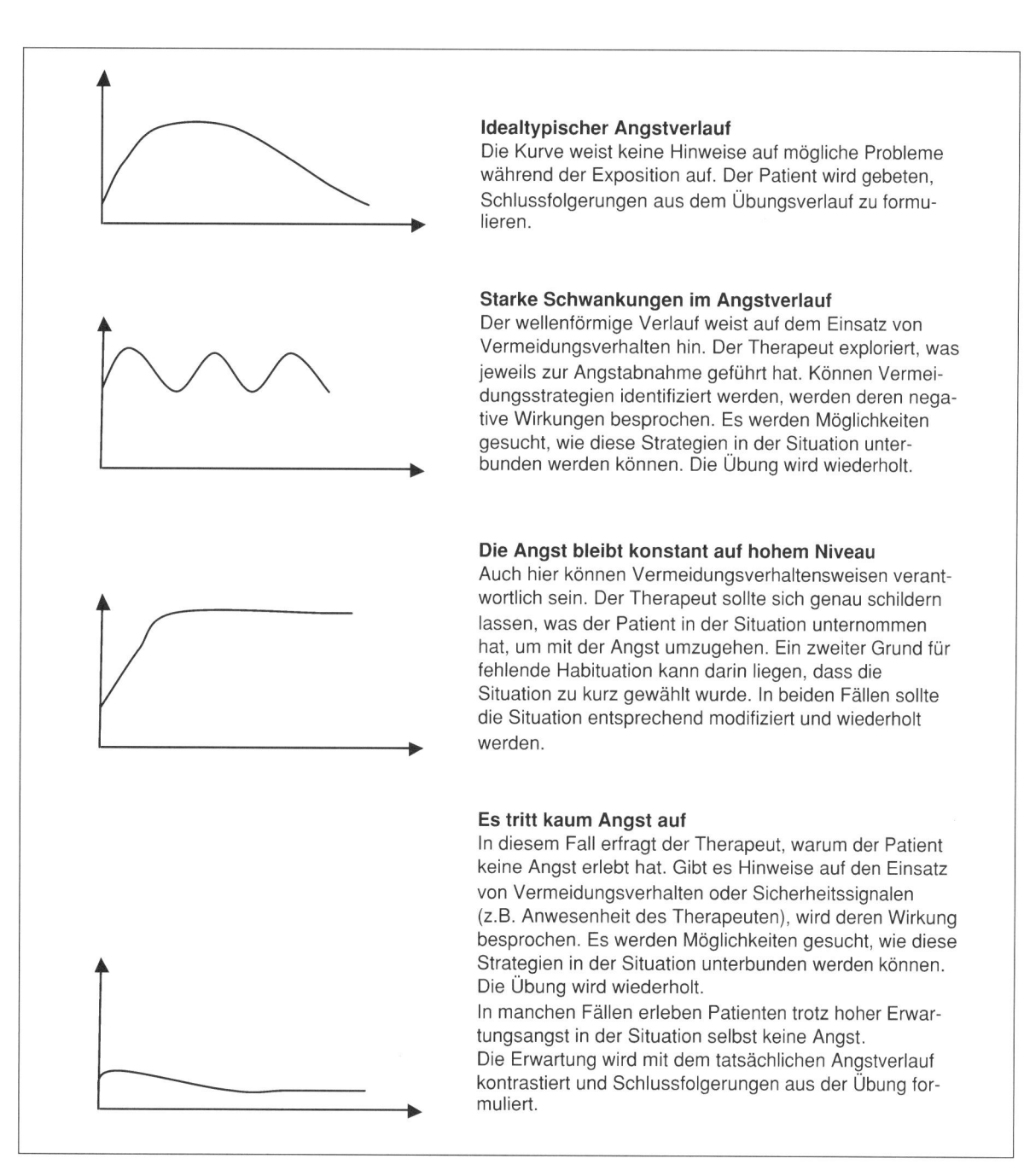

Die Angst bleibt konstant auf hohem Niveau
Auch hier können Vermeidungsverhaltensweisen verantwortlich sein. Der Therapeut sollte sich genau schildern lassen, was der Patient in der Situation unternommen hat, um mit der Angst umzugehen. Ein zweiter Grund für fehlende Habituation kann darin liegen, dass die Situation zu kurz gewählt wurde. In beiden Fällen sollte die Situation entsprechend modifiziert und wiederholt werden.

Es tritt kaum Angst auf
In diesem Fall erfragt der Therapeut, warum der Patient keine Angst erlebt hat. Gibt es Hinweise auf den Einsatz von Vermeidungsverhalten oder Sicherheitssignalen (z.B. Anwesenheit des Therapeuten), wird deren Wirkung besprochen. Es werden Möglichkeiten gesucht, wie diese Strategien in der Situation unterbunden werden können. Die Übung wird wiederholt.
In manchen Fällen erleben Patienten trotz hoher Erwartungsangst in der Situation selbst keine Angst. Die Erwartung wird mit dem tatsächlichen Angstverlauf kontrastiert und Schlussfolgerungen aus der Übung formuliert.

Abbildung 11: Mögliche Angstverläufe und therapeutische Implikationen

einzeichnen sowie die maximale Angst während der Übung und die Angst zu Ende der Übung einschätzen. Anhand der Angstverlaufskurve werden der Erfolg und Probleme der Übungsdurchführung diskutiert. Typische Angstverlaufskurven mit ihren Implikationen sind in Abbildung 11 dargestellt.

Nach der Nachbesprechung bzw. Wiederholung der Übung erfragt der Therapeut die Gesamtzufriedenheit mit der Übung. Liegt diese Einschätzung unter 8, sollten die Gründe dafür exploriert werden, um ggfs. unrealistische Erwartungen des Patienten korrigieren zu können oder weitere Modifikationen im Verhalten in den Übungssituationen zu besprechen. Vielen Patienten fällt es anfangs schwer, auf alle Sicherheitsstrategien zu verzichten bzw. werden einige Sicherheitsstrategien erst in den Situationen deutlich. Der Therapeut sollte dies entpathologisieren und auf Möglichkeiten eingehen, wie in zukünftigen Situationen damit umgegangen werden kann. Hier ist manchmal Kreativität gefragt, um aktive Gegenmaßnahmen gegen einzelne Vermeidungsstrategien zu entwickeln.

Motivationale Strategien

Liegt die Bereitschaft des Patienten, eine Übung entsprechend des Rationals durchzuführen (Verzicht auf Sicherheitsverhalten, Abwarten der Angstreduktion) unter 80 %, können verschiedene motivationale Strategien eingesetzt werden. Der Therapeut sollte dabei zunächst die Gründe erfragen, die aus Patientensicht gegen eine Übung sprechen. Auf keinen Fall sollte ein Patient zur Exposition gedrängt werden; der Therapeut übernimmt die skeptische Rolle des Patienten und rät eher dazu, gründlich zu überlegen, bevor eine Situation aufgesucht wird.

Patient ist generell unsicher, ob er Expositionsübungen machen sollte oder lehnt Exposition ab. Anhand der Hausaufgabe „Entscheidungshilfe für Expositionssituationen" sammelt der Therapeut zunächst alle Argumente, die für oder gegen Exposition aus Patientensicht sprechen. Bedenken des Patienten sollten auf jeden Fall ernst genommen werden – gerade vor dem Hintergrund der hohen Anforderungen, die eine Expositionsbehandlung an den Patienten stellt. Gleichzeitig werden vor allem die langfristigen Konsequenzen der jeweiligen Entscheidung herausgearbeitet.

> *Beispiel:* „Ich kann verstehen, dass Sie unentschlossen sind. Insbesondere wenn ich mir die Gründe ansehe, die für Sie gegen die Exposition sprechen [aufzählen]. Wenn ich das befürchten würde, würde ich die Übungen auch nicht machen wollen ... Die Frage ist, wie wird es dann weitergehen in Ihrem Leben? Vielleicht haben Sie ja Glück und die Angst verschwindet irgendwann von selbst oder es gelingt Ihnen, mit noch mehr Anstrengung die Angst doch zu kontrollieren ..."

Patient ist generell mit einer Übung einverstanden; die Bereitschaft liegt jedoch unter 80%. In diesem Fall überlegen Therapeut und Patient gemeinsam, durch welche Maßnahmen die Bereitschaft erhöht werden könnte. Generell sollten dabei nur Vorschläge diskutiert werden, die nicht im Widerspruch zu den Expositionsregeln stehen, d. h. es muss sicher gestellt bleiben, dass die Übung ohne Sicherheits- und Vermeidungsstrategien durchgeführt wird. Hierzu bieten sich Variationen in situativen Variablen an, die einen Einfluss auf die Angst haben. Dazu könnte beispielsweise gehören, zunächst einen Bus zu nehmen, der wenig frequentiert ist. Der Therapeut stellt dabei jedoch heraus, dass letztlich das Ziel der Übungen sein muss, dass der Patient unabhängig von situativen Variablen die Übungen bewältigen kann.

Kann die Bereitschaft zur Übungsdurchführung durch diese Maßnahmen auf mindestens 70 % erhöht werden, wird die Übung durchgeführt. Anderenfalls wird die Sitzung auf weitere Motivierungsstrategien verwandt (z. B. Vor- und Nachteile von Exposition) und der Patient erhält bis zur nächsten Sitzung Bedenkzeit.

Patient will eine bestimmte Situation nicht aufsuchen. Auch hier werden zunächst die Gründe für die Entscheidung des Patienten erfragt. Ist Angst der Grund, werden anhand des individualisierten Teufelskreises (vgl. Arbeitsblatt 1 in Sitzung 1) noch einmal die Befürchtungen des Patienten eingeordnet und relativiert. Der Patient soll dabei erkennen, dass seine Befürchtungen ein Teil der Angstsymptomatik sind. Gleichzeitig weist der Therapeut darauf hin, dass es ungünstig ist, einzelne Situationen nicht aufzusuchen, da dies eine

Form von Restsymptomatik darstellt, die ein höheres Rückfallrisiko mit sich bringt.

> **Merke:**
>
> Manche Patienten möchten einzelne Situationen nicht aufsuchen, weil sie diese Situationen auch ohne Angst nicht aufsuchen würden oder sie meinen, sie bräuchten diese Situationen nicht (z. B. Öffentliche Verkehrsmittel). Dieser Einwand signalisiert ein Missverständnis des Behandlungsrationals. Der Therapeut macht daher noch einmal deutlich, dass die Therapie nicht darauf zielt, einzelne Situationen zu üben und den Patienten so „alltagstauglich" zu machen, sondern dass es darum geht, die Angstreaktion an sich zu bewältigen – unabhängig von der Situation, in der sie auftritt. Es werden daher in der Therapie Situationen aufgesucht, die mit hoher Wahrscheinlichkeit Angst auslösen – dabei ist unerheblich, ob der Patient jemals wieder in eine solche Situation kommen wird.

Patient fürchtet, durch die Exposition doch Schaden nehmen zu können. Häufig stehen der Entscheidung für die Exposition Befürchtungen des Patienten im Weg, es könnte aufgrund der Angst doch eine Katastrophe eintreten. In diesem Fall kann der Therapeut mit dem Patienten gemeinsam ein 4-Felderschema erarbeiten, das mögliche Ausgänge der Situation hinsichtlich ihrer Konsequenzen für den Patienten gegenüber stellt. Im Schema wird der vermutete Ausgang in die erste Spalte geschrieben (z. B. „Wenn ich mich der Angst aussetze, werde ich sterben"), in die zweite Spalte wird der alternative Ausgang der Exposition eingetragen (z. B. „Aus Angst sterbe ich nicht"). Der Therapeut macht deutlich, dass die Wahrscheinlichkeit des Eintretens einer der beiden Ereignisse unbekannt und nicht beeinflussbar ist. Beeinflussbar ist jedoch das Verhalten des Patienten. Dieses wird in die beiden Zeilen des Schemas eingetragen: In der ersten Zeile „Verhalte mich so, als könnte ich sterben" und in der zweiten Zeile „Verhalte mich so, als würde ich nicht sterben". Die jeweiligen Verhaltensweisen werden möglichst

	Befürchtung: Ich könnte während der Exposition einen Herzinfarkt erleiden	
	Befürchtung tritt ein	**Befürchtung tritt nicht ein**
Verhalten, als ob Befürchtung eintritt: – Bei beschleunigtem Herzschlag setze ich mich, atme tief durch – Immer Notfallmedikament dabei haben – Anstrengung und Sport vermeiden ...	*Vorteile:* Senke Wahrscheinlichkeit, Herzinfarkt zu bekommen bzw. daran zu sterben Fühle mich sicherer *Nachteile:* Anstrengend Kann nicht alles so tun, wie ich gern würde, Familie ist genervt	*Vorteile:* Sichereres Gefühl *Nachteile:* Würde mir ohne Grund viele Dinge versagen Extrem ärgerlich
Verhalten, als ob Befürchtung nicht eintritt: – Alles tun, unabhängig von Unwohlsein oder Beschwerden – Keine Hilfsmittel mitnehmen	*Vorteile:* Bis zum Herzinfarkt habe ich ohne Einschränkungen gelebt *Nachteile:* Ich hätte den Herzinfarkt vielleicht verhindern können Ich sterbe früher als nötig	*Vorteile:* Führe ein Leben, wie jeder andere auch, kann wieder alles machen wie früher, keine Angst und Sorgen mehr *Nachteile:* Keine

Abbildung 12: Beispiel eines ausgefüllten 4-Felderschemas zur Motivationsklärung

konkret beschrieben. Die sich ergebenden vier Felder werden mit Vor- und Nachteilen des jeweiligen Verhaltens beschriftet. Abbildung 12 zeigt ein fiktives Beispiel für ein ausgefülltes 4-Felderschema.

Nach Ausfüllen des Schemas bittet der Therapeut den Patienten das Feld zu wählen, das ihm am günstigsten erscheint. Der Therapeut weist darauf hin, dass der Patient leider nur eine Zeile wählen kann – nicht jedoch ein einzelnes Feld. Risiken und Chancen jeder Verhaltensalternative werden noch einmal zusammengefasst und der Patient erhält bis zur nächsten Sitzung Bedenkzeit, seine Entscheidung zu überdenken.

Ist der Patient dann weiterhin unentschlossen oder will die Übung nicht durchführen, erfolgt das weitere Vorgehen nach dem Grund für die Entscheidung des Patienten:
- Ist Angst der Grund, unternimmt der Therapeut einen weiteren Motivierungsversuch.
- Sind andere Gründe verantwortlich (z. B. organisatorische Gründe), überlegt der Therapeut, welche anderen Möglichkeiten zur Unterstützung des Patienten denkbar sind. In diesem Fall sollte die Therapie der Panikstörung jedoch beendet werden.

Durchführung von Expositionsübungen mit Therapeutenbegleitung

Bei der Durchführung von Expositionsübungen mit Therapeutenbegleitung sucht der Therapeut gemeinsam mit dem Patienten die vorbesprochene Situation im Rahmen der Sitzung auf. Dabei ist zu beachten, dass der Therapeut sich ausreichend Zeit frei halten muss, damit die Übung nicht vorzeitig aus organisatorischen Gründen unterbrochen werden muss. Vorerfahrungen mit den Standardübungen zeigen, dass durchschnittlich 90 Minuten für die Durchführung der ersten und 40 Minuten für die Durchführung der zweiten Expositionsübung benötigt wurden, wobei die tatsächliche Zeit auch erheblich davon abweichen kann. Darüber hinaus sollte der Therapeut die jeweilige Situation gut kennen; er sollte also einen Überblick über mögliche Sicherheitssignale und Störfaktoren in der Situation haben.

Vor dem Aufsuchen der Situation erkundigt sich der Therapeut noch einmal nach situativen Faktoren, die die Angst beeinflussen könnten. Dabei sollte der Therapeut – wenn möglich – situative Variablen möglichst so variieren, dass sie zur Angststeigerung führen (also z. B. sich außer Sichtweite von Ausgängen im Kaufhaus positionieren oder Stehen statt Sitzen im Bus). Der Patient wird noch einmal instruiert, in der Situation nichts zu tun, um die Angst zu kontrollieren, stattdessen wird er gebeten, zu beobachten, wie die Angst verläuft.

Therapeutenverhalten in der Expositionssituation. In der Expositionssituation erfasst der Therapeut regelmäßig den Angstverlauf, indem er den Patienten um eine Einschätzung der Angst bittet. Das Vorgehen in Abhängigkeit von der erlebten Angst ist in Abbildung 13 dargestellt.

Steigt die Angst in der Situation nicht über 4 an, erfragt der Therapeut die Gründe dafür. Falls der Patient keine körperlichen Symptome erlebt, wird eine interozeptive Übung durchgeführt, um Symptome zu erzeugen. Falls Vermeidungsverhalten dafür der Grund ist, soll dieses unterbunden werden und die Angst dann erneut erfragt werden.

Auch wenn der Patient stärkere Angst berichtet, beobachtet der Therapeut den Patienten hinsichtlich möglicher Anzeichen für Vermeidungsverhalten. Bemerkt der Therapeut ein solches Verhalten, sollte er den Patienten darauf ansprechen. Dient das Verhalten tatsächlich dazu, die Angst zu kontrollieren, unterbindet der Therapeut das Verhalten. Um kognitive Beruhigungsstrategien zu verhindern, bittet der Therapeut den Patienten in regelmäßigen Abständen, zu schildern, was er aktuell an Körpersymptomen erlebt und welche Gedanken ihm durch den Kopf gehen. Auch hier sollte darauf geachtet werden, ob der Patienten Gedanken schildert, die beruhigend wirken könnten und Vermeidungsverhalten darstellen. Die Übung wird beendet, sobald die Angst auf ein Niveau kleiner gleich 2 gesunken ist. Therapeut und Patient verlassen dann die Situation und besprechen die durchgeführte Übung nach.

Falls in der Expositionssituation Probleme auftreten, die der Therapeut nicht unmittelbar korrigieren kann, unterbricht er notfalls die Übung. Er bespricht außerhalb der Übungssituation die aufgetretenen Probleme mit dem Patienten und schlägt Veränderungen vor, die für eine erfolgreiche Übungsdurchführung nötig sind. Im Anschluss wird die Übung direkt wiederholt.

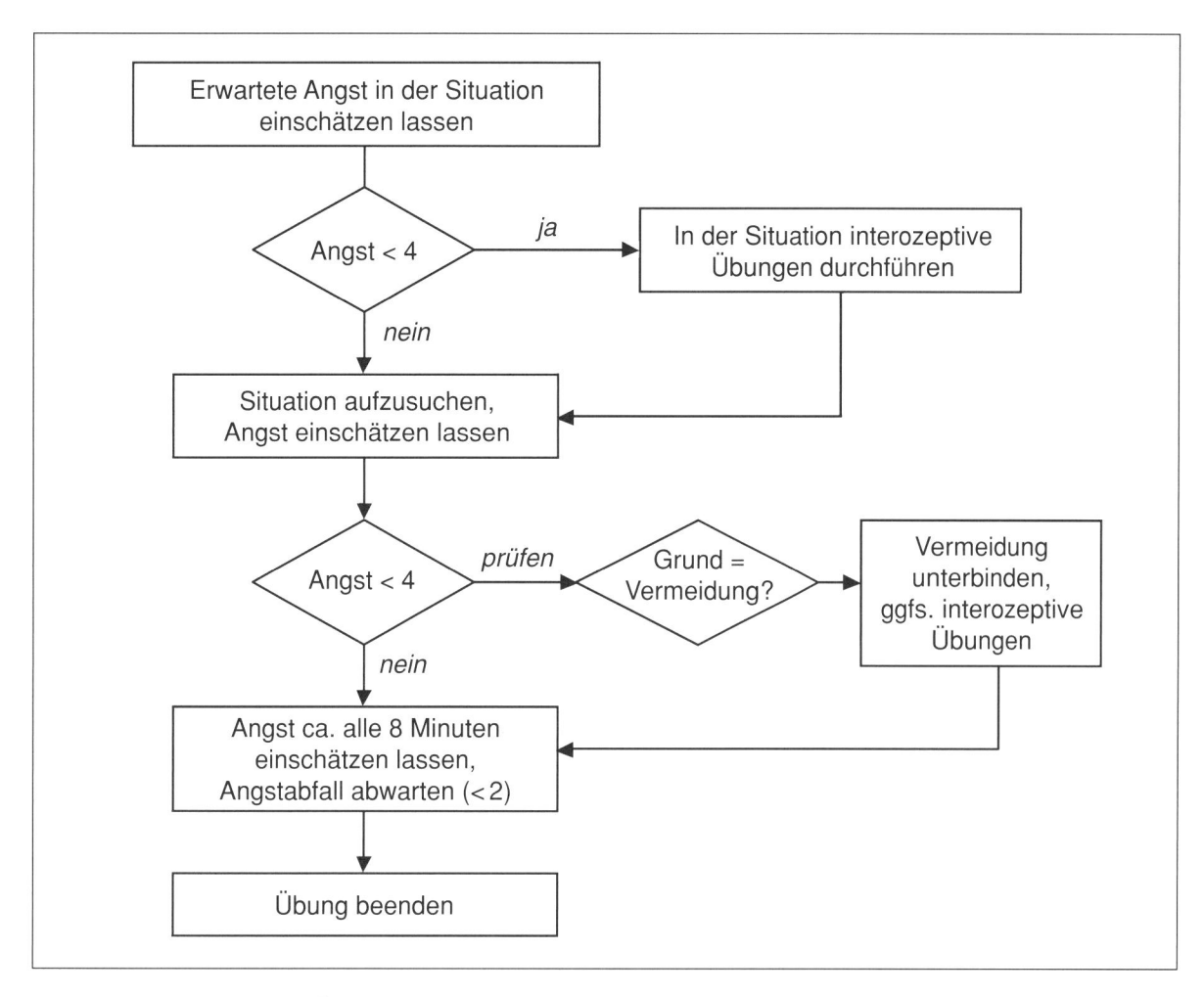

```
┌─────────────────────────────┐
│ Erwartete Angst in der Situation │
│ einschätzen lassen          │
└─────────────────────────────┘
              │
              ▼
         ╱ Angst < 4 ╲ ──ja──▶ ┌──────────────────────┐
         ╲           ╱          │ In der Situation     │
              │                 │ interozeptive        │
             nein               │ Übungen durchführen  │
              ▼                 └──────────────────────┘
┌─────────────────────────────┐             │
│ Situation aufzusuchen,      │◀────────────┘
│ Angst einschätzen lassen    │
└─────────────────────────────┘
              │
              ▼
         ╱ Angst < 4 ╲ ──prüfen──▶ ╱ Grund =    ╲ ──▶ ┌────────────────┐
         ╲           ╱              ╲ Vermeidung?╱     │ Vermeidung     │
              │                                        │ unterbinden,   │
             nein                                      │ ggfs. interoz. │
              ▼                                        │ Übungen        │
┌─────────────────────────────┐                        └────────────────┘
│ Angst ca. alle 8 Minuten    │◀───────────────────────────────┘
│ einschätzen lassen,         │
│ Angstabfall abwarten (<2)   │
└─────────────────────────────┘
              │
              ▼
    ┌──────────────────┐
    │ Übung beenden    │
    └──────────────────┘
```

Abbildung 13: Therapeutenverhalten in der Expositionssituation

Merke:

Ein häufiges Problem in Expositionssituationen besteht darin, dass der Therapeut selbst ein Sicherheitssignal für den Patienten darstellt. In diesem Fall steigt die Angst des Patienten meist weniger an als erwartet bzw. der Patient äußert, sich aufgrund der Anwesenheit des Therapeuten sicher zu fühlen. Der Therapeut sollte dann die Übung zunächst unterbrechen und das Problem heraus stellen. Er schlägt vor, zur Modifikation des Sicherheitsverhaltens die Übung zu wiederholen und zwar ohne Therapeutenbegleitung. Das bedeutet im konkreten Fall, dass der Patient die gerade geübte Situation allein aufsucht, während der Therapeut an einem vereinbarten Treffpunkt auf ihn wartet oder den Patienten instruiert, so lange in der Situation zu warten, bis der Therapeut ihn wieder abholt. Dafür hat sich zunächst ein Zeitraum von etwa 15 Minuten bewährt, ohne dass dem Patienten diese Zeitspanne bekannt ist. Sollte in dem gewählten Zeitrahmen keine Habituation statt gefunden haben, wird die Übung mit einer längeren Zeitspanne ohne Therapeutenkontakt wiederholt.

Durchführung von Expositionsübungen ohne Therapeutenbegleitung

Sollte der Therapeut sich gegen eine Begleitung des Patienten entschieden haben, erfolgt in den Sitzungen eine detaillierte Vorbesprechung der Übung, die darauf ausgerichtet ist, die Umsetzung des Rationals während der Übung zu gewährleisten und die Wahrscheinlichkeit der Übungsdurchführung zu erhöhen. Dabei werden folgende Punkte ausführlich besprochen:
- *Erwartungsangst:* Wieviel Angst hat der Patient, wenn er daran denkt, die Übung wie vor-

geschlagen umzusetzen? Was denkt er, wie hoch wird die Angst in der Situation steigen? Was befürchtet er, könnte schlimmstenfalls passieren (Gedanken, Verhalten, Körpersymptome)? Der Therapeut leitet dabei den Patienten an, alle Befürchtungen zu Ende zu denken.

- *Überprüfung des erwarteten Angstverlaufs anhand einer Angstkurve:* Hier sollte der Therapeut analog zum Vorgehen im Gedankenexperiment nachfragen, was dazu führt, dass der Kurvenverlauf sich ändert (z. B. plötzlich abnimmt oder wieder zunimmt).
- *Besprechung möglicher Sicherheitsverhaltensweisen anhand der Angstverlaufskurve:* Stehen Veränderungen in der Angstverlaufskurve mit Sicherheitsverhalten in Verbindung, wird dieses durch den Therapeuten identifiziert. Er bespricht mit dem Patienten, welche Verhaltensalternativen es gibt, die es dem Patienten erlauben, die Therapieprinzipien umzusetzen. Ggfs. kann der Therapeut interozeptive Übungen vorschlagen, um Versuchen, die Symptome zu kontrollieren, entgegenzuwirken. Dies kann auch vorgeschlagen werden, wenn der Patient in der Situation nur wenig Angst antizipiert.
- *Wiederholung der Prinzipien im Umgang mit der Angst:* Die herausgearbeiteten Befürchtungen und Symptome werden als Angstsymptome gekennzeichnet, die unter Angst normal sind und toleriert werden sollten.
- *Festlegung genauer Umstände der Übungsdurchführung:* Wann und wo soll die erste Übung stattfinden? Welcher Bus soll genommen werden? Welche alternativen Strecken kommen infrage?
- *Motivationale Strategien:* Analog zum Vorgehen bei Therapeutenbegleitung können motivationale Strategien eingesetzt werden, wenn der Patient nicht sicher ist, ob er die Übung überhaupt durchführen will oder falls er sich nicht sicher ist, ob er sie rationalgerecht umsetzen kann. In diesem Fall erhält der Patient bis zur nächsten Sitzung Bedenkzeit.

Die Durchführung der Aufgabe wird vereinbart, wenn der Patient zu mindestens 80 % bereit ist, die Übung so wie besprochen durchzuführen. Die Inhalte der Vorbesprechung werden auf dem Arbeitsblatt 12 dokumentiert. Das Arbeitsblatt wird dem Patienten für die Übungsdurchführung ausgehändigt.

Hausaufgabenvergabe

Als Hausaufgabe wird der Patient gebeten, die durchgeführte Expositionsübung mindestens zweimal zu wiederholen. Dazu erhält der Patient zwei leere Übungsprotokolle, die er analog zum Vorgehen in der Sitzung vor und nach der Übung ausfüllen soll. Der Therapeut sollte den Patienten noch einmal wiederholen lassen, was bei der Durchführung der Übungen zu beachten ist, um das Verständnis der Therapieprinzipien zu überprüfen.

> **Merke:**
> Auch in der unbegleiteten Bedingung soll der Patient die in der Sitzung vorbesprochene Exposition zusätzlich zweimal wiederholen. Insgesamt führt der Patient die Übung also viermal durch, wobei er ermutigt wird, die Situation bei der Wiederholung ggfs. zu variieren, wenn die ersten Übungen erfolgreich waren.

Besonderheiten in einzelnen Expositionssitzungen

Besonderheiten bzw. Abweichungen vom oben beschriebenen Vorgehen ergeben sich in Sitzung 6 (vgl. Beispielsitzung – unbegleitete Exposition). Hier muss die Hausaufgabe zur Durchführung der interozeptiven Übungen nachbesprochen werden und die generelle Entscheidung des Patienten über die Durchführung von Übungen gemäß des Expositionsrationals wird besprochen.

Arbeitsblatt 12: Protokoll für Expositionsübungen – Teil 1

Bitte vor der Übung ausfüllen

1. Welche Übung wollen Sie durchführen?

   _____

   _____

2. Wie hoch ist im Moment Ihre Bereitschaft, diese Übung durchzuführen?

   0 % – 10 % – 20 % – 30 % – 40 % – 50 % – 60 % – 70 % – 80 % – 90 % – 100 %

3. Wie hoch ist Ihre Angst bzw. Unruhe, wenn Sie an diese Übung denken?

   0 – 1 – 2 – 3 – 4 – 5 – 6 – 7 – 8 – 9 – 10
   Keine   extreme
   Angst   Angst

4. Was glauben Sie, wird während der Übung passieren?

   a) Körpersymptome

   _____

   b) Gedanken/Befürchtungen

   _____

   c) Verhalten

   _____

5. Wie hoch wird Ihre Angst während der Übung maximal werden?

   0 – 1 – 2 – 3 – 4 – 5 – 6 – 7 – 8 – 9 – 10
   Keine   extreme
   Angst   Angst

6. Bitte zeichnen Sie den *erwarteten Angstverlauf* in der Situation in das Diagramm.

   (Diagramm: y-Achse: Angst/Anspannung; x-Achse: Zeit)

Arbeitsblatt 12: Protokoll für Expositionsübungen – Teil 2

Bitte nach der Übung ausfüllen

7. Bitte zeichnen Sie den *tatsächlichen Angstverlauf* in der Situation in das Diagramm. Wenn Sie die Übung direkt wiederholt haben, zeichnen Sie bitte alle Durchgänge ein und nummerieren Sie diese.

   [Diagramm: y-Achse: Angst/Anspannung, x-Achse: Zeit]

8. Wie hoch war die maximale Angst während der Übung?

   0 – 1 – 2 – 3 – 4 – 5 – 6 – 7 – 8 – 9 – 10

9. Wie hoch war Ihre Angst, als Sie die Übung beendet haben?

   0 – 1 – 2 – 3 – 4 – 5 – 6 – 7 – 8 – 9 – 10

10. Hat Ihnen in der Situation etwas geholfen, die Angst auszuhalten?

    ☐ ja   ☐ nein

    Wenn ja: Was hat Ihnen geholfen?

    _____

11. Haben Sie während der Übung versucht, die Angst oder die Körpersymptome gezielt zu beeinflussen?

    ☐ ja   ☐ nein

    Wenn ja: Was haben Sie unternommen?

    _____

12. Was schlussfolgern Sie aus den Erfahrungen, die Sie während der Übung gemacht haben?

    _____
    _____

13. Wie zufrieden sind Sie mit der Durchführung der Übung?

    0 % – 10 % – 20 % – 30 % – 40 % – 50 % – 60 % – 70 % – 80 % – 90 % – 100 %

14. Wie hoch ist Ihre Bereitschaft, dieselbe Situation noch einmal aufzusuchen?

    0 % – 10 % – 20 % – 30 % – 40 % – 50 % – 60 % – 70 % – 80 % – 90 % – 100 %

Beispielsitzung 6 – unbegleitete Exposition

Ziele der Sitzung:
• Bearbeitung der Angst in Situationen
Inhalte:
• Herausarbeiten der Veränderungsverläufe nach interozeptiver Exposition (Hausaufgabe) • Entscheidung für oder gegen Exposition • Vorbesprechung der ersten Expositionsübung
Materialien (vgl. CD-ROM):
• Arbeitsblatt 9: Veränderungsverläufe (vgl. Sitzung 5) • Arbeitsblatt 12: Protokoll für Expositionsübungen (vgl. Kapitel Expositionssitzungen) • Hausaufgabe: Protokoll für Expositionsübungen (vgl. Arbeitsblatt 12)

Schritt 1: Tagesordnung

Die Tagesordnung für die 6. Sitzung beinhaltet (a) die Besprechung der Hausaufgabe (interozeptive Übungen), (b) die Entscheidung für oder gegen Exposition und bei positiver Entscheidung (c) die Planung der ersten Expositionsübung. Beim Erläutern der Tagesordnung sollte der Therapeut deutlich machen, dass die Durchführung der Exposition nur erfolgt, wenn der Patient sich klar dafür entschieden hat.

Schritt 2: Besprechung der Hausaufgaben

Die Besprechung der Hausaufgabe erfolgt nach dem gleichen Muster wie in Sitzung 5. Der Therapeut geht gemeinsam mit dem Patienten die Übungsliste durch und überträgt die Angstratings für die einzelnen Übungen in ein leeres Arbeitsblatt 9, um die Veränderungsverläufe in der Angst deutlich zu machen. Er fragt nach Schwierigkeiten während der Übungen und lässt den Patienten noch einmal seine Schlussfolgerungen aus dem Übungsverlauf ziehen.

Merke:
Sollten die Symptomprovokationsübungen weiter mit Angst verbunden sein, ist es sinnvoll, mit dem Patienten zu besprechen, dass er diese Übungen weiter durchführen sollte. Insgesamt ist durchaus zu empfehlen, die Übungen auch sonst in größeren Abständen zu wiederholen, um die Stabilität der erreichten Angstreduktion zu testen.

Schritt 3: Entscheidung hinsichtlich Exposition herbeiführen

Im Anschluss an die Besprechung der Symptomprovokationsübungen wird die zweite Hausaufgabe hinsichtlich der Entscheidung des Patienten für oder gegen die Exposition besprochen. Der Therapeut geht die Vor- und Nachteile, die der Patient hinsichtlich der Exposition gesammelt hat, noch einmal durch und lässt den Patienten seine Bereitschaft einschätzen, mit den Übungen anzufangen. Er betont noch einmal, dass dies bedeuten wird, dass der Patient sich der Angst aussetzen muss ohne zu versuchen, die Angst zu kontrollieren oder zu unterdrücken.

Beispiel: „Wir hatten in der letzten Sitzung ja über die Vorgehensweise zur Reduktion der Angst in Situationen gesprochen und herausgearbeitet, dass es dafür erforderlich ist, dass Sie sich wiederholt der Angst aussetzen und zwar ohne alle Strategien, die Ihnen bislang geholfen haben, die Angst zu ertragen, und lange genug, bis die Angst von selbst nachlässt. Ich hatte Sie gebeten, anhand des Arbeitsblattes für sich noch einmal zu überlegen, welche Vor- und Nachteile dieses Vorgehen mit sich bringt und eine Entscheidung zu treffen. Wie hoch ist denn aktuell Ihre Bereitschaft, dieses Vorgehen in der Therapie umzusetzen?"

Merke:
Hat der Patient die Aufgabe nicht erledigt, sollte das Schema zunächst in der Sitzung bearbeitet werden, bevor zu einer Entscheidung übergangen wird.

Liegt die generelle Bereitschaft des Patienten für die Durchführung von Expositionsübungen unter 80 % oder hat der Patient sich gegen die Übungsdurchführung entschieden, versucht der Therapeut ihn für die Übungen zu motivieren. Dazu stehen verschiedene Techniken zur Verfügung:
- Besprechung der kurz- und langfristigen Vor- und Nachteile der Exposition anhand der Hausaufgabe.
- Wiederholung des Teufelskreises und Einordnung der Befürchtungen des Patienten.
- 4-Felderschema der Motivation.

Kann eine Steigerung der Bereitschaft auf mindestens 70 % erreicht werden, kann zur Vorbesprechung übergegangen werden. Ansonsten wird die Sitzungszeit auf die Motivierung des Patienten verwandt; der Patient erhält bis zur nächsten Sitzung Bedenkzeit.

Schritt 4: Vorbesprechung der ersten Expositionsübung

In der sechsten Sitzung wird die erste In-vivo-Expositionsübung geplant. Der Therapeut erklärt dem Patienten zunächst, dass die folgenden Sitzungen alle dem gleichen Schema folgen. Anhand des Arbeitsblattes 12 werden die Übungen dann so konkret wie möglich vorbesprochen. Der Therapeut sollte dem Patienten das Arbeitsblatt einmal zeigen und kurz in seinen Komponenten erläutern, bevor es zur Vorbesprechung der ersten Übung geht.

Therapeut benennt die Übung. Zunächst benennt der Therapeut die konkrete Übung und beschreibt diese möglichst plastisch. Als erste Expositionsübung hat sich das Benutzen öffentlicher Verkehrsmittel (Bus oder Straßenbahn) bewährt, da dies eine häufig vermiedene Situation darstellt und gleichzeitig eine Grundlage sein kann, um weitere Expositionsziele zu erreichen. Um den Patienten eine möglichst genaue Vorstellung der Übung zu ermöglichen, schildert der Therapeut ähnlich wie im Gedankenexperiment, wie die Übung aussehen würde.

Beispiel: „Die erste Übung ist Busfahren. Sie fahren allein in einem Bus; niemand ist bei Ihnen. Sie stehen weit weg von der Tür und wissen, dass Sie erst aussteigen dürfen, wenn die Angst nachgelassen hat. Sie haben sich vorgenommen, nicht aus der Situation zu fliehen, egal wie hoch die Angst ist. Wie hoch ist Ihre Bereitschaft im Moment, diese Übung so durchzuführen?"

Therapeut erfragt Bereitschaft zur Übungsdurchführung. Nach der Beschreibung der Situation bittet der Therapeut den Patienten einzuschätzen, wie hoch die Bereitschaft ist, diese Situation aufzusuchen, ohne Sicherheitsverhalten und ausreichend lange, um eine Habituation zu ermöglichen.

Merke:
Viele Patienten wenden dabei ein, dass sie nicht wissen, ob sie das Vorgehen wirklich so umsetzen können. Der Therapeut macht daher deutlich, dass der Patient an dieser Stelle keine Garantie abgeben muss, dass es funktionieren wird. Es geht nur darum, zu versuchen, das Therapierational so gut wie möglich umzusetzen.

Liegt die Bereitschaft unter 80 % werden erneut die Gründe für diese Einschätzung erfragt und motivationale Strategien eingesetzt, um die Bereitschaft zu erhöhen. Liegt die Bereitschaft zur Übungsdurchführung über 80 % erfolgt die weitere Vorbesprechung der Situation.

Therapeut erfragt Erwartungen. Im nächsten Schritt bittet der Therapeut den Patienten die Erwartungsangst vor der Situation einzuschätzen und in das Protokoll einzutragen. Dazu erfragt er die Angst, die der Patient aktuell erlebt, wenn er an die Übung denkt. Darüber hinaus soll der Patient seine Erwartungen hinsichtlich auftretender Körpersymptome, Gedanken und Verhaltensweisen schildern. Der Therapeut erfragt, was schlimmstenfalls in der Situation geschehen könnte. Dazu zählt auch die maximal angenommene Angst in der Situation. Darüber hinaus soll der Patient den erwarteten Angstverlauf in das dafür vorgesehene Diagramm einzeichnen. Symptome und Befürchtungen werden dabei mit der Angstverlaufskurve eingezeichnet.

> **Merke:**
> Liegt die erwartete maximale Angst in der Situation unter 4, sollte der Therapeut zunächst klären, warum die Angst nicht höher ist. Gibt es keine Hinweise auf Vermeidungsverhalten, schlägt der Therapeut Maßnahmen zur Angststeigerung in der Situation vor, um die Expositionsprinzipien umsetzen zu können. In der Regel werden dafür interozeptive Übungen eingesetzt, die beim Patienten bereits Angst ausgelöst haben. Der Therapeut schlägt diese Übungen vor und bittet den Patienten, die erwartete Angst erneut einzuschätzen, unter der Bedingung, dass interozeptive Übungen durchgeführt werden.

Beispiel: „Gut, Sie sind also zu 90 % bereit, die Übung wie besprochen durchzuführen. Wenn Sie jetzt an die Übung denken, wie hoch ist Ihre Angst im Moment? […]

Ok, bitte stellen Sie sich jetzt vor, Sie wären in dieser Situation. Was glauben Sie, was wird an Körpersymptomen auftreten? […] Welche Gedanken und Befürchtungen werden Sie haben? […]

Stellen Sie sich bitte weiter vor, Sie sind in diesem Bus. Wie werden Sie sich verhalten? […] Wenn Sie in der Nähe des Ausgangs bleiben, hätte das einen Einfluss auf die Angst? […] Bitte denken Sie daran, alles was Sie tun, um die Angst zu beeinflussen, ist Sicherheitsverhalten und soll unterbunden werden. Haben Sie einen Vorschlag, wie Sie die Gedanken an Flucht möglichst unterbinden könnten? […]"

Maximale angenommene Angst < 4:
„Ok, Sie glauben, in der Situation wird die Angst maximal auf 3 ansteigen. Wieso steigt sie nicht weiter? Sie wissen, Sie können die Situation nicht verlassen und können nichts tun, was die Angst beeinflusst. […]

Wir hatten ja besprochen, dass es in den Übungen vor allem darum geht, die Angst auszuhalten und zu erleben, dass die Angst auch ohne Sicherheitsstrategien von allein nachlässt. Um Ihnen diese Erfahrung zu ermöglichen, wäre es wichtig, dass Sie in der Situation Angst erleben. Was könnte die Situation für Sie stärker angstauslösend machen? […] Wie wäre es, wenn Sie in der Situation zusätzlich eine Hyperventilationsübung durchführen würden? Wie hoch würde die Angst dann steigen? Was für Symptome und Befürchtungen würden dann auftreten?"

Während der gesamten Schilderung achtet der Therapeut auf mögliche Sicherheits- und Vermeidungsverhaltensweisen. Gibt es Hinweise auf solche Verhaltensweisen, macht der Therapeut den Patienten sofort darauf aufmerksam. Er fragt nach der Wirkung dieser Verhaltensweisen und prüft gemeinsam mit dem Patienten, ob das erwartete Verhalten den Expositionsregeln widerspricht. Falls dies der Fall ist, werden Lösungsstrategien erarbeitet, um die Übung ohne Sicherheitsverhalten durchzuführen. Besteht das Sicherheitsverhalten in Versuchen der Symptomkontrolle, schlägt der Therapeut die Durchführung interozeptiver Übungen in der Situation vor. Auch für jede andere Vermeidungsverhaltensweise sollte ein Lösungsvorschlag erarbeitet werden.

Der Therapeut geht die erwartete Angstverlaufskurve noch einmal mit dem Patienten durch. Er ordnet die erwarteten Körperveränderungen und beunruhigenden Gedanken noch einmal in den Teufelskreis der Angst ein und kennzeichnet sie als normale Angstsymptome. Gemeinsam mit dem Patienten wird der Umgang mit diesen Veränderungen wiederholt (nichts tun, nur beobachten).

Eine zentrale Aufgabe der Vorbesprechung ist, dass mögliches Sicherheitsverhalten identifiziert wird und Lösungsstrategien herausgearbeitet werden, um mit diesen Verhaltensweisen umzugehen. Der Therapeut sollte dabei durchaus auch nach Verhaltensweisen fragen, die der Patient nicht nennt, von denen der Therapeut aber weiß, dass diese in der Situation eine Rolle spielen könnten. Dabei sollte immer versucht werden, eine aktive Lösung zu finden, um Sicherheitsverhalten zu unterbinden. Statt „Tun Sie das nicht" sollte der Therapeut eine positive Instruktion finden: „Tun Sie stattdessen das". Tabelle 11 gibt einige Beispiele für den Umgang mit typischen Sicherheitsverhaltensweisen in der Situation Bus.

Wiedereinschätzung der Bereitschaft. Im Anschluss an die genaue Erarbeitung des erwarteten Angstverlaufs und die Besprechung des Umgangs mit möglichen Sicherheitsverhalten lässt der Therapeut den Patienten noch einmal einschätzen, wie hoch dessen Bereitschaft ist, die Übung genauso durchzuführen. Dabei erfragt er insbesondere die Wahrscheinlichkeit, mit der der Patient annimmt, auf Sicherheitsverhalten verzichten zu können.

Bei einer Einschätzung einer der beiden Aspekte unter 80% wiederholt der Therapeut die Motivationsschleife bzw. bespricht noch einmal, welche Möglichkeiten zur Verfügung stehen, um Sicherheitsverhalten zu unterbinden.

Festlegung der konkreten Übung. Im Anschluss an die Vorbesprechung legt der Therapeut gemeinsam mit dem Patienten die genauen Umstände der Übungsdurchführung fest. Dabei werden folgende Festlegungen getroffen:
- Tag und Zeit der Übungsdurchführung.
- Strecke der Übungsdurchführung.
- Genaue Instruktion vom Einsteigen bis zum Verlassen des Busses (Position im Bus, Verhaltensweisen zur Unterbindung von Sicherheitsverhaltensweisen).
- Ende der Übung (bei Angst < 2).

Der Therapeut erinnert den Patienten, dass dieser die Übung unmittelbar nach Beendigung auf dem Protokollbogen dokumentieren soll und geht die entsprechenden Punkte noch einmal mit ihm durch.

Schritt 5: Hausaufgabenvergabe

Im Grunde ist bereits die vorbesprochene Übung als Hausaufgabe zu sehen. Der Therapeut weist am Ende der Vorbesprechung jedoch noch einmal darauf hin, dass zur Umsetzung der Expositionsprinzipien auch die Wiederholung der Übung gehört. Er instruiert den Patienten daher, die vorbesprochene Übung zum Busfahren darüber hinaus mindestens dreimal zu wiederholen. Zur Dokumentation dieser Übungen erhält der Patient zwei leere Protokollbögen. Bei der Wiederholung kann der Patient durchaus Variationen der Übung einbringen, z. B. indem er eine andere Busstrecke fährt.

Tabelle 11: Umgang mit antizipiertem Sicherheitsverhalten

Typisches Vermeidungsverhalten	Mögliche Instruktionen
In der Nähe der Tür bleiben	„Gehen Sie sofort nach dem Einsteigen in den Teil des Busses, der am weitesten von der Tür entfernt ist. Versuchen Sie, möglichst viele Leute zwischen sich und die Tür zu bringen. Bleiben Sie dann an dieser Stelle."
Aus dem Fenster sehen, einen bestimmten Punkt fixieren	„Halten Sie den Blick im Fahrgastraum. Schauen Sie sich dort um."
Sich krampfhaft festhalten	„Halten Sie sich nur mit einer Hand fest. Gehen Sie ggfs. etwas in die Knie, um das Gefühl der Standfestigkeit zu erschüttern."
Gedanke: „Der Bus fährt ja nur noch (x) Haltestellen"	„Machen Sie sich klar, dass die Übung nicht durch die Endhaltestelle beendet wird. Nehmen Sie sich vor, in den nächsten Bus umzusteigen, sobald eine Strecke vorbei ist."
Gedanke: „Notfalls kann ich an der nächsten Haltestelle aussteigen"	„Dieser Gedanke führt dazu, dass Sie die Übung nicht erfolgreich beenden können. Sagen Sie sich in der Situation: Ich werde auf gar keinen Fall aussteigen, egal wie schlimm die Angst wird."

Beispielsitzung 10 – begleitete Exposition

Ziele der Sitzung:
• Bearbeitung der Angst in Situationen
Inhalte:
• Vorbesprechung der ersten individuellen Expositionsübung • Durchführung der ersten individuellen Expositionsübung • Nachbesprechung der Expositionsübung
Materialien (vgl. CD-ROM):
• Arbeitsblatt 12: Protokoll für Expositionsübungen (vgl. Kapitel Expositionssitzungen) • Hausaufgabe: Protokoll für Expositionsübungen (vgl. Arbeitsblatt 12)

Schritt 1: Tagesordnung

Die Tagesordnung für die 10. Sitzung beinhaltet (a) die Besprechung der Hausaufgabe und (b) die Durchführung und Nachbesprechung der ersten individuellen Expositionsübung.

Schritt 2: Besprechung der Hausaufgaben

In Sitzung 9 hat der Patient als Hausaufgabe die Wiederholung der Standardexpositionsübung erhalten, die zu dieser Zeit noch am schwierigsten für ihn war. Diese Aufgabe wird nun anhand des Übungsprotokolls nachbesprochen. Unabhängig vom Ergebnis der Übung verstärkt der Therapeut den Patienten für die Durchführung der Übung und bespricht anschließend mögliche Probleme und die Schlussfolgerungen des Patienten aus der Übung. Unangemessene Schlussfolgerungen sollten hinterfragt und gegebenenfalls korrigiert werden.

Hat der Patient die Hausaufgabe nicht erledigt, erfragt der Therapeut den Grund dafür. Mit Hinweis auf das Behandlungsrational wird in jedem Fall die Übung in der Sitzung wiederholt; die zweite individualisierte Übung entfällt.

Schritt 3: Vorbesprechung der Übung

Auch wenn die Exposition in Therapeutenbegleitung durchgeführt wird, erfolgt eine kurze Vorbesprechung der Übung. Die konkreten Übungen aus der individuellen Angsthierarchie werden in Sitzung 9 gemeinsam mit dem Patienten ausgewählt. Häufige und gut geeignete Übungen sind dabei:
- Zugfahren,
- Fahrstuhl fahren,
- Auto fahren auf Landstraßen oder Autobahnen,
- einen hohen Turm oder hohe Plätze aufsuchen,
- Feste mit größeren Menschenansammlungen aufsuchen,
- Schlange stehen im Kaufhaus.

Der Therapeut benennt und beschreibt zunächst die ausgewählte Übung und erfragt dann die Bereitschaft des Patienten, diese Übung unter Berücksichtigung der Expositionsregeln durchzuführen.

Liegt die Bereitschaft unter 80 % oder äußert der Patient sonstige Zweifel an der Übung, führt der Therapeut motivationale Strategien ein, um die Bereitschaft des Patienten zu erhöhen. Dazu kann gehören:
- Einordnung der Befürchtungen des Patienten in den Teufelskreis.
- Überlegungen, wie Bereitschaft erhöht werden kann.
- Besprechung der kurz- und langfristigen Konsequenzen der Exposition.
- Wiederholung des Expositionsrationals.
- 4-Felder-Schema der Motivation.

Gegebenenfalls erhält der Patient bis zur nächsten Sitzung Bedenkzeit, um seine Entscheidung zu überdenken. Kann die Bereitschaft des Patienten mit einfachen Mitteln auf mindestens 70 % erhöht werden, wird die Übung durchgeführt.

Liegt die Bereitschaft des Patienten bei mindestens 80 %, erfragt der Therapeut anhand des Übungsprotokolls (Arbeitsblatt 12) die Erwartungen des Patienten. Da der Patient zu diesem Zeitpunkt die Vorgehensweise bereits gut kennen dürfte, kann die Vorbesprechung entsprechend kurz erfolgen.

> **Merke:**
> Im Rahmen der Vorbesprechung erfolgt eine Einschätzung der erwarteten maximalen Angst in der Situation. Liegt diese unter 4, erfragt der Therapeut die Gründe für diese Erwartung. Mit dem Patienten wird wiederholt, dass zur Umsetzung des Habituationsprinzips Angst erforderlich ist. Entsprechend wird überlegt, wie die Angst in der Situation gesteigert werden könnte um jegliches Vermeidungsverhalten in der Situation auszuschließen. Neben der Variation situativer Faktoren schlägt der Therapeut dabei die Durchführung interozeptiver Übungen in der Situation vor.

Schritt 4: Durchführung der Expositionsübung

Im Anschluss an die Vorbesprechung sucht der Therapeut gemeinsam mit dem Patienten die Übungssituation auf. In der Situation erfragt der Therapeut regelmäßig das Angstniveau des Patienten und bittet ihn, Körpersymptome und Gedanken zu schildern, um Hinweise auf mögliches Sicherheitsverhalten zu erhalten bzw. die Verarbeitung der Angst in der Situation zu begünstigen. Das weitere Vorgehen entspricht dem Ablauf, der in Abbildung 13 dargestellt wurde.

Wie in allen Übungssituationen liegt das besondere Augenmerk des Therapeuten auf möglichen Vermeidungsstrategien, die der Patient in der Situation einsetzt (häufig auch ohne dass ihm das bewusst ist). Bemerkt der Therapeut Hinweise auf solche Strategien, spricht er den Patienten darauf an und fragt, ob das jeweilige Verhalten einen Einfluss auf die Angst hat. Ist dies der Fall, wird nach Möglichkeiten gesucht, das Verhalten zu unterbinden. Häufig kann dies erreicht werden, indem das Gegenteil des jeweiligen Sicherheitsverhaltens ausgeführt wird: Versucht der Patient z. B. sich gezielt zu entspannen, wird er instruiert, alle Muskeln anzuspannen. Stellt er sich gedanklich vor, in einer anderen Situation zu sein, wird er instruiert, die aktuelle Situation möglichst detailliert zu beschreiben, etc. Ist der Therapeut selbst ein Sicherheitssignal, vereinbart er mit dem Patienten, dass dieser die Übung allein wiederholt, während der Therapeut auf ihn wartet oder ihn ggfs. in der Situation wieder abholt.

Die Übung wird beendet, wenn die Angst auf ein Niveau von höchstens 2 abgesunken ist. Im Anschluss wird die Übung wiederholt.

Schritt 5: Nachbesprechung der Übung

Die Nachbesprechung der Übung sollte möglichst wieder im Therapieraum, zumindest aber in einer nicht angstbesetzten Situation stattfinden. Der Therapeut lässt den Patienten zunächst das Übungsprotokoll fertig ausfüllen und bespricht dann anhand des Protokolls den Angstverlauf in der Situation sowie die Schlussfolgerungen des Patienten aus der Übung.

Schritt 6: Hausaufgabenvergabe

Als Hausaufgabe erhält der Patient die Instruktion, die Übung aus der Sitzung mindestens zweimal zu wiederholen und auf dem Übungsprotokoll zu dokumentieren. Variationen der Übung sind erlaubt, so lange sie nicht den Expositionsregeln zuwiderlaufen.

Sitzung 9

Ziele der Sitzung:
• Bisherige Lernerfahrungen und Schlussfolgerungen aus der Therapie herausarbeiten • Veränderungen der Erwartungsangst kontrollieren
Inhalte:
• Herausarbeiten der Veränderungsverläufe nach den drei Standard-Übungssituationen • Einschätzung bisheriger Lernerfahrungen • Erfassung der noch bestehenden Restsymptomatik • Herausarbeiten der Veränderungen in der Erwartungsangst • Vorbereitung der individuellen Expositionsübungen
Materialien (vgl. CD-ROM):
• Arbeitsblatt 13: Therapieeinschätzung und Lernerfahrung • Arbeitsblatt 14: Belastende Symptome • Arbeitsblatt 15: Veränderungen der Erwartungsangst • Hausaufgabe: Protokoll für Expositionsübungen (vgl. Arbeitsblatt 12 im Kapitel Expositionssitzungen) • Arbeitsblatt 1b: Teufelskreis der Angst (vgl. Sitzung 1) • Arbeitsblatt 11: Hierachie vermiedener Situationen (vgl. Sitzung 5)

Schritt 1: Tagesordnung

Die neunte Sitzung ist eine Zwischensitzung, in der der bisherige Verlauf der Übungen sowie die Schlussfolgerungen des Patienten aus den Übungen besprochen werden. Probleme, die bei der Durchführung der Expositionsübungen aufgetreten sind, können in dieser Sitzung ebenfalls noch einmal thematisiert werden. Entsprechend stellt der Therapeut eine Tagesordnung vor, die aus folgenden Punkten besteht: (a) Besprechung des Verlaufs bisheriger Übungen, (b) Besprechung noch vorhandener beunruhigender Symptome sowie (c) Besprechung der Veränderungen in der Erwartungsangst vor Situationen.

Schritt 2: Besprechung der Hausaufgaben

Zunächst wird die Hausaufgabe aus Sitzung 8 besprochen, die die Wiederholung der Standardsituation „Wald" umfasste. Die Aufgabe wird anhand des Übungsprotokolls nachbesprochen, wobei der Therapeut alle Ansätze der Aufgabenerledigung positiv verstärkt. Bei Nichterledigung der Aufgabe sollte der Grund erfragt werden.

Schritt 3: Analyse bisheriger Angstverläufe

Der Therapeut leitet im nächsten Schritt dazu über, dass jetzt der bisherige Verlauf der Übungen noch einmal detailliert betrachtet werden soll. Dazu werden alle bisher ausgefüllten Übungsprotokolle (Arbeitsblatt 12) wenn möglich nebeneinander gelegt. Alle Protokolle des tatsächlichen Angstverlaufs in einer Situation sollten dabei untereinander angeordnet werden, in der Reihenfolge ihrer Durchführung, so dass der Patient sich leicht einen Überblick über die Kurven verschaffen kann. Der Therapeut bittet den Patienten, sich alle Angstverlaufskurven noch einmal anzuschauen und die bisherigen Erfahrungen mit den Übungen zusammenzufassen.

Beispiel: „Hier sehen Sie noch einmal die Verläufe aller bisherigen Übungen, die Sie bereits bewältigt haben. Was würden Sie selbst sagen, welche wichtigen Erfahrungen haben Sie in den Übungen gemacht? Was wollen Sie aus den Übungen auf jeden Fall mitnehmen?"

Je nach Antwort des Patienten sollte der Therapeut folgende Punkte noch einmal hervorheben oder herausarbeiten:
- Hat sich die Angst während der Übungen reduziert?
- Hat sich die Angst in einer Situation durch die Wiederholung der Übungen insgesamt reduziert?

Das weitere Vorgehen wird durch den Verlauf der bisherigen Übungen bestimmt.

In allen Übungen hat eine Angstabnahme in und zwischen den Durchgängen stattgefunden. In diesem Fall fragt der Therapeut den Patienten, worauf er die Reduktion der Angst zurückführt. Ziel ist, dass der Patient konkret benennt, dass sich die Angst von allein – also ohne Versuche der Symptomkontrolle oder Sicherheitsverhalten – reduziert hat.

In einigen Übungen hat eine Angstabnahme stattgefunden, aber nicht in allen. Der Therapeut lässt den Patienten die Angstverlaufskurven sortieren nach Übungen mit und ohne Angstabfall. Dann werden die Unterschiede zwischen diesen Übungen besprochen – was glaubt der Patient, wieso es bei einigen Übungen einen Angstabfall gab, bei anderen aber nicht? Der Therapeut versucht dabei, die Erklärungen des Patienten in Einklang mit dem Rational zu bringen, um die Mechanismen deutlich zu machen, die zur Aufrechterhaltung der Angst beitragen. Sollte Sicherheits- und Vermeidungsverhalten in den Übungen eine Rolle gespielt haben, wird dies noch einmal explizit benannt und in seiner Wirkung besprochen. Der Therapeut bittet den Patienten anschließend, Schlussfolgerungen für den zukünftigen Umgang mit den bislang problematischen Situationen zu ziehen.

Es ist in keiner Übung ein Angstabfall aufgrund von Habituation zu erkennen. Der Therapeut fragt den Patienten, was seiner Meinung nach dazu geführt hat, dass die Angst nicht wie erwartet abgenommen hat. Der Therapeut bietet dabei von sich aus an, dass er nachvollziehen könnte, wenn der Patient jetzt am Rational der Exposition zweifelt. Er macht jedoch auch deutlich, dass es nun wichtig ist, genau zu verstehen, warum die Übungen nicht wie erwartet gewirkt haben. Dazu kann er gemeinsam mit dem Patienten eine Reihe von Punkten durchgehen, die erfahrungsgemäß zum Misslingen von Expositionssitzungen beitragen.

Dazu gehören:
- *Situative Merkmale:* Die geplanten Expositionssituationen waren nicht oder zu stark angstauslösend.
- *Vermeidungsverhalten:* Die Situation konnte nicht aufgesucht werden oder wurde vorzeitig verlassen.
- *Wirkung von Sicherheitsverhalten:* Die Übungen wurden nur unter Zuhilfenahme von Sicherheitsverhalten aufgesucht, z. B. mit Ablenkung, nur in Begleitung, mit Sicherheitssignalen etc.

Der Therapeut prüft gemeinsam mit dem Patienten, in welchem Ausmaß eines dieser Probleme aufgetreten ist. Dabei soll der Patient zunächst verstehen, warum die Übungen bislang keinen Erfolg hatten. In einem zweiten Schritt werden Lösungsmöglichkeiten für die identifizierten Probleme erarbeitet, die in den nächsten Übungen umgesetzt werden sollen.

Beispiel: „Wenn wir uns die bisherigen Übungsverläufe anschauen, wird deutlich, dass bislang keine Übung den gewünschten Erfolg gehabt hat. Ich könnte mir vorstellen, dass Sie jetzt an unserer bisherigen Vorgehensweise zweifeln …

Ich kann auf jeden Fall nachvollziehen, dass Sie sich jetzt nicht mehr sicher sind, inwieweit die Therapie Ihnen weiterhelfen kann. Ich finde es an dieser Stelle jedoch ganz wichtig, dass wir uns noch einmal genau anschauen, warum die Übungen bislang nicht funktioniert haben. Wenn wir den Grund dafür kennen, kann uns das helfen, die Übungen so zu gestalten, dass sie doch den gewünschten Erfolg bringen. Erfahrungsgemäß gibt es einige kritische Punkte, die zum Misslingen der Übungen beitragen können – ich schlage vor, dass wir diese Punkte einmal durchgehen und Sie mir sagen, inwieweit Sie diese Probleme aus den Übungen kennen."

Arbeitsblatt 13: Während oder nach der Besprechung der Angstverläufe in den bisherigen Übungen bittet der Therapeut den Patienten, die wichtigsten Erfahrungen in der Therapie zu formulieren. Diese werden auf das Arbeitsblatt 13 eingetragen. Im Anschluss fragt der Therapeut den Patienten, wie hilfreich er die Therapie bislang findet. Dieser Wert wird als Prozentangabe (0 % gar nicht hilfreich bis 100 % absolut hilfreich) ebenfalls auf Arbeitsblatt 13 eingetragen. Liegt die Bewertung unterhalb von 80 % fragt der Therapeut nach den Gründen für diese Einschätzung. In jedem Fall erfragt der Therapeut, was die Therapie nach Vorstellung des Patienten noch hilfreicher machen könnte. Vorschläge, die in Einklang mit dem Rational stehen (z. B. noch mehr Übungen machen) werden verstärkt, problematische Vorschläge werden hinsichtlich der damit verbundenen Probleme besprochen.

Schritt 4: Erfassung derzeit belastender Symptome

Um neben den bisherigen Veränderungen, die Symptome zu identifizieren, die aktuell noch belastend sind, lässt der Therapeut den Patienten das Arbeitsblatt 14 „Belastende Symptome" ausfüllen. Das Arbeitsblatt schlüsselt aktuell belastende Symptome in den Bereichen „ängstigende Körpersymptome", „ängstigende Gedanken" sowie „Vermeidung und Sicherheitsverhalten" auf, wobei in die letzte Kategorie auch Situationen eingetragen werden können, die mit starker Erwartungsangst besetzt sind. Der Therapeut fragt dabei nach, warum diese Symptome als belastend empfunden werden und was der Patient aktuell tut, um mit diesen belastenden Symptomen umzugehen. Anhand des Teufelskreismodells (Arbeitsblatt 1b) werden die Symptome noch einmal als Angstsymptome eingeordnet. Falls der Patient ungünstige Strategien im Umgang mit den Symptomen berichtet, werden noch einmal die Zusammenhänge zwischen Befürchtungen und Vermeidungsverhaltensweisen wiederholt. Gegebenenfalls kann der Therapeut den Vorschlag machen, in der nächsten Übung gezielt auf die problematischen Symptome zu achten.

Beispiel: „Sie haben gesagt, der starke Herzschlag ist nach wie vor sehr belastend für Sie. Können Sie mir sagen, was genau das Herzklopfen so belastend für Sie macht? [...]

Ok, Sie denken dann, Ihr Herz macht gleich nicht mehr mit – das ist natürlich eine beängstigende Vorstellung. Wie gehen Sie mit dieser Vorstellung um? [...]

Sie versuchen also, den Gedanken so schnell wie möglich los zu werden. Das kann ich verstehen. Wenn Sie zurück denken an das, was wir über Sicherheits- und Vermeidungsverhalten besprochen haben, würde das, was Sie berichten, in die Kategorie ‚gedankliche Vermeidung' passen? [...]

Ok, Sie wissen ja, dass jede Form von Vermeidungsverhalten die Angst aufrechterhält. Könnte es sein, dass das Herzklopfen Ihnen deswegen noch so viel Angst macht, weil Sie versuchen, in dem Moment den Gedanken an einen Herzinfarkt weg zu drängen? Was könnten Sie in den nächsten Übungen dagegen tun?"

Schritt 5: Veränderungen in der Erwartungsangst erfassen

Im nächsten Schritt sollen Fortschritte im Hinblick auf das dritte Therapieziel, die Reduktion der Erwartungsangst, erfasst werden. Dazu werden zunächst in Arbeitsblatt 15 die drei bislang geübten Situationen eingetragen. Der Therapeut bittet den Patienten anschließend, die Erwartungsangst in den einzelnen Übungsdurchgängen für alle drei Situationen in den entsprechenden Diagrammen abzutragen.

> **Merke:**
> Ist kein Absinken der Erwartungsangst über die Übungsdurchgänge hinweg zu beobachten, fragt der Therapeut nach den Annahmen des Patienten, warum keine Reduktion eingetreten ist. Gegebenenfalls stellt der Therapeut eine Beziehung zwischen den Problemen während der Übungsdurchführung und der Nichtveränderung der Erwartungsangst her.

Der Therapeut macht deutlich, dass die Erwartungsangst durch die wiederholte Erfahrung, dass die Angst in der Situation abnimmt, verändert wird. Deshalb ist es wichtig, die Höhe der Erwartungsangst nicht als Leitlinie für die Entscheidung zu nutzen, ob man eine Situation aufsucht oder nicht – ohne Aufsuchen der Situation, keine Reduktion der Erwartungsangst.

Schritt 6: Vorbesprechen der individuellen Expositionsübungen

Zur Planung der nächsten Übungen greift der Therapeut auf die Situationshierarchie zurück, die in Sitzung 5 erstellt wurde (vgl. Arbeitsblatt 11). Er bittet den Patienten, die vier Situationen mit einem Stern zu kennzeichnen, die für ihn aktuell noch maximal angstauslösend sind. Dabei kann die ursprüngliche Liste durchaus durch andere Situationen ergänzt werden, falls neue Situationen hinzugekommen sind.

Aus den vier angstauslösenden Situationen werden zwei ausgewählt, die der Patient in den folgenden Sitzungen üben möchte. Der Therapeut sollte bei der Auswahl des Patienten prüfen, aus welchem Grund gerade diese Situationen gewählt wurden, um mögliches Vermeidungsverhalten zu identifizieren (z. B. wenn der Patient eine weniger angstauslösende Situation vorschlägt). Gleichzeitig sollte der Therapeut auf die Realisierbarkeit der Übungen achten. Es wird vereinbart, dass die ausgewählten Situationen in den folgenden Sitzungen geübt werden sollen.

Schritt 7: Hausaufgabenvergabe

Als Hausaufgabe wird eine der drei Standardsituationen zweimal wiederholt. Dabei wird die Übung ausgewählt, die der Patient als am schwierigsten empfindet. Falls keine der Situationen als schwierig eingestuft wird, wird anhand der bisherigen Angstverläufe bzw. der Höhe der Erwartungsangst eine Situation ausgewählt. Der Patient erhält erneut zwei Übungsprotokolle, um die Übungen dokumentieren zu können.

> **Merke:**
> Wenn die Besprechung der bisherigen Übungen Vorschläge für Veränderungen im Ablauf der Übungen erbracht hat, sollte der Therapeut diese noch einmal zusammenfassen und gemeinsam mit dem Patienten überlegen, wie dieser die Vorschläge im Rahmen der Hausaufgabe umsetzen kann.

Arbeitsblatt 13: Therapieeinschätzung und Lernerfahrung

Was haben Sie bisher in der Therapie gelernt?

_____
_____
_____
_____
_____

Wie hilfreich fanden Sie die Therapie bis jetzt?

    0% – 10% – 20% – 30% – 40% – 50% – 60% – 70% – 80% – 90% – 100%
gar nicht   extrem

Gründe?

_____
_____
_____
_____
_____

Was könnte die Therapie Ihrer Meinung nach noch erfolgreicher machen?

_____
_____
_____
_____
_____

Aus Lang et al.: Expositionsbasierte Therapie der Panikstörung mit Agoraphobie © 2012 Hogrefe, Göttingen

Arbeitsblatt 14: Belastende Symptome

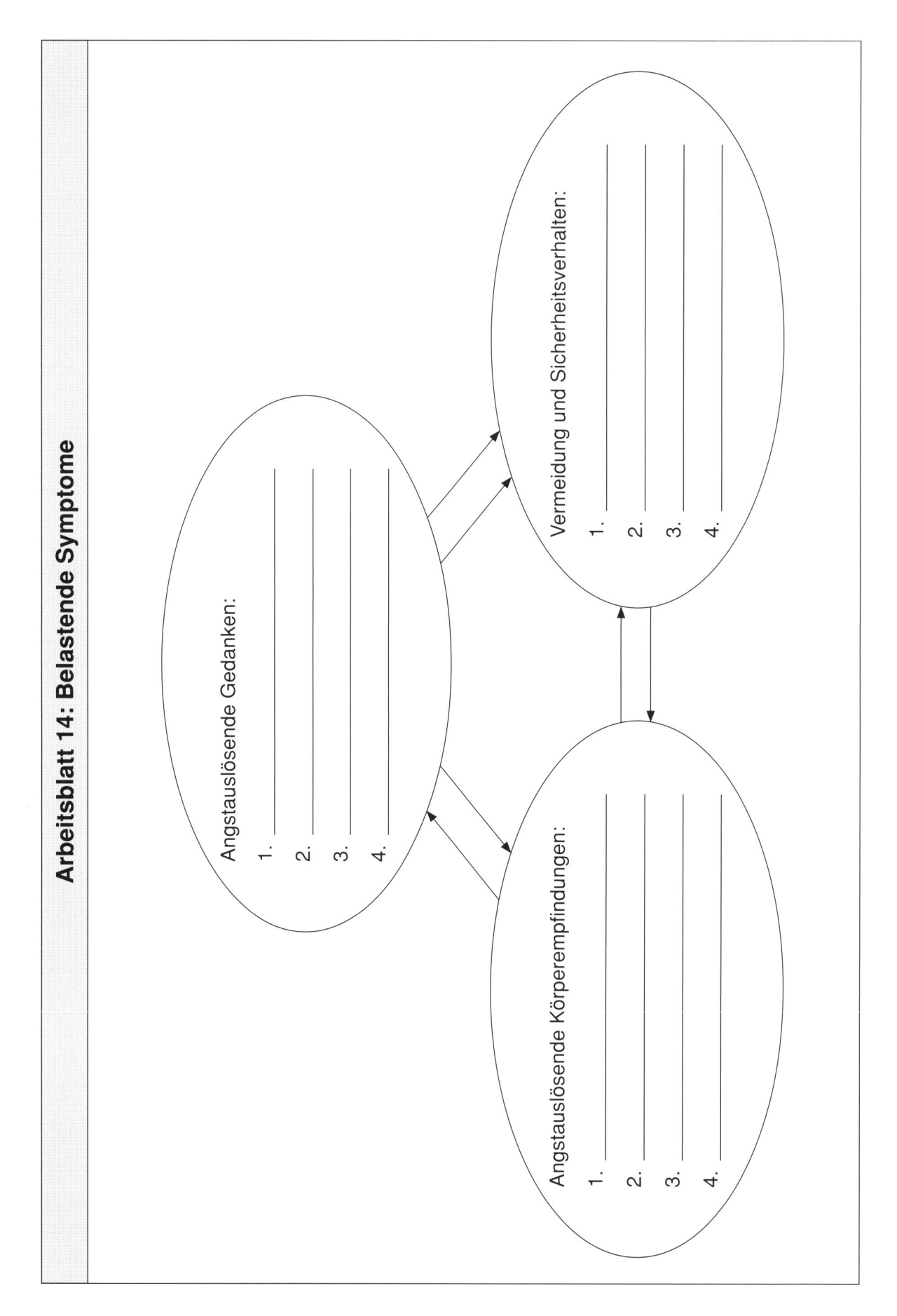

Angstauslösende Gedanken:
1. _____
2. _____
3. _____
4. _____

Vermeidung und Sicherheitsverhalten:
1. _____
2. _____
3. _____
4. _____

Angstauslösende Körperempfindungen:
1. _____
2. _____
3. _____
4. _____

Aus Lang et al.: Expositionsbasierte Therapie der Panikstörung mit Agoraphobie © 2012 Hogrefe, Göttingen

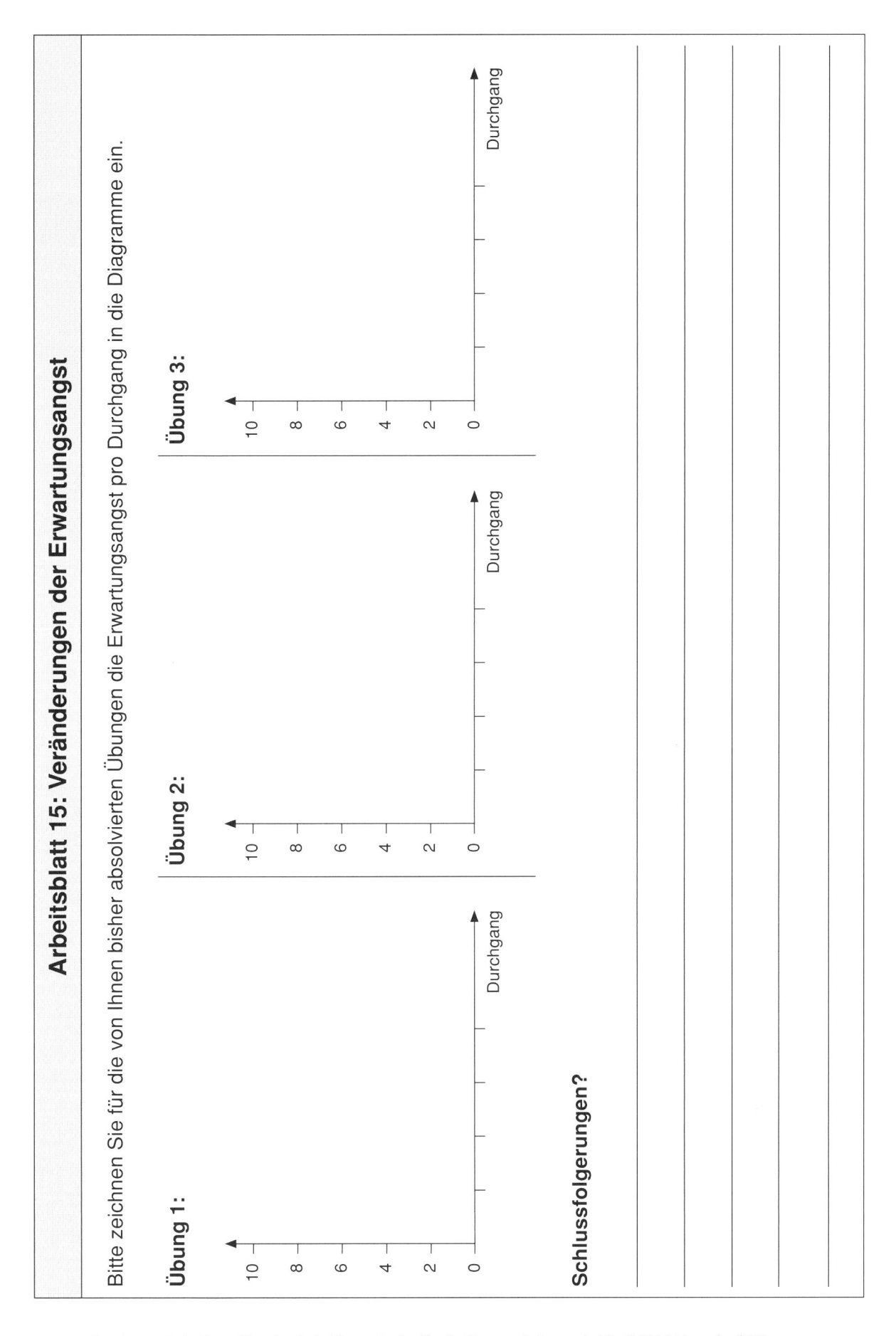

Arbeitsblatt 15: Veränderungen der Erwartungsangst

Bitte zeichnen Sie für die von Ihnen bisher absolvierten Übungen die Erwartungsangst pro Durchgang in die Diagramme ein.

Übung 1:

10 −|
8 −|
6 −|
4 −|
2 −|
0 —|——|——|——|——|——|——|——|——→ Durchgang

Übung 2:

10 −|
8 −|
6 −|
4 −|
2 −|
0 —|——|——|——|——|——|——|——|——→ Durchgang

Übung 3:

10 −|
8 −|
6 −|
4 −|
2 −|
0 —|——|——|——|——|——|——|——|——→ Durchgang

Schlussfolgerungen?

_____
_____
_____
_____
_____

Sitzung 12

Ziele der Sitzung:
• Bisherige Lernerfahrungen und Schlussfolgerungen aus der Therapie herausarbeiten • Rückfallprophylaxe
Inhalte:
• Herausarbeiten der Veränderungsverläufe nach den individuellen Übungen • Einschätzung bisheriger Lernerfahrungen • Identifikation möglicher Rückfallrisiken • Aufstellen eines Übungsplans
Materialien (vgl. CD-ROM):
• Informationsblatt 5: Rückschritte vermeiden • Arbeitsblatt 14: Belastende Symptome (vgl. Sitzung 9) • Arbeitsblatt 15: Veränderungen der Erwartungsangst (vgl. Sitzung 9) • Arbeitsblatt 16: Was nehme ich mit? • Arbeitsblatt 17: Hilfeplan • Arbeitsblatt 18: Übungsplan

Schritt 1: Tagesordnung

Die zwölfte Sitzung stellt die letzte reguläre Sitzung vor der patientengeleiteten Selbstübungsphase dar. Entsprechend enthält die Tagesordnung der Sitzung (a) die Besprechung der Übungsverläufe aus den letzten beiden Sitzungen, (b) einen Rückblick über die Behandlung und das bis dato Erreichte, (c) Hinweise zum Umgang mit Risikosituationen sowie (d) die Planung der Selbstübungsphase bis zur ersten Auffrischungssitzung.

Schritt 2: Besprechung der Hausaufgaben und Analyse der Angstverläufe

Zunächst wird die Hausaufgabe aus Sitzung 11 wie gewohnt anhand des Übungsprotokolls besprochen. Anschließend leitet der Therapeut zur Analyse der Angstverläufe aller individuellen Expositionsübungen über. Analog zum Vorgehen in Sitzung 9 werden dazu alle entsprechenden Übungsprotokolle nebeneinander auf den Tisch gelegt. Der Therapeut lässt den Patienten zunächst frei seine Erfahrungen mit den Übungen schildern. Dabei werden wieder folgende Punkte besonders berücksichtigt:
• Hat sich die Angst während der Übung reduziert?
• Hat sich die Angst in einer Situation durch die Wiederholung der Übungen insgesamt reduziert?

Der Therapeut versucht, die vom Patienten geschilderten Erfahrungen in das Expositionsrational einzuordnen, auf Probleme einzugehen und wichtige Prinzipien (Angst lässt ohne Zutun nach; Wiederholung reduziert Angst in den Situationen) hervorzuheben (vgl. Sitzung 9). Dabei sollte auch auf die Veränderungen in der Erwartungsangst eingegangen werden. Gegebenenfalls kann dazu erneut auf Arbeitsblatt 15 zurückgegriffen werden, um die Verläufe der Erwartungsangst für die individuellen Übungen zu visualisieren.

Schritt 3: Einschätzung der Lernerfahrungen

Im Anschluss an die Übungsbesprechung werden die gemachten Lernerfahrungen noch einmal expliziert. Dazu bittet der Therapeut den Patienten zunächst, eine Einschätzung der bisher erreichten Veränderungen auf Arbeitsblatt 16 vorzunehmen. Danach soll der Patient Schlussfolgerungen aus dem Verlauf und den Ergebnissen aller Behandlungssitzungen ziehen. Diese Schlussfolgerungen werden ebenfalls in Arbeitsblatt 16 eingetragen. Darüber hinaus werden die Implikationen dieser Schlussfolgerungen für den zukünftigen Umgang mit der Angst formuliert. Der Patient selbst soll sagen, in welchem Zusammenhang seine Schlussfolgerungen zu seinem zukünftigen Verhalten stehen. Die wichtigsten Lernerfahrungen werden in den Kasten auf Arbeitsblatt 16 in einem kausalen Format eingetragen: „In der Therapie habe ich gelernt […]. Daher werde ich in Zukunft […]."

Ein Patient könnte beispielsweise schlussfolgern: „*In der Therapie habe ich gelernt*, dass Vermeidungsverhalten die Angst aufrechterhält. *Daher werde ich in Zukunft* nicht mehr versuchen, die Angst zu unterdrücken oder mich abzulenken, wenn ich Angstsymptome bemerke."

Der Therapeut lässt den Patienten nach Möglichkeit die Schlussfolgerungen in seinen eigenen Worten formulieren. Er sollte nur dann eingreifen, wenn die Schlussfolgerungen des Patienten nicht dem Behandlungsrational entsprechen. In diesem Fall wiederholt der Therapeut die wesentlichen psychoedukativen Informationen.

Arbeitsblatt 16: Arbeitsblatt 16 dient der Illustration von Veränderungen und Lernerfahrungen im bisherigen Therapieverlauf. Im oberen Teil des Arbeitsblattes nimmt der Patient selbst eine Einschätzung der von ihm wahrgenommenen Veränderungen im Hinblick auf wesentliche Angstsymptome wie Panikanfällen und Erwartungsangst vor. Im unteren Teil des Arbeitsblattes können wichtige Lernerfahrungen festgehalten werden.

Schritt 4: Risikosituationen und Notfallplan

Nach der Formulierung zentraler Lernerfahrungen leitet der Therapeut über zur Rückfallprophylaxe. Im Rahmen einer Psychoedukation erläutert er dabei, dass
- es normal ist, wenn die Angst wieder auftritt – auch in Situationen, von denen der Patient dachte, sie seien kein Problem mehr.
- das Wiederauftreten von Angstreaktionen kein Anzeichen für einen Rückfall darstellt. Rückfälle beginnen erst, wenn die Angst wieder zu Vermeidungsverhalten führt und zu damit verbundenen Einschränkungen.
- es verschiedene Situationen gibt, in denen ein besonders hohes Risiko besteht, dass die Angst wieder auftritt. Zu diesen Situationen gehören Situationen, in denen noch Restsymptome auftreten, Situationen, die sehr selten aufgesucht werden sowie Lebenssituationen mit einer erhöhten Stressbelastung. Diese drei Situationen werden im Folgenden näher besprochen.

Informationsblatt 5: Die psychoedukativen Informationen zum Rückfallrisiko sind in Informationsblatt 5 zusammengefasst. Das Informationsblatt wird dem Patienten nach den Erläuterungen zum Nachlesen ausgehändigt.

Nach der allgemeinen Psychoedukation werden individuelle Risikofaktoren des Patienten beleuchtet. Im Allgemeinen können die Risikofaktoren den oben genannten kritischen Situationen zugeordnet werden. Zum einen stellen Residualsymptome, wie weiterhin angstauslösende Körpersymptome, situative Vermeidung oder angstbezogene Befürchtungen ein Rückfallrisiko dar. Daher erfragt der Therapeut, welche Symptome aus diesen Bereichen aktuell noch Angst induzieren können. Diese Symptome werden zunächst in ein leeres Arbeitsblatt 14 (Belastende Symptome) eingetragen. Die individuell noch ängstigenden Körpersymptome sowie die Punkte „Erwartungsangst" und „Angst in Situationen" – falls noch vorhanden – werden darüber hinaus in die erste Spalte von Arbeitsblatt 17 (Hilfeplan) eingetragen.

Darüber hinaus erfragt der Therapeut Situationen, die nach Erfahrung des Patienten besonders belastend waren. Es wird exploriert, ob in näherer Zukunft irgendwelche Belastungen dieser Art zu erwarten sind, mit denen der Patient vermutlich Probleme haben wird (z. B. Beziehungsprobleme, Arbeitsprobleme etc.). Diese erwarteten Belastungen werden ebenfalls in Arbeitsblatt 17 (Hilfeplan) in die erste Spalte eingetragen. Der Patient soll schildern, wie er früher in solchen Situationen reagiert hat und wie er zukünftig vor dem Hintergrund der gemachten Lernerfahrungen mit solchen Situationen umgehen möchte.

Beispiel: „Ich hatte Ihnen ja gerade einige Situationen genannt, in denen es zu einem Wiederauftreten der Angst kommen kann. Ich würde jetzt gern mit Ihnen gemeinsam schauen, welche Situationen für Sie besonders kritisch sein könnten. Lassen Sie uns dazu zunächst anschauen, welche Symptome für Sie noch angstauslösend sind. Gibt es noch bestimmte Gedanken, körperliche Veränderungen oder Situationen, die Angst bei Ihnen auslösen? […]

"Ein zweiter wichtiger Risikofaktor für das Wiederauftreten der Angst sind belastende Situationen. Das können sowohl Situationen sein, die ganz plötzlich eine starke Belastung bedeuten, aber auch Lebensumstände, bei denen über eine längere Zeit Belastungen erlebt werden. Können Sie sich an solche Situationen in Ihrer Vergangenheit erinnern? [...]

Wenn Sie an die nächste Zukunft denken, erwarten Sie da, dass solche Situationen auftreten? Was genau könnte passieren? [...]

Gut, wir haben jetzt wichtige Situationen gesammelt, bei denen ein erhöhtes Risiko besteht, dass die Angst wieder auftritt. Ich würde jetzt gern mit Ihnen überlegen, wie Sie früher mit diesen Situationen umgegangen sind und was Sie sich für den zukünftigen Umgang mit diesen Situationen vornehmen."

Arbeitsblatt 17: Das Arbeitsblatt 17 stellt eine Art Hilfeplan für den Umgang mit kritischen Situationen dar. Der Begriff „Notfallplan" wird dabei bewusst vermieden, um nicht den Eindruck zu erwecken, dass jede dieser Situationen einen Notfall darstellt. Der Patient soll möglichst konkret und verhaltensnah formulieren, wie er sich in jeder der antizipierten kritischen Situationen verhalten möchte. Der Therapeut achtet wie immer darauf, dass diese Vornahmen mit dem vermittelten Therapierational in Einklang stehen.

Schritt 5: Aufstellen eines Übungsplans

Im letzten Schritt wird die Selbstübungsphase des Patienten bis zur ersten Auffrischungssitzung geplant. Es hat sich bewährt, dazu zunächst einen Zeitraum von acht Wochen vorzugeben, da dies dem Patienten genug Gelegenheit geben sollte, um mehrere Übungen auch wiederholt durchzuführen. Gleichzeitig sollte der Therapeut darauf achten, dass die Vornahmen des Patienten sich auf ein realistisches Zielmaß beschränken.

Dazu wird zunächst mit dem Patienten besprochen, welche konkreten Ziele er bis zur ersten Auffrischungssitzung verfolgen möchte. Maximal fünf Ziele werden für die Übungsphase ausgewählt und die erforderlichen Einzelschritte zum Erreichen des Ziels konkret besprochen. Der Patient wird angeleitet, alle Ziele möglichst positiv, konkret und verhaltensnah zu definieren.

Merke:

Der Erfolg einer Übung sollte ebenfalls am konkreten Verhalten des Patienten gemessen werden. Einige Patienten formulieren als erstes Erfolgskriterium, etwas „ohne Angst tun" zu können. Dies ist jedoch kein gutes Erfolgsmaß, da es suggeriert, dass Übungen, in denen Angst auftritt, einen Misserfolg darstellen. Entsprechend sollte in diesen Fällen das Erfolgskriterium umformuliert werden im Hinblick auf „etwas trotz der Angst tun".

Wenn geeignete Ziele ausgewählt wurden, bespricht der Therapeut die Einzelheiten der Zielerreichung. Dabei sollten folgende Fragen geklärt werden:
- Welche Übungen sind für die Zielerreichung erforderlich?
- Wie häufig sollten diese Übungen wiederholt bzw. durchgeführt werden?
- Wann kann sich der Patient diese Übungen einplanen?
- Welche Schwierigkeiten oder Hindernisse sind bei der Zielerreichung zu erwarten?
- Wie kann mit diesen Schwierigkeiten umgegangen werden?

Der Therapeut sollte dem Patienten zunächst freie Hand bei der Planung der Übungen lassen. Er achtet jedoch darauf, dass Übungen so geplant werden, dass das Therapierational umgesetzt wird und Erfolgsaussichten bestehen (z. B. durch mehrfache Wiederholung einer Übung) und dass der Übungsplan realisierbar bleibt. Es ist außerdem dringend zu empfehlen, dass immer nur an einem Ziel gearbeitet wird – erst wenn ein Ziel zur Zufriedenheit erreicht wurde, sollte zum nächsten übergegangen werden. Häufig ist es sinnvoll, zunächst die ersten drei Wochen der Übungsphase mit dem Patienten detailliert zu besprechen. Nach dieser Zeit soll der Patient selbst den Übungsplan kritisch bewerten und die Planung für die jeweils nächsten zwei Wochen selbstständig vornehmen.

Arbeitsblatt 18: Die besprochenen Ziele, Erfolgskriterien und die Übungsplanung werden in Arbeitsblatt 18 eingetragen. Das Arbeitsblatt dient einerseits als Erinnerungsstütze für den Patienten, aber auch der Dokumentation der geleisteten Übungen. Entsprechend sollte der Therapeut den Patienten bitten, das Arbeitsblatt auf jeden Fall zur ersten Auffrischungssitzung wieder mitzubringen.

Schritt 6: Hausaufgabenvergabe

Die Hausaufgabe besteht in der Bearbeitung des Übungsplans.

Informationsblatt 5: Rückschritte vermeiden

Erreichte Veränderungen aufrechterhalten

Es gibt Vieles, was Sie zur Aufrechterhaltung der erreichten Veränderung und zur Vermeidung von Rückschritten tun können. Dazu gehört:

1. Wenn Sie bemerken, dass Sie zögern, bestimmte Situation aufzusuchen oder Aktivitäten durchzuführen, gehen Sie diese Dinge ganz gezielt an. Wenn Sie z. B. zögern, Auto zu fahren, aus Angst, doch eine Panikattacke zu bekommen, sollten Sie absichtlich viel Auto fahren.
2. Halten Sie regelmäßig, zunächst wöchentlich fest, wie ängstlich Sie sich fühlen und wie häufig Sie Panikattacken erleben. Wenn Sie eine Zunahme an Angst oder Panikattacken feststellen, ist es Zeit, wieder verstärkt Übungen durchzuführen, um die Angst zu reduzieren.
3. Lesen Sie in regelmäßigen Abständen noch einmal die Informationsmaterialien, die Sie im Verlauf der Behandlung erhalten haben. Um dieses Wissen zuverlässig in Ihrem Gedächtnis verankern zu können, müssen Sie es wiederholen.

Wenn es doch zum Rückschritt kommt ...

Es gibt zwei Arten von Situationen, in denen Personen mit erhöhter Wahrscheinlichkeit Panikattacken erleben, selbst wenn sie für lange Zeit panikfrei waren. Der erste Typ von Situationen beinhaltet belastende Lebensereignisse, wie z. B. der Verlust des Arbeitsplatzes, eine Trennung, die Geburt eines Kindes oder eine schwere Erkrankung. Solche Belastungen beeinflussen unser Nervensystem und führen zu allgemeiner Anspannung, die wiederum das Auftreten von Körpersymptomen und ängstigender Gedanken wahrscheinlicher macht (siehe Stressmodell).

Die zweite Art von Situationen, in denen Panikattacken mit höherer Wahrscheinlichkeit wiederkehren, sind Situationen, die stark an eine frühere Panikattacke erinnern. Wenn z. B. die erste Panikattacke im Stau auf der Autobahn erlebt wurde, dann ist es in einer Stausituation wahrscheinlicher, dass ein Panikanfall auftritt. Das ist kein Rückfall – es ist eher wie eine alte Angewohnheit. Dasselbe passiert Rauchern, die lange nicht mehr geraucht haben und dann in eine Situation kommen, in der sie früher typischerweise zur Zigarette gegriffen hatten – das alte Verlangen kommt zurück.

Daher folgende Hinweise:

1. Überlegen Sie, ob und welche Belastungssituationen in der näheren Zukunft auf Sie zukommen könnten. Wenn solche Situationen eintreten, erinnern Sie sich an das in der Therapie Besprochene – z. B. den Denkfehler, Körpersymptome als gefährlich zu interpretieren, obwohl sie harmlos sind. Wenn Panikattacken auftreten, erinnern Sie sich daran, dass dies in stressreichen Zeiten nicht ungewöhnlich ist.
2. Gehen Sie mit auftretenden Panikattacken genauso um, wie Sie es im Verlauf der Behandlung gelernt haben. Eine Panikattacke heißt nicht, dass Sie einen Rückfall hatten, und dass alles, was Sie bis dato erreicht hatten, verloren ist. Überlegen Sie, was die Panikattacke ausgelöst haben könnte. Üben Sie Situationen, in denen Angst auftaucht, immer und immer wieder. Lesen Sie sich gegebenenfalls noch einmal Ihre Therapieunterlagen durch.
3. Wenn Sie merken, dass Sie wieder in den Teufelskreis aus Panik, Angst und Vermeidung geraten, nehmen Sie sich Ihre Therapieunterlagen und gehen Sie diese systematisch durch. Das Wiederauftreten der Ängste heißt nicht, dass Sie sie nicht besiegen könnten. Scheuen Sie sich auch nicht, um professionelle Hilfe zu bitten – je schneller Sie gegen die Ängste vorgehen, umso besser.

Denken Sie daran: Panikattacken sind sehr unangenehm – auf Dauer problematisch wird jedoch der Versuch, diese völlig zu vermeiden!

Arbeitsblatt 16: Was nehme ich mit?

Welche Veränderungen haben Sie seit dem Beginn der Therapie festgestellt?

	Deutlich verschlechtert	Leicht verschlechtert	Unverändert	Leicht verbessert	Deutlich verbessert
Häufigkeit Panikattacken	☐	☐	☐	☐	☐
Angst vor Körpersymptomen	☐	☐	☐	☐	☐
Angst in Situationen	☐	☐	☐	☐	☐
Vermeidung von Situationen	☐	☐	☐	☐	☐
Erwartungsangst	☐	☐	☐	☐	☐

Welche Schlussfolgerungen ziehen Sie aus dem bisherigen Verlauf der Therapie?

1. _____
2. _____
3. _____
4. _____
5. _____

Was sind die beiden wichtigsten Erfahrungen, die Sie in der Therapie gemacht haben? Was möchten Sie auf jeden Fall erinnern?

1. In der Therapie habe ich gelernt _____
_____

daher möchte ich in Zukunft _____
_____

2. In der Therapie habe ich gelernt _____
_____

daher möchte ich in Zukunft _____
_____

Arbeitsblatt 17: Hilfeplan

Kritische Situation	Was habe ich in der Vergangenheit in ähnlichen Situationen gemacht?	Wie will ich mich zukünftig in dieser Situation verhalten?
Wiederauftreten Panikattacken		

Arbeitsblatt 18: Übungsplan – Teil 1

Bitte tragen Sie jede Übung in eine extra Zeile ein, auch wenn die Übungen demselben Ziel zugeordnet sind.

Ziel	Wann erreicht? Erfolgskriterium	Welche Übungen?	Wann durchführen?	Wo durchführen?	Erledigt?	Erfolg?
1.		1.			☐ ja	☐ ja
		2.			☐ ja	☐ ja
		3.			☐ ja	☐ ja
		4.			☐ ja	☐ ja
		5.			☐ ja	☐ ja
2.		1.			☐ ja	☐ ja
		2.			☐ ja	☐ ja
		3.			☐ ja	☐ ja
		4.			☐ ja	☐ ja
		5.			☐ ja	☐ ja
3.		1.			☐ ja	☐ ja
		2.			☐ ja	☐ ja
		3.			☐ ja	☐ ja
		4.			☐ ja	☐ ja
		5.			☐ ja	☐ ja

Aus Lang et al.: Expositionsbasierte Therapie der Panikstörung mit Agoraphobie © 2012 Hogrefe, Göttingen

Arbeitsblatt 18: Übungsplan – Teil 2

Ziel	Wann erreicht? Erfolgskriterium	Welche Übungen?	Wann durchführen?	Wo durchführen?	Erledigt?	Erfolg?
4.		1.			☐ ja	☐ ja
		2.			☐ ja	☐ ja
		3.			☐ ja	☐ ja
		4.			☐ ja	☐ ja
		5.			☐ ja	☐ ja
5.		1.			☐ ja	☐ ja
		2.			☐ ja	☐ ja
		3.			☐ ja	☐ ja
		4.			☐ ja	☐ ja
		5.			☐ ja	☐ ja

Bitte denken Sie daran, den Plan zur nächsten Auffrischungssitzung wieder mitzubringen.

Die nächste Auffrischungssitzung findet am _____ um _____ Uhr statt.

Auffrischungssitzungen

Ziele der Sitzung:
• Rückfallprophylaxe
Inhalte:
• Besprechung der selbst geleiteten Übungen • Veränderungen in bestehenden Rückfallrisiken • Vereinbarung/Empfehlung weiterer Übungen • Schlussfolgerungen aus der Behandlung (nur Auffrischungssitzung 2)
Materialien (vgl. CD-ROM):
• Arbeitsblatt 14: Belastende Symptome (vgl. Sitzung 9) • Arbeitsblatt 16: Was nehme ich mit? (vgl. Sitzung 12) • Arbeitsblatt 17: Hilfeplan (vgl. Sitzung 12) • Arbeitsblatt 18: Übungsplan (vgl. Sitzung 12)

Anmerkung: Im Manual sind zwei Auffrischungssitzungen vorgesehen, die jeweils im Abstand von acht Wochen durchgeführt werden. Da der Ablauf der Sitzungen weitgehend identisch ist, werden die Sitzungen hier zusammengefasst dargestellt. Auf Besonderheiten in den Sitzungen wird an der jeweiligen Stelle hingewiesen.

Schritt 1: Tagesordnung

Beide Auffrischungssitzungen laufen nach einer ähnlichen Tagesordnung ab. Diese umfasst (a) die Besprechung der selbst geleiteten Übungen des Patienten, (b) die Erfassung aktuell bestehender Restsymptome und Rückfallrisiken, (c) die Vereinbarung bzw. Empfehlung weiterer Übungen zur Festigung des Gelernten und, in der zweiten Auffrischungssitzung, (d) die Formulierung von Schlussfolgerungen aus der Behandlung sowie die Einschätzung des Behandlungserfolgs.

Schritt 2: Besprechung der patientengeleiteten Übungen

Die Besprechung der Selbstübungsphase sollte mit der offenen Frage eingeleitet werden, welche Veränderungen der Patient im Hinblick auf die Angst vor Symptomen bzw. in Situationen seit der letzten Sitzung beobachtet hat. Der Patient soll dabei Gelegenheit bekommen, von Schwierigkeiten oder besonderen Situationen zu berichten, die er erlebt hat. Der Therapeut fasst die Schilderung des Patienten noch einmal zusammen und leitet dann zur Besprechung der in der letzten Sitzung geplanten Übungen über.

Dabei sollten zunächst die Ziele der Übungen wiederholt werden: Was wollte der Patient konkret in den vergangenen Wochen erreichen? Anschließend werden anhand des Übungsprotokolls (vgl. Arbeitsblatt 18) die Übungsdurchführung sowie das Ausmaß der Zielerreichung besprochen.

Hat der Patient alle vereinbarten Ziele erreichen können, lässt der Therapeut ihn seine Erfahrungen mit den Übungen noch einmal beschreiben. Er macht noch einmal deutlich, dass kontinuierliches Üben eine wichtige Voraussetzung für die Aufrechterhaltung des Therapieerfolgs ist.

Beispiel: „Wie ich sehe, konnten Sie alle Ziele, die Sie sich beim letzten Mal vorgenommen haben, erreichen. Das ist eine beeindruckende Bilanz! Wie Sie wissen, sind im Moment diese kontinuierlichen Übungen noch eine wichtige Voraussetzung für die Aufrechterhaltung der Therapieergebnisse – ich kann Sie nur ermutigen, in den nächsten Wochen genauso weiter zu üben."

Hat der Patient keines oder nur einzelne der vereinbarten Ziele erreicht, exploriert der Therapeut die Gründe dafür. Grundsätzlich sollte der Patient zunächst für jeden Versuch der Zielerreichung verstärkt und gelobt werden. Das anschließende Vorgehen entspricht weitgehend dem Vorgehen bei Nichterledigung von Expositionshausaufgaben.

Angst war der Grund für fehlende Zielerreichung. Hier sollte der Therapeut ausführlich die Abläufe beim Patienten besprechen und in den Teufelskreis einordnen. Anders als in vorangegangenen Sitzungen achtet der Therapeut darauf, dass der Patient möglichst selbstständig diese Einordnung vornimmt und Schlussfolgerungen daraus zieht (z. B. erlebte Symptome oder Befürchtungen sind Teil der Angstsymptomatik; Erwartungsangst reduziert sich nur durch wiederholtes Aufsuchen der Situation etc.). Für die identifizierten Probleme werden Lösungsstrategien erarbeitet, die es dem Patienten erlauben sollen, die Übungen doch noch durchzuführen (z. B. durch Einbeziehen einer Bezugsperson). Der Patient wird angeleitet, auf seine Erfahrungen aus der Therapie zurückzugreifen oder sich daran zu erinnern.

> **Merke:**
> Manchmal haben Patienten, die in der Selbstübungsphase Probleme erleben, die Befürchtung, dass jetzt alles Erreichte verloren ist und sie wieder auf den Stand vor der Therapie zurückfallen. In solch einem Fall sollte der Therapeut zunächst Verständnis für den Patienten zeigen, ihn dann jedoch anleiten, diese Befürchtung zu hinterfragen: Was ist jetzt z. B. anders als es vor der Therapie war? Der Therapeut macht deutlich, dass der Patient das Handwerkszeug zur Behandlung seiner Ängste kennt und dass es in seiner eigenen Verantwortung liegt, dieses Handwerkszeug auch anzuwenden. Natürlich sollte auch hier ein Schwerpunkt der Besprechung auf praktischen Aspekten der Übungsdurchführung liegen.

Motivationsprobleme als Grund der fehlenden Zielerreichung. In einzelnen Fällen sieht der Patient den Sinn bzw. die Notwendigkeit weiterer Übungen nicht – z. B. weil er bereits nach der Therapie gute Erfolge erlebt hat. Der Therapeut sollte anhand der Angstverläufe in einzelnen Situationen mit dem Patienten besprechen, ob diese Einstellung tatsächlich berechtigt ist – erlebt der Patient tatsächlich keine Ängste oder Erwartungsangst mehr? Sollte dies der Fall sein, kann der Therapeut dem Patienten zunächst Recht geben; er sollte ihn jedoch auch darauf hinweisen, dass es erfahrungsgemäß eine hohe Wahrscheinlichkeit für eine Rückkehr der Angst gibt, wenn man sich den Situationen nicht wiederholt aussetzt. Der Patient muss für sich selbst entscheiden, inwieweit er die möglichen Kosten von zusätzlichen Übungen auf sich nehmen will, um eine Stabilisierung seines Therapieerfolgs zu erreichen.

Vereinbarte Ziele waren unrealistisch. Obwohl die Möglichkeiten der Zielerreichung bereits bei der Übungsplanung besprochen werden, kann sich im Nachhinein herausstellen, dass die Ziele des Patienten doch nicht realistisch waren. Einige Patienten neigen dazu, sich hinsichtlich ihrer zeitlichen Möglichkeiten für Übungen zu überschätzen. In anderen Fällen ist die Zielerreichung für einzelne Ziele aufwändiger als gedacht. Der Therapeut sollte hier erfragen, welche Wirkung die nicht erledigten Übungen auf den Patienten hatten. Berichtet der Patient aufgrund der Nichteinhaltung des Plans deprimierte Gefühle oder Frustration sollte der Therapeut versuchen, diese Gefühle zu entpathologisieren und ggfs. die Schuld für die Fehlplanung auf sich zu nehmen. Er betont die Wichtigkeit, den nächsten Übungsplan entsprechend realistisch zu gestalten.

> *Beispiel:* „Jetzt konnten Sie ja aufgrund der Umstände nur einen Teil Ihres Übungsplans umsetzen. Wie geht es Ihnen damit? [...]
>
> Ich kann verstehen, dass Sie jetzt enttäuscht sind und sich Sorgen machen, dass die Angst nicht dauerhaft weggeht. Wir hatten ja auch besprochen, dass kontinuierliches Üben eine wichtige Voraussetzung für die Aufrechterhaltung des Therapieerfolgs ist. Auf der anderen Seite haben Sie ja eine Reihe von Übungen absolviert – eventuell war unsere Zielplanung in der letzten Sitzung Ihrer jetzigen Situation nicht angemessen. Es ist ganz normal, dass man im Vornherein schwer einschätzen kann, welche Ziele realistisch sind und welche nicht. Ich werde bei der Planung weiterer Übungen noch stärker darauf achten, ob die Ziele mit Ihrer Lebenssituation vereinbar sind."

Abschließend lässt der Therapeut den Patienten die Übungen in problematische und unproblematische Übungen einteilen. Als problematisch gelten dabei alle Übungen, bei denen der Patient Schwierigkeiten hatte, die Prinzipien des Behandlungsrationals umzusetzen. Übungen, die viel Angst ausgelöst haben, aber erfolgreich bewältigt wurden, gelten in diesem Sinne nicht als problematisch. Für problematische Übungen geht der Therapeut darauf ein, was die Übung im Einzelnen problematisch für den Patienten gemacht hat. Mit Bezug auf die besprochenen Prinzipien in Expositionssituationen werden dann Modifikationen und Handlungsschritte für eine erfolgreiche Bewältigung der Übungen erarbeitet.

Schritt 3: Veränderungen in den Risikofaktoren identifizieren

Im nächsten Schritt wird erneut eine Bestandsaufnahme vorliegender Rückfallrisiken durchgeführt. Dazu verwendet der Therapeut erneut ein leeres Arbeitsblatt 14 (Belastende Symptome) sowie die Einschätzung der Rückfallrisiken aus vorangegangenen Sitzungen (Sitzung 12 und ggfs. 1. Auffrischungssitzung). Er bittet den Patienten, die aktuell noch vorhandenen Restsymptome aus den Bereichen „Körpersymptome", „Gedanken" sowie „Vermeidung" in das Arbeitsblatt einzutragen. Der Therapeut nutzt die Informationen, um weitere Übungen zu gestalten.

In einem zweiten Schritt erfragt der Therapeut, ob seit der letzten Sitzung belastende Situationen aufgetreten seien. Falls dies der Fall war, wird zunächst erfragt, ob dies eine der Situationen war, die in den vorangegangenen Sitzungen antizipiert und in den Hilfeplan eingetragen wurden. Falls ja, bespricht der Therapeut, inwieweit es dem Patienten gelungen ist, die im Hilfeplan festgehaltenen Strategien umzusetzen und wie hilfreich diese waren. Gegebenenfalls können die Strategien im Hilfeplan ergänzt oder modifiziert werden, falls dies mit den Erfahrungen des Patienten kompatibel ist.

Sind unerwartete Situationen eingetreten, erfragt der Therapeut, wie der Patient mit diesen Situationen umgegangen ist – insbesondere, wenn in der Situation Angst aufgetreten ist. Der Therapeut überprüft dabei, inwieweit der Umgang des Patienten mit den Belastungen dem Therapierational entsprochen hat. Die Situation sowie die Lösungsstrategie des Patienten werden dann im Hilfeplan (Arbeitsblatt 17) ergänzt. Hat der Patient nicht im Sinne des Rationals gehandelt, stellt der Therapeut dies heraus. Gemeinsam mit dem Patienten überlegt er, welche alternativen Strategien denkbar gewesen wären. Diese werden dann im Hilfeplan eingetragen.

Abschließend erfragt der Therapeut, ob der Patient über die bereits genannten Belastungssituationen hinaus Probleme auf sich zukommen sieht. Diese sollten dann ebenfalls im Hilfeplan ergänzt werden.

Schritt 4: Neuen Übungsplan erstellen (nur Auffrischungssitzung 1)

Auf dem Hintergrund der gesammelten Informationen über problematische Übungen sowie Restsymptome wird ein neuer Übungsplan erstellt. Zunächst werden die bereits geplanten Übungen, die sich als problematisch erwiesen haben, diskutiert und in einen neuen Übungsplan (Arbeitsblatt 18) eingetragen. Dabei wird darauf geachtet, dass gegebenenfalls das Ziel der Übung so modifiziert wird, dass den Behandlungsprinzipien Rechnung getragen wird (z. B. „Ohne Ablenkung U-Bahn fahren"). Im nächsten Schritt überlegen Patient und Therapeut, ob es weitere Ziele aus der ersten Selbstübungsphase gibt, die weiter verfolgt werden sollten. Diese werden als Nächstes im zweiten Übungsplan berücksichtigt. Im letzten Schritt wird überlegt, welche Ziele bzw. Übungen im Hinblick auf noch bestehende Restsymptome sinnvoll sein könnten. Auch diese können im Übungsplan ergänzt werden.

Die so abgeleiteten Ziele werden jetzt durch konkrete Übungen untermauert. Der Therapeut achtet insbesondere auf die Besprechung möglicher organisatorischer oder inhaltlicher Hindernisse und nimmt diese vorweg. Erneut werden dabei zunächst die ersten drei Wochen der Selbstübungsphase geplant; den weiteren Zeitraum soll der Patient selbst planen.

Der Übungsplan wird dann entsprechend als Hausaufgabe bis zur zweiten Auffrischungssitzung vereinbart.

Schritt 5: Schlussfolgerungen aus der Behandlung und Behandlungsabschluss (nur Auffrischungssitzung 2)

In der zweiten Auffrischungssitzung schließt der Therapeut die Behandlung ab, indem er den Patienten noch einmal bittet, seine Schlussfolgerungen aus den Beobachtungen über alle Sitzungen hinweg zu ziehen. Erneut werden diese Schlussfolgerungen in ein leeres Arbeitsblatt 16 (Was nehme ich mit?) eingetragen. Der Patient schätzt darüber hinaus auf dem Arbeitsblatt erneut die Veränderungen in einzelnen Symptombereichen ein. Diese Einschätzungen werden mit der Beurteilung aus Sitzung 12 verglichen. Haben sich dabei Veränderungen ergeben, fragt der Therapeut nach der Bedeutung dieser Veränderungen, um die Schlussfolgerungen des Patienten auf den zukünftigen Umgang mit der Angst zu generalisieren.

Der Patient wird wieder gebeten, die zwei für ihn zentralen Lernerfahrungen aus der Therapie zu nennen und für sein Verhalten in der Zukunft zu spezifizieren. Diese werden in den unteren Kasten auf Arbeitsblatt 16 eingetragen.

Abschließend fragt der Therapeut, ob der Patient für sich selbst Bedarf für weitere Übungen sieht. Falls ja, bestärkt der Therapeut ihn in dieser Einstellung und fragt nach konkreten Situationen, die der Patient üben will. Der Therapeut schlägt vor, die bisher vorgenommene wöchentliche Übungsplanung auf eine Monatsplanung umzustellen. Darüber hinaus regt er den Patienten an, sich in regelmäßigen Abständen an die Therapie zu erinnern und kritisch zu prüfen, ob wieder Situationen vermieden werden.

Falls der Patient nicht der Meinung ist, weiter üben zu müssen, erfragt der Therapeut den Grund dafür. Er informiert den Patienten, dass erfahrungsgemäß ein regelmäßiges Üben notwendig ist, um den Therapieerfolg langfristig zu stabilisieren. Dann gibt er die oben genannten Empfehlungen zur Übungsplanung.

Zu Therapieende kann der Therapeut den Patienten ermutigen, Rückmeldungen zur Therapie zu geben und noch offene Fragen anzusprechen.

Literatur

Alpers, G. W. & Pauli, P. (2002). *Angstsensitivitätsindex ASI.* Unveröffentlichtes Manuskript, Universität Würzburg.

Andor, F., Glöckner-Rist, A., Gerlach, A. & Rist, F. (2008). Symptomspezifische Subgruppen der Panikstörung. *Zeitschrift für Klinische Psychologie und Psychotherapie, 37,* 161–171.

Bandelow, B. (1997). *Panik- und Agoraphobieskala (PAS). Handanweisung.* Göttingen: Hogrefe.

Barlow, D. H. (2002). *Anxiety and its disorders. The nature and treatment of anxiety and panic* (2nd ed.). New York: Guilford Press.

Barlow, D. H., Gorman, J. M., Shear, M. K. & Woods, S. W. (2000). Cognitive behavioral therapy, imipramine, or their combination for panic disoder: A randomized controlled trial. *Journal of the American Medical Association, 283,* 2529–2536.

Batelaan, N. M., de Graaf, R., Penninx, B. W. J. H., van Balkom, A. J. L. M., Vollebergh, W. A. M. & Beekman, A. T. F. (2010). The 2-year prognosis of panic episodes in the general population. *Psychological Medicine, 40,* 147–157.

Biber, B. & Alkin, T. (1999). Panic disorder subtypes: differential responses to CO_2 challenge. *American Journal of Psychiatry, 156,* 739–44.

Bienvenu, O. J., Onyike, C. U., Stein, M. B., Chen, L.-S., Samuels, J., Nestadt, G. & Eaton, W. W. (2006). Agoraphobia in adults: incidence and longitudinal relationship with panic. *British Journal of Psychiatry, 188,* 432–438.

Briggs, A. C., Strech, D. D. & Brandon, S. (1993). Subtyping of panic disorder by symptom profile. *British Journal of Psychiatry, 163,* 201–209.

Brückl, T., Wittchen, H. U., Höfler, M., Pfister, H., Schneider, S. & Lieb, R. (2007). Childhood separation anxiety and the risk for subsequent psychopathology: Results from a community study. *Psychotherapy & Psychosomatics, 76,* 47–56.

Burke, K. C., Burke, J. D., Rae, D. S. & Regier, D. A. (1991). Comparing age at onset of major depression and other psychiatric disorders by birth cohorts in 5 United-States community populations. *Archives of General Psychiatry, 48,* 789–795.

Casey, L. M., Oei, T. P. S. & Newcombe, P. A. (2004). An integrated cognitive model of panic disorder: The role of positive and negative cognitions. *Journal of Anxiety Disorders, 18,* 325–340.

Clark, D. M. (1986). A cognitive approach to panic. *Behaviour Research and Therapy, 24,* 461–470.

Craske, M. G., Farchione, T. J., Allen, L. B., Barrios, V., Stoyanova, M. & Rose, R. (2007). Cognitive behavioral therapy for panic disorder and comorbidity: More of the same or less of more. *Behavior Research and Therapy, 45,* 1095–1109.

Craske, M. G., Kircanski, K., Zelikowsky, M., Mystkowski, J., Chowdhury, N. & Baker, A. (2008). Optimizing inhibitory learning during exposure therapy. *Behaviour Research and Therapy, 46,* 5–27.

Craske, M. G., Pouton, R., Tsao, J. C. I. & Plotkin, D. (2001). Paths to panic disorder/agoraphobia: An exploratory analysis from age 3 to 21 in an unselected birth cohort. *Journal of the American Academy of Child and Adolescent Psychiatry, 40,* 556–563.

Craske, M. G. & Zucker, B. G. (2001). Consideration of the APA practice guideline for the treatment of patients with panic disorder: Strengths and limitations for behavior therapy. *Behavior Therapy, 32,* 259–281.

Dilling, H., Mombour, W. & Schmidt, M. H. (2004). *Internationale Klassifikation psychischer Störungen. ICD-10 Kapitel V (F). Diagnostische Kriterien für Forschung und Praxis.* Bern: Huber.

Doctor, R. M. (1982). Major results of a large-scale pretreatment survey of agoraphobics. In R. L. DuPont (Ed.), *Phobia: A Comprehensive Summary of Modern Treatments* (pp. 203–230). New York: Brunner/Mazel, Inc.

Ehlers, A. (1993). Somatic symptoms and panic attacks. A retrospective study of learning experiences. *Behaviour Research and Therapy, 31,* 269–278.

Ehlers, A. & Margraf, J. (1989). The psychophysiological model of panic attacks. In P. M. Emmelkamp, W. T. A. M. Everaerd, F. Kraaimaat & M. J. M. van Son (Eds.), *Fresh perspectives on anxiety disorders.* Amsterdam: Swets & Zeitlinger.

Ehlers, A., Margraf, J. & Chambless, D. (Hrsg.). (2001). *AKV. Fragebogen zu körperbezogenen Ängsten, Kognitionen und Vermeidung.* Göttingen: Beltz Test GmbH.

Ehlers, A., Margraf, J., Roth, W. T., Taylor, C. B. & Birbaumer, N. (1988). Anxiety induced by false heart rate feedback in patients with panic disorder. *Behaviour Research and Therapy, 26,* 1–11.

Faravelli, C., Abrardi, L., Bartolozzi, D., Cecchi, C., Cosci, F., D'Adamo, D., LoIacono, B., Ravaldi, C., Scarpato, M. A., Truglia, E., Rossi Prodi, P. M. & Rosi, S. (2004). The Sesto Fiorentino Study: point and one year prevalences of psychiatric disorders in an Italian community sample using clinical interviewers. *Psychotherapy and Psychosomatics, 73,* 226–234.

Fava, G. A. & Kellner, R. (1993). Staging. A neglected dimension in psychiatric classification. *Acta Psychiatrica Scandinavica, 87,* 225–230.

Fava, G. A., Rafanelli, C., Tossani, E. & Grandi, S. (2008). Agoraphobia is a disease: A tribute to Sir Martin Roth. *Psychotherapy and Psychosomatics, 77,* 133–138.

Foa, E. B. & Kozak, M. J. (1986). Emotional processing of fear: Exposure to corrective information. *Psychological Bulletin, 99,* 20–35.

Furukawa, T. A., Watanabe, N. & Churchill, R. (2009). Combined psychotherapy plus antidepressants for panic disorder with or without agoraphobia. *Cochrane Database of Systematic Reviews 2009, Issue 1:* DOI: 10.1002/14651858.CD005335.pub2.

Gloster, A. T., Wittchen, H.-U., Einsle, F., Höfler, M., Lang, T., Helbig-Lang, S., Fydrich, T., Fehm, L., Hamm, A. O., Richter, J., Alpers, G. W., Gerlach, A. L., Ströhle, A., Kircher, T., Deckert, J., Zwanzger, P. & Arolt, V. (2009). Mechanisms of action in CBT (MAC): Methods of a multi-center randomized controlled trial in 369 patients with panic disorder and agoraphobia. *European Archives of Psychiatry and Clinical Neuroscience, 259,* 155–166.

Gloster, A. T., Wittchen, H.-U., Einsle, F., Lang, T., Helbig-Lang, S., Fydrich, T., Fehm, L., Hamm, A. O., Richter, J., Alpers, G. W., Gerlach, A. L., Ströhle, A., Kircher, T., Deckert, J., Zwanzger, P., Höfler, M. & Arolt, V. (2011). Psychological treatment for panic disorder with agoraphobia: A randomized controlled trial to examine the role of therapist-guided exposure in vivo in CBT. *Journal of Consulting and Clinical Psychology, 79,* 406–420.

Goddard, A. W. & Charney, D. S. (1998). SSRIs in the treatment of panic disorder. *Depression and Anxiety, 8* (Suppl. 1), 114–120.

Goldstein, A. J. & Chambless, D. L. (1978). Reanalysis of agoraphobia. *Behavior Therapy, 9,* 47–59.

Goodwin, R., Faravelli, C., Rosi, S., Cosci, F., Truglia, E., de Graaf, R. & Wittchen, H.-U. (2005). The epidemiology of panic disorder and agoraphobia in Europe. *European Neuropsychopharmacology, 15,* 435–443.

Goodwin, R. D., Fergusson, D. M. & Horwood, L. J. (2005). Childhood abuse and familial violence and the risk of panic attacks and panic disorder in young adulthood. *Psychological Medicine, 35,* 881–890.

Goodwin, R., Lieb, R., Hoefler, M., Pfister, H., Bittner, A., Beesdo, K. & Wittchen, H.-U. (2004). Panic attacks as a risk factor for severe psychopathology. *American Journal of Psychiatry, 161,* 2207–2214.

Gorman, J. M., Kent, J. M., Sullivan, G. M. & Coplan, J. D. (2000). Neuroanatomical hypothesis of panic disorder, revised. *American Journal of Psychiatry, 157,* 493–505.

Heinrichs, H., Hahlweg, K., Moschner, C., Wessel, K. & Fiegenbaum, W. (2003). Der Einfluss von psychologischer Psychotherapie auf beängstigenden Schwindel bei Panikstörung mit Agoraphobie. *Verhaltenstherapie, 13,* 244–252.

Heinrichs, N., Alpers, G. W. & Gerlach, A. L. (2009). *Evidenzbasierte Leitlinie zur Psychotherapie der Panikstörung und Agoraphobie.* Göttingen: Hogrefe.

Hiller, W., Zaudig, M. & Mombour, W. (1995). *IDCL: Internationale Diagnose-Checklisten für ICD-10 und DSM-IV.* Göttingen: Hogrefe.

Isensee, B., Wittchen, H.-U., Stein, M., Höfler, B. & Lieb, M. (2003). Smoking increases the risk of panic. Findings from a prospective community study. *Archives of General Psychiatry, 60,* 692–700.

Kagan, J., Reznick, J. S., Clarke, C., Snidman, N. & Garcia-Coll, C. (1984). Behavioral inhibition to the unfamiliar. *Child Development, 55,* 2212–2225.

Kamphuis, J. H. & Telch, M. J. (1998). Assessment of strategies to manage or avoid perceived threats among panic disorder patients: The Texas Safety Maneuver Scale (TSMS). *Clinical Psychology and Psychotherapy, 5,* 177–186.

Katerndahl, D. A. & Realini, J. P. (1997). Comorbid psychiatric disorders in subjects with panic attacks. *Journal of Nervous and Mental Disease, 185,* 669–674.

Katerndahl, D. A. & Realini, J. P. (1999). Relationship between substance abuse and panic attacks. *Addictive Behaviors, 24,* 731–736.

Katon, W. (1996). Panic disorder: relationship to high medical utilization, unexplained physical symptoms, and medical costs. *Journal of Clinical Psychiatry, 57* (Suppl. 10), 11–18.

Kessler, R., Chiu, W. T., Jin, R., Ruscio, A. M., Shear, K. & Walters, E. E. (2006). The epidemiology of panic attacks, panic disorder and agoraphobia in the National Comorbidity Survey Replication. *Archives of General Psychiatry, 63,* 415–424.

Khawaja, N. G. & Oei, T. P. S. (1998). Catastrophic cognitions in panic disorder with and without agoraphobia. *Clinical Psychology Review, 18,* 341–365.

Klein, D. F. (1964). Behavioral effects of imipramine and phenothiazines: implications for a psychiatric pathogenic theory and theory of drug action. In J. Wortis (Ed.), *Recent advances in biological psychiatry, Volume VII* (pp. 273–287). New York: Plenum Press.

Klein, D. F. (1993). False suffocation alarms, spontaneous panics, and related conditions – an integrative hypothesis. *Archives of General Psychiatry, 50,* 306–317.

Lang, T., Helbig-Lang S. & Petermann, P. (2009). Was wirkt in der Kognitiven Verhaltenstherapie der Panikstörung und Agoraphobie – Ein systematisches Review. *Zeitschrift für Psychiatrie Psychologie und Psychotherapie, 57,* 161–175.

Last, C. G., Barlow G. T. & O'Brien, G. T. (1984). Couples treatment of agoraphobia. *Behavior Therapy, 15,* 42–58.

Maller, R. G. & Reiss, S. (1992). Anxiety sensitivity in 1984 and panic attacks in 1987. *Journal of Anxiety Disorders, 6,* 241–247.

Margraf, J., Schneider, S. & Ehlers, A. (2005). *Diagnostisches Interview bei psychischen Störungen (DIPS)* (3. Aufl.). Berlin: Springer.

Milrod, B., Busch, F., Cooper, A. & Shapiro, T. (1997). *Manual of panic-focused psychodynamic psychotherapy.* Arlington: American Psychiatric Publishing.

Mowrer, O. H. (1960). *Learning theory and behavior.* New York: Wiley.

Nardi, A. E., Lopes, F. L., Valenca, A. M., Nascimento, I., Mezzasalma, M. A. & Zin, W. A. (2004). Psychopathological description of hyperventilation-induced panic attacks: a comparison with spontaneous panic attacks. *Psychopathology, 37*, 29–35.

Powers, M. B., Smits, J. A. J. & Telch, M. J. (2004). Disentangling the effects of safety-behaviour utilization and safety-behaviour availability during exposure-based treatment: A placebo-controlled trial. *Journal of Consulting and Clinical Psychology, 72*, 448–454.

Powers, M. B., Smits, J. A., Whitley, D., Bystritsky, A. & Telch, M. J. (2008). The effect of attributional processes concerning medication taking on return of fear. *Journal of Consulting and Clinical Psychology, 76*, 478–490.

Rachman, S. & Hodgson, R. (1980). *Obsessions and compulsions*. Englewood Cliffs, NJ: Prentice Hall.

Rapee, R. M., Litwin, E. M. & Barlow, D. H. (1990). Impact of life events on subjects with panic disorder and on comparison subjects. *American Journal of Psychiatry, 147*, 640–644.

Reed, V. & Wittchen, H.-U. (1998). DSM-IV panic attacks and panic disorder in a community sample of adolescents and young adults: how specific are panic attacks? *Journal of Psychiatric Research, 32*, 335–345.

Rees, C. S., Richards, J. C. & Smiths, L. M. (1998). Medical utilization and costs in panic disorder: A comparison with social phobia. *Journal of Anxiety Disorders, 12*, 421–435.

Reiss, S. & McNally, R. J. (1985). Expectancy model of fear. In S. Reiss & R. R. Bootzin (Eds.), *Theoretical issues in behavior therapy* (pp. 107–121). San Diego, CA: Academic.

Salkovskis, P. M. (1991). The importance of behaviour in the maintenance of anxiety and panic: A cognitive account. *Behavioural Psychotherapy, 19*, 6–19.

Salkovskis, P. M., Clark, D. M. & Gelder, M. G. (1996). Cognition-behaviour links in the persistence of panic. *Behaviour Research and Therapy, 34*, 453–458.

Salkovskis, P. M., Clark, D. M., Hackmann, A., Wells, A. & Gelder, M. G. (1999). An experimental investigation of the role of safety-seeking behaviours in the maintenance of panic disorder with agoraphobia. *Behaviour Research and Therapy, 37*, 559–574.

Salkovskis, P. M., Hackmann, A., Wells, A., Gelder, M. G. & Clark, D. M. (2006). Belief disconfirmation versus habituation approaches to situational exposure in panic disorder with agoraphobia: A pilot study. *Behaviour Research and Therapy, 45*, 877–885.

Sánchez-Meca, J., Rosa-Alcázar, A. I., Marín-Martínez, F. & Gómez-Conesa, A. (2010). Psychological treatment of panic disorder with and without agoraphobia: A meta-analysis. *Clinical Psychology Review, 30*, 37–50.

Sanderson, W. C., Rapee, R. M. & Barlow, D. H. (1989). The influence of perceived control on panic attacks induced via inhalation of 5.5% CO_2-enriched air. *Archives of General Psychiatry, 46*, 157–162.

Saß, H., Wittchen, H.-U. & Zaudig, M. (2003). *Diagnostisches und Statistisches Manual Psychischer Störungen – Textrevision – DSM-IV-TR*. Hogrefe: Göttingen.

Schmid, N. B., Forsyth, J. P., Santiago, H. T. & Trakowski, J. H. (2002). Classification of panic attack subtypes in patients and normal controls in response to biological challenge: implications for assessment and treatment. *Journal of Anxiety Disorders, 16*, 625–638.

Schmidt, N. B., Zvolensky, M. J. & Maner, J. K. (2006). Anxiety sensitivity: Prospective prediction of panic attacks and Axis I pathology. *Journal of Psychiatric Research, 40*, 691–699.

Schneider, S., Unnewehr, S., Florin, I. & Margraf, J. (2002). Priming panic interpretations in children of patients with panic disorder. *Journal of Anxiety Disorders, 16*, 605–624.

Schneider, S., Unnewehr, S., In-Albon, T. & Margraf, J. (2008). Attention bias in children of parents with panic disorder. *Psychopathology, 41*, 179–186.

Segui, J., Salvador-Carulla, L., Canet, J., Ortiz, M. & Farré, J. M. (1998). Semiology and subtyping of panic disorder. *Acta Psychiatrica Scandinavica, 97*, 272–277.

Shear, M. K., Cassano, G. B., Frank, E., Rucci, P., Rotondo, A. & Fagiolini, A. (2002). The panic-agoraphobic spectrum: development, description, and clinical significance. *Psychiatric Clinics of North America, 25*, 739–756.

Slade, T. & Grisham, J. R. (2009). A taxometric investigation of agoraphobia in a clinical and community sample. *Journal of Anxiety Disorders, 23*, 799–805.

Stein, M. B., Walker, J. R., Anderson, G., Hazen, A. L., Ross, C. A., Eldridge, G. & Forde, D. R. (1996). Childhood physical and sexual abuse in patients with anxiety disorders and in a community sample. *American Journal of Psychiatry, 153*, 275–277.

Teusch, L., Böhme, H. & Gastpar, M. (1997). The benefit of an insight-oriented and experiental approach on panic and agoraphobic symptoms. Results of a controlled comparison of client-centered therapy alone and in combination with behavioural exposure. *Psychotherapy and Psychosomatics, 66*, 293–301.

Teusch, L. & Finke, J. (1995). Die Grundlagen eines Manuals für die gesprächspsychotherapeutische Behandlung bei Panikstörung und Agoraphobie. *Psychotherapeut, 40*, 88–95.

Tsao, J. C. I., Mytkowski, J. L., Zucker B. G. & Craske, M. G. (2004). Impact of cognitive-behavioral therapy for panic disorder on comorbidity: a controlled investigation. *Behaviour Research and Therapy, 43*, 959–970.

Tweed, J. L., Schoenbach, V. J., George, L. K. & Blazer, D. G. (1989). The effects of childhood parental death and divorce on six-month history of anxiety disorders. *British Journal of Psychiatry, 154*, 823–828.

Uhde, T. W., Boulenger, J. P., Roy-Byrne, P. P., Vittone, B. J., Geraci, M. & Post, R. M. (1985). Longitudinal course of panic disorder: clinical and biological considerations. *Progress in Neuropsychopharmacology and Biological Psychiatry, 9*, 39–51.

Vickers, K. & McNally, R. J. (2005). Respiratory symptoms and panic in the National Comorbidity Survey: a test of

Klein's suffocation false alarm theory. *Behaviour Research and Therapy, 43,* 1011–1018.

Weissman, M. M., Bland, R. C., Canino, G., Faravelli, C., Greenwald, S., Hwu, H. G., Joyce, P. R., Karam, E. G., Lee, C. K., Lellouch, J., Lepine, J. P., Newman, S. C., OakleyBrowne, M. A., Rubio-Stipec, M., Wells, J. E., Wickramaratne, P. J., Wittchen, H.-U. & Yeh, E. K. (1997). The cross-national epidemiology of panic disorder. *Archives of General Psychiatry, 54,* 305–309.

White, K. & Barlow, D. H. (2002). Panic disorder and agoraphobia. In D. H. Barlow (Ed.), *Anxiety and its disorders. The nature and treatment of anxiety and panic* (2nd ed.). New York: Guilford Press.

Wittchen, H.-U. (1991). Der Langzeitverlauf unbehandelter Angst-Störungen: Wie häufig sind Spontanremissionen? *Verhaltenstherapie, 1,* 273–282.

Wittchen, H.-U., Gloster, A. T., Beesdo-Baum, K., Fava, G. A. & Craske, M. G. (2010). Agoraphobia: A review of the diagnostic classificatory position and criteria. *Depression and Anxiety, 27,* 113–133.

Wittchen, H.-U. & Jacobi, F. (2005). Size and burden of mental disorders in Europe – a critical review and appraisal of 27 studies. *European Neuropsychopharmacology, 15,* 357–376.

Wittchen, H.-U., Nocon, A., Beesdo, K., Pine, D. S., Höfler, M., Lieb, R. & Gloster, A. T. (2008). Agoraphobia and Panic. Prospective-longitudinal relations suggest a rethinking of diagnostic concepts. *Psychotherapy and Psychosomatics, 77,* 147–157.

Wittchen, H. U., Reed, V., Kessler, R. C. (1998). The relationship of agoraphobia and panic in a community sample of adolescents and young adults. *Archives of General Psychiatry, 55,* 1017–1024.

Wittchen, H.-U., Zaudig, M. & Fydrich, T. (1997). *SKID. Strukturiertes Klinisches Interview für DSM-IV Achse I und II*. Göttingen: Hogrefe.

Anhang

Übersicht über die Materialien auf der CD-ROM	
Sitzung 1	• Informationsblatt 1: Was ist Angst? • Informationsblatt 2: Panikattacken, Panikstörung und Agoraphobie • Arbeitsblatt 1a: Teufelskreis der Angst • Arbeitsblatt 1b: Individualisierter Teufelskreis der Angst • Hausaufgabe: Lebenslinie • Hausaufgabe: Angst- und Aktivitätentagebuch
Sitzung 2	• Arbeitsblatt 2: Bedeutung der Anspannung • Arbeitsblatt 3: Verhaltensanalyse – Verhalten in Situationen • Arbeitsblatt 4: Weitere Angstsituationen und Angstsymptome • Hausaufgabe: Wissen über Angst und Panik I (Quiz)
Sitzung 3	• Informationsblatt 3: Typische Denkweisen unter Angst • Arbeitsblatt 5: Die Rolle ängstigender Gedanken • Arbeitsblatt 6: Die Rolle des Vermeidungsverhaltens • Hausaufgabe: Fragebogen zum Sicherheits- und Vermeidungsverhalten • Hausaufgabe: Wissen über Angst und Panik II (Quiz)
Sitzung 4	• Arbeitsblatt 7: Symptomhierarchie • Arbeitsblatt 8: Interozeptive Exposition – Symptomprovokation • Arbeitsblätter 8a–c: Schwindelbilder • Hausaufgabe: Gewöhnung an Symptome
Sitzung 5	• Informationsblatt 4: Prinzipien im Umgang mit Angst • Arbeitsblatt 9: Veränderungsverläufe • Arbeitsblatt 10: Wiederholung der interozeptiven Exposition • Arbeitsblatt 11: Hierachie vermiedener Situationen • Hausaufgabe: Entscheidungshilfe für Expositionssituationen
Expositionssitzungen	• Arbeitsblatt 12: Protokoll für Expositionsübungen
Sitzung 9	• Arbeitsblatt 13: Therapieeinschätzung und Lernerfahrung • Arbeitsblatt 14: Belastende Symptome • Arbeitsblatt 15: Veränderungen der Erwartungsangst
Sitzung 12	• Informationsblatt 5: Rückschritte vermeiden • Arbeitsblatt 16: Was nehme ich mit? • Arbeitsblatt 17: Hilfeplan • Arbeitsblatt 18: Übungsplan

Lisa M. Najavits

Posttraumatische Belastungsstörung und Substanzmissbrauch

Das Therapieprogramm »Sicherheit finden«

(Reihe: »Therapeutische Praxis«)
2009, 371 Seiten,
Großformat, inkl. CD-ROM,
€ 59,95 / sFr. 99,–
ISBN 978-3-8017-2127-5

Bei »Sicherheit finden« handelt es sich um ein integratives Behandlungsprogramm für Personen mit Suchterkrankungen, die an den Folgen traumatischer Erfahrungen leiden. Das evidenzbasierte Therapieprogramm kann sehr flexibel bei den unterschiedlichsten Zielgruppen von Personen mit Suchtproblemen eingesetzt werden. Das Manual beinhaltet zu jedem Themenbereich umfangreiche Materialien für Therapeuten wie Klienten, die zusätzlich auf der beiliegenden CD-ROM direkt zum Ausdrucken zur Verfügung stehen.

Nina Heinrichs · Georg W. Alpers
Alexander L. Gerlach

Evidenzbasierte Leitlinie zur Psychotherapie der Panikstörung und Agoraphobie

(Reihe: »Evidenzbasierte Leitlinien Psychotherapie«, Band 2)
2009, 84 Seiten,
€ 19,95 / sFr. 33,90
ISBN 978-3-8017-2074-2

Die evidenzbasierte Leitlinie gibt Empfehlungen für die Diagnostik und Therapie der drei Angststörungen – Panikstörung mit und ohne Agoraphobie sowie Agoraphobie ohne Panikstörung. Die Behandlungsleitlinien wurden von einem Expertenteam der Fachgruppe Klinische Psychologie und Psychotherapie in der Deutschen Gesellschaft für Psychologie (DGPs) entwickelt.

Sigrun Schmidt-Traub

Panikstörung und Agoraphobie

Ein Therapiemanual

(Reihe: »Therapeutische Praxis«)
3., vollständig überarbeitete
Auflage 2008, 167 Seiten,
Großformat, inkl. CD-ROM,
€ 34,95 / sFr. 59,–
ISBN 978-3-8017-2156-5

Panikstörung und Agoraphobie gehören zu den häufigsten psychischen Störungen. Die vollständige Neubearbeitung des Manuals erläutert das verhaltenstherapeutisch orientierte Vorgehen bei der Kurzzeitbehandlung von Angstpatienten. Der Leitfaden hat sich sowohl in der Einzel- als auch in der Gruppentherapie bewährt und eignet sich besonders gut für eine Kombination der beiden Therapieformen.

Nina Heinrichs

Ratgeber Panikstörung und Agoraphobie

Informationen für Betroffene und Angehörige

(Ratgeber zur Reihe »Fortschritte der Psychotherapie«, Band 14)
2007, 108 Seiten, Kleinformat,
€ 12,95 / sFr. 20,90
ISBN 978-3-8017-1986-9

Der Ratgeber befasst sich zunächst mit der Frage, was Angst eigentlich ist und worin sich Angst und Panik unterscheiden. Mit Hilfe zahlreicher Arbeitsblätter und Übungen lernen Betroffene ihre eigenen Empfindungen zu verstehen, sich mit ihren beängstigenden Gedanken auseinanderzusetzen und ihr Verhalten zu ändern. Außerdem erhalten Angehörige Hinweise, wie sie Betroffene bei der Bewältigung ihrer Ängste unterstützen können.

HOGREFE

Hogrefe Verlag GmbH & Co. KG
Merkelstraße 3 · 37085 Göttingen · Tel.: (0551) 99950-0 · Fax: -111
E-Mail: verlag@hogrefe.de · Internet: www.hogrefe.de

Angelika Lakatos
Hans Reinecker

Kognitive Verhaltenstherapie bei Zwangsstörungen

Ein Therapiemanual

(Reihe: »Therapeutische Praxis«)
3., überarbeitete Auflage 2007,
156 Seiten, Großformat,
€ 29,95 / sFr. 49,90
ISBN 978-3-8017-2064-3

Der erfolgreiche Therapieleitfaden bietet eine anschauliche und gut strukturierte Anleitung zur Durchführung kognitiver Verhaltenstherapie bei Menschen mit Zwängen. Die praktische Umsetzung kognitiv-verhaltenstherapeutischer Methoden und wichtiger Aspekte der Beziehungsgestaltung werden mit Hilfe von zahlreichen Fall- und Interventionsbeispielen veranschaulicht.

Lydia Fehm
Sylvia Helbig

Hausaufgaben in der Psychotherapie

Strategien und Materialien für die Praxis

2008, 197 Seiten, Großformat,
inkl. CD-ROM,
€ 39,95 / sFr. 68,–
ISBN 978-3-8017-2046-9

Dieses Buch gibt einen praxisorientierten Überblick über die theoretische Fundierung sowie die praktische Anwendung von therapeutischen Hausaufgaben. Es wird aufgezeigt, wie Hausaufgaben in den Therapieablauf eingebettet werden können. Anhand von zahlreichen Beispielen werden typische Probleme und Lösungsmöglichkeiten veranschaulicht. Schließlich enthält der Band eine reichhaltige Materialiensammlung mit Protokollbögen und Arbeitsblättern für den täglichen Einsatz in der psychotherapeutischen Praxis. Die zahlreichen Materialien können zusätzlich direkt von der beiliegenden CD-ROM ausgedruckt werden.

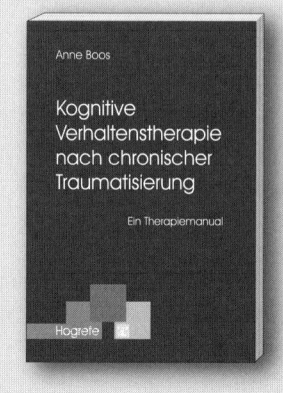

Johanna Thünker
Reinhard Pietrowsky

Alpträume

Ein Therapiemanual

(Reihe: »Therapeutische Praxis«)
2011, 106 Seiten,
Großformat, inkl. CD-ROM,
€ 39,95 / sFr. 59,–
ISBN 978-3-8017-2297-5

Das Manual liefert eine strukturierte Anleitung zur Behandlung von Patienten, die unter Alpträumen leiden. Das Verfahren basiert auf der Imagery-Rehearsal-Therapie und führt zu einem deutlichen Rückgang der Alptraumhäufigkeit und der Belastung durch Alpträume. Das Programm umfasst acht einstündige Sitzungen im Einzelsetting mit den Elementen Edukation, Entspannung, Imagination und Alptraummodifikation. Die Therapie kann für sich alleine durchgeführt oder auch als Zusatztherapie in eine weitere therapeutische Intervention integriert werden, wenn komorbide Störungen wie Depressionen oder Posttraumatische Belastungsstörungen vorliegen. Die Arbeitsmaterialien liegen auf CD-ROM vor.

Anne Boos

Kognitive Verhaltenstherapie nach chronischer Traumatisierung

Ein Therapiemanual

(Reihe: »Therapeutische Praxis«)
2005, 202 Seiten, Großformat,
€ 36,95 / sFr. 63,50
ISBN 978-3-8017-1791-9

Der Band beschreibt praxisnah das kognitiv-verhaltenstherapeutische Vorgehen bei der Posttraumatischen Belastungsstörung (PTB) nach chronischer Traumatisierung unter Berücksichtigung komorbider Störungen und Symptome. Detailliert wird die konkrete therapeutische Arbeit mit Methoden der kognitiven und imaginativen Disputation dargestellt.

www.hogrefe.de

HOGREFE

Hogrefe Verlag GmbH & Co. KG
Merkelstraße 3 · 37085 Göttingen · Tel.: (0551) 99950-0 · Fax: -111
E-Mail: verlag@hogrefe.de · Internet: www.hogrefe.de